orum of Conviviality

増補新装版

共生の作法

会話としての正義

井上達夫

勁草書房

まえがき

差別用語というものがある。当然のこととして、これには多大の注意が払われている。しかし、被差別用語の存在に関心を寄せる人は少ない。これは我々の生の営みの根幹に関わる重要な観念を表現していながら、いわれなき偏見のために疎まれ、反感をもたれ、茶化され、「丁重な排除」の苦汁を嘗めさせられている言葉たちのことである。人権というものがあるなら、恐らく語権というものもあるだろう。被差別用語の語権擁護のために立ち上がる変わり者が、一人や二人いてもおかしくない。

現在の日本社会、特に知識人たちの世界において、「正義」は被差別用語の悲哀を味わっている言葉の最たるものである。偶像破壊を趣味とする人々が「正義」を格好のえじきにしてきたのは言うまでもないが、「人権」、「民主主義」、「自由」などに熱情を示す人々も、「正義」にはなぜか冷淡であり、少なくともためらいや戸惑いを隠そうとはしない。「正義」のこの境遇を私は差別と呼んだ。これは比喩ではない。差別心理の核心は、嶋津格の的確な定義によれば、個人の過誤を彼（彼女）が属する集団全体の本質に内在する欠陥の発現とみなす態度にある。例えば、嘗て日本の多くの知識人がマゾヒスティックに心酔した『菊と刀』の著者ルース・ベネディクトにとって、ファシズムは日本人であることの殆ど論理必然的な帰結であった。正義アレルギーの背後にあるのも、「正義の味方」を自称する狂信者たちの愚行・蛮行を、正義理念そのものの本質に短絡的に帰責する怠惰な精神である。

本書は、少し力んで言えば、現代日本社会において蹂躙された「正義」の語権を救済する試みである。救済の第一歩はこの言葉を括弧の檻から解放すること、即ち、この言葉に距離を取って言及するのではなく、じかにそれを使うことだろう。この点を考慮し、また正確を期するために、本書の企図を次のように言い換えたい。本書は正義の実相に照明を当て、この理念を過小にも過大にも評価することなく、その「実績」にふさわしい恥ずべからざる地位に復位させる企てである。

この企てを遂行するために、本書では正義理念を相対主義をはじめとする原理的な懐疑・批判から擁護するとともに、この理念に対する一つのリベラルな解釈を提示する。提示される正義のリベラルな解釈は、そのまま、特徴的な価値理念としての正義の眼鏡を通したリベラリズムの一解釈をなしている。ここで言うリベラリズムとは「リベラル対保守」というような単純な図式で色分けされる特定の党派政治上の勢力のことではなく、もっと根源的な政治哲学的意味におけるそれである。本書はかかる正義擁護論を展開する一方、正義が我々の道徳的世界に対して排他的管轄権をもたないこと、正義は我々の生が提起するすべての道徳的問題を解決できる万能・絶対の審判者ではなく、他の価値と競合・共存する限界をもった一つの価値であることを同時に強調している。この点で、これは語の本来の意味における正義批判の書でもある。本書の正義批判の焦点は、エゴイズムの分析を通じて、普遍主義的価値としての正義に、個体的同一性に立脚する価値を対置していることと、リベラリズム解釈において正義と善を区別し、後者に固有の妥当領域を承認していることにある。正義擁護論と正義批判とのこの結合は矛盾であるどころか、ある意味で必然とさえ言える。批判なき擁護は盲目であり、敬意なき批判は不毛である。ジョン・ルーカスの口吻をまねて言えば、正義はすべて（everything）ではないが、欠くことのできない何か（something）である（cf. J. R. Lucas, *On Justice*, Oxford U. P., 1980, p. 263）。正義の擁護とは、この理念についてあでやかな幻想をふりまくことではなく、卑下も倨傲もない原寸大の姿において、この理念を復権させることである。

このような狙いの下に、第一章では現代日本における正義アレルギーの三つの哲学的要因、即ち、諦観的平和主義・階級利害還元論・相対主義を、特に相対主義に重点を置いて批判的に吟味し、それらが孕む誤解・誤謬を明らかにすることにより、正義および規範的正義論の信用回復を図る。

第二章はエゴイズムの分析によって正義理念の規範内容に解明の光を逆照射する。同時に、普遍主義的要請として捉えられたこの規範内容が決して特権的自明性を享受できず、一定の限界をも有し得ることを示唆する。そして、エゴとディケーとの対話において、この要請の正当化は決して容易ではないこと、それにも拘わらず、この要請の正当化問題は重要な興味深い諸問題と関わっており、論じるに値するものであることを示す。第一章が「正義を真剣に考えること（taking justice seriously）」を要求するのに対し、第二章は「エゴイズムを真剣に考えること（taking egoism seriously）」を要求すると言える。この「弁証法的」な展開が前述の本書の企図と直結していることは言うまでもない。

第三章は前半部において、前二章の考察を新たな論点を加味しながら整理・発展させ、規範的正義論の問題枠組を設定する。後半部において現代の正義理論の主要な諸類型、即ち、功利主義・個人権理論・公正としての正義の特質と問題点を展望し、規範的正義論の領域における現在の論争の活況とその課題の困難さとを確認する。第五章で明らかにするように、この論争はリベラリズムの自己理解をめぐる論争でもある。なお、二つの付説において、現代正義論の論争状況との関連で、日本国憲法における公共の福祉と人権との関係の問題や、規範経済学の新動向にも簡単に論及する。

第四章において、現代正義論が復活させたリベラリズムの伝統的なモティーフである社会契約説を、正義論と国家論との接点にある問題に関わるものとして位置付けた上で、その理論的可能性を、自然状態モデルと契約モデルとの関係の分析を通じて検討する。一般的な想定に反して、両モデルが運命共同体をなさず、契約モデルの有用性への懐疑は自然状態モデルに対する一定の積極的評価を妨げないことを示すと同時に、自然状態モデルが孕む内在的問題と超越的問題とを指摘し、これらの問題を合意モデルの再構成によって解決する試みとしてノーズィックとロールズの仕事を性格付け、その問題点を明らかにする。

最終章では、正義とリベラリズムとの内在的関係の解明を通じて、リベラリズムの一解釈としての「会話としての正義」の構想を提示する。先ず、リベラリズムと正義とを対立的に捉える発想にメスを入れ、その基礎にあるリベラリズムの相対主義的理解と、正義と善との混同とを批判する。次いで、現代におけるリベラリズムの同一性危機と第三章で展望する正義論争との連関を確認した上で、リベラリズムの再同定の問題を、正義の善に対する基底性の観念によって解明する。正義の基底性の意味と根拠を明確にするために、リベラリズムにおける中立性の問題や、功利主義と正義の基底性との関係の問題を考察し、さらに、正義の善に対する先行性の想定に照準を合わせた共同体論からのリベラリズム批判を検討して、リベラリズムは正義の基底性の想定において善や自我を無力化・貧困化する必要はないことを明らかにする。共同体論の自我論的洞察を踏まえるならば、かえってこの立場が提示する構成的共同体のモデルの限界が明らかになることを示し、それに代わるリベラリズムの積極的社会像をマイケル・オークショットの社交体のモデルに依拠して構想する。本書はこの社交体のパラダイムを、コミューニケイションや言語ゲームから区別された固有の意味での会話に求め、会話の作法に具現された正義の諸原則を、社交体を可能にする公民的営為の規範として把握する。このような会話としての正義の構想は、社会契約説におけるような、社会的連帯から独立にア・プリオリに自然権を有する孤立した諸個人の契約による結合とは異なった、人と人との自律的結合様式を追求するものである。それは義務論的リベラリズムを言わば「受肉」させる試みである。即ち、それは異質な人格が互いに他者を単なる手段としてではなく目的それ自体として扱いながら共に結合する義務論的な法則支配の理想が、神的な純粋意志主体にのみ可能な絵空事ではなく、会話という人間的営為に具現された異質な人格の共生の形式のうちに、現実的基礎をもち得ることを示そうとする。会話としての正義が最も強調する点は、かかる会話的共生とコミューニケイション的共同性との原理的差異である。コミューニケイションや言語ゲームをモデルに社会を構想しようとする近年目立ちはじめてきた傾向が、異質な自律的人格の共生という社交体の理念を侵蝕する要因を内包していることに会話としての正義は注意を促す。

本書の以上のような考察は、配分的正義の基準や匡正的正義の基準に関する具体的な諸問題を一挙に見事に解決してくれるような賢者の石を正義論に求めている人々を失望させるに違いない。しかし、正義を考察する者にとって最も重要なことは、明確で緻密な基準を求めること以前に、先ず正義の意味、正義という価値の性格について理解を深めることである。このような理解をもたないで、ただ単に明確な基準でありさえすればよいという態度で正義の問題を考察する者は、正義とは無縁のところに基準を求めてさまよい出て行くことになるのが落ちであろう。ロールズが彼の本旨からすれば必ずしも不可欠であったとは思われない決定理論の言葉を使ったがために、正義の問題とは合理的選択ルールの問題だと信じ込んでいる経済学者が未だに少なからず存在する。しかし、根本的な問題はいかにして決めるかではなく、何を決めるのかである。正義という名の下に、我々はいったい人と人とのいかなる社会的結合様式を守ろうとしているのか、これを理解することが正義を探究する者の基本的な課題である。

本書の第五章は書き下ろしである。他は既発表の論考を加筆修正したものである。全面的に書き下ろす時間的余裕はなかったが、一冊の書物として有機的統一性をもつように配慮したつもりである。勿論、本書が完全に矛盾を免れていると標榜するつもりはない。この点や他のあり得べき誤謬について、読者諸兄（姉）の御批判・御叱正を乞いたい。いずれにせよ、正義の問題についての過去ほぼ五年間に亘る私の思考――五年間というのは論文執筆と結び付いた時間であって、その間の思考がそれ以前の思考を引きずっていることは言うまでもない――を、現在から見て不満な部分も含めて、これで一つのまとまりとして対象化することができた。今までの私の思考が既にカール・ポパーの言う「世界Ⅲ」の住人になった以上、これからは私もそれを叩く側にまわって、自分の思考をさらに先へ進めたい。幸い、今秋より、フルブライト委員会の給費によりハーヴァード大学哲学科で客員研究員として研修の機会をもつ予定である。本書の主題に関する私の思考をテストし、深める上で、これ以上の場所とタイミングはない。

既発表稿の初出は左記の通りである。

第一章　『中央公論』、一九八四年一〇月号、四六―六〇頁（原題「正義論序説」）。
第二章　東京大学教養学部社会科学科編『社会科学紀要』、第三二輯、一九八二年、一九三―二六二頁（原題「正義の内と外」）。
第三章　長尾龍一・田中成明編『現代法哲学　1　法理論』、東京大学出版会、一九八三年、六三―一〇一頁（原題「正義論」）。
付説一　『木鐸』、№33、木鐸社、一九八六年、一―三頁（原題「内在的制約説雑感」）。
付説二　『季刊理論経済学』、一九八六年三月号（Vol. 37, No. 1）、九二―九四頁。
第四章　日本法哲学会編『社会契約論』（法哲学年報一九八三）、有斐閣、一九八四年、七三―一〇三頁（原題「社会契約説の理論的価値に関する一反省」）。

本書はその成立を多くの方に負うている。もしその人がいなければ私は法哲学徒などにはなっていなかったであろうという意味で、私の人生に決定的な影響を与えられた碧海純一先生、ひとりでものを考えるときも常にその人との仮設的論争を展開してしまう程の存在感を以て、私の思考を鍛えて下さった長尾龍一先生、このお二人に負うているものの大きさはもはや意識化不能である。前田康博先生は拙稿を御高覧に供するたび、必ず次にお目にかかるときには、私が予想もしていなかった角度からの鋭いコメントによって生産的当惑を与えて下さった。塩野谷祐一先生には、昨年三月、「法と道徳」をテーマに甲南大学で開かれたイギリス哲学会学術大会での私の無作法なまでに長い質問に対して、きわめてウィッティーで啓発的な回答をして頂いたばかりか、その後、本書第四章に収録した拙稿に対して詳細なコメントを私信でたまわり、御高著を通じての啓発以上の刺激を与えて頂いている。日本の倫理学の構造改革を目論む野心的な若き倫理学者の一人、川本隆史氏からは、論文の交換や共同講義の実践を通じて多くの教示を頂いた。氏のソフトでありながらもどっしりとした重量感のある言葉によって勇気付けられたのは、一再にとどまらない。実力派の若きゲーム理論研究者、金子守氏には、一昨年、氏が組織した筑波大学での学際的ワークショップに招かれて以来、大いに鞭撻して頂いている。氏との議論は私にとって一種の知的カルチャー・ショックであり、精神を昂揚させずにはおかないものである。青山治城氏は第二章の旧稿の序文――本書では削除――で私が不用意に示した善の主観主義的解釈を鋭く批判して下さった。他の点に関する私が同意していない氏の批判も有益なものである。野家啓一氏は本書第五章執筆中に、仙台で会談する機会を与えて下さり、東北大学の歴史社会理論研究会への参加や、当時客員教授として東北大学におられた現代米国政治思想に詳しいマイケル・モッシャー氏との会談のお膳立てをして下さった。特異な法哲学者土屋恵一郎氏は私と思考のスタイルをかなり異にされているが、合宿や研究会、文通などを通じて、氏の自由で大胆なクロスオーヴァー的知性から受けた触発は小さくない。現在奉職している千葉大学法経学部の先輩・同僚の方々からも、日々の歓談を通じて私の仕事に多くの助言・コメントを頂いている。特に、先に触れた前田先生の他、東大法学部助手時代に既に謦咳に接し、偶然相前後して同じ千葉大学に移ることになり改めて薫陶を受ける幸運を得た滋賀秀三先生、同じ基礎法学講座の江守五夫先生と高橋清徳先生、東大社研に移られた望月礼二郎先生、知的廉直性とは何かを実例を以て教えて下さった尾吹善人先生、幾度か私の仕事への奥様の批評を紹介して下さった花村治郎先生と、未だお会いしたことのない令夫人、会話的共生を日々ともに実践する研究室の隣人小森光夫先生、これらの方々からは格別の励ましを頂いた。嶋津格氏・田島正樹氏・森際康友氏・桂木隆夫氏・長谷川晃氏・森村進氏・名和田是彦氏といった諸氏は、私もその一員である一つの持続的な論争共同体の構成員であり、彼らとの論争は私にとって文字通り、哲学の現場である。

本書の出版の機会を与えて下さった創文社社長久保井理津男氏、さらに本書についての私のイメージをふくらませる触媒になって下さり、私の渡米前に何とか本書が出版の日の目を見るように、筆の進まぬ私を激励して、私の遅筆の実務的ツケを払って下さった編集者、相川養三氏にも衷心より謝意を表したい。最後に、私の生硬になりがちな文体に対する最も厳しい批判者であり、索引作りに徹夜で協力してくれた妻、賀世子にも感謝したい。

一九八六年五月　母の日に

小手毬に水やる人の背を見つつ

井　上　達　夫

目次

まえがき

第一章　正義論は可能か……三
一　「セーギの味方」……三
二　「正義よりも平和を」……五
三　階級利害還元論……七
四　相対主義……一〇
1　問題……一〇
2　分類と解明……一一
3　確証不可能性……一四
4　方法二元論……一七
5　非認識説……二〇
五　「それで？」……三一

第二章　エゴイズム
——倫理における個と普遍——……三七

一　正義と不正……二八
1　非対称性……二八
2　理念・原則・感覚……三〇
二　形式的正義の「内容」……三四
1　権利と正義……三四
2　匡正的正義……三七
3　総合的当為……四一
三　正義とエゴイズム……四三
1　チョコレートの争い……四三
2　エゴイズムの問題……四九
(1)　正のエゴイズムと負のエゴイズム……四九
(2)　「種」と「類」のエゴイズム……五四
(3)　正義論におけるエゴイズムの位置……五九
四　ディケーの弁明……六三
1　「正義は最善の政策」か……六三
2　普遍化可能性……七一
3　本質主義の彼岸……八二

第三章　現代正義論展望……一〇一
一　問題状況……一〇一
二　正義の概念……一〇五
1　二重の懐疑……一〇五
2　形式的正義理念……一〇八
3　エゴイズムの問題……一一五
三　正義理論の諸類型……一二〇
1　功利としての正義……一二〇
2　権利としての正義……一二六
3　公正としての正義……一三三
四　論争への招待……一三七
付説一　内在的制約説について……一四五
付説二　規範経済学の新展開——塩野谷祐一氏の近著に寄せて——……一四九
第四章　リベラリズムと国家
——社会契約説の可能性と限界——……一五七
一　国家論と正義論の接点……一五七
二　自然状態モデルの構造……一五九

三　自然状態モデルと契約モデルとの関係……一六四
四　契約モデルは無用か……一七三
五　合意モデルの再構成――ロールズとノーズィックの場合――……一七七
六　自律と他律……一八五

第五章　会話としての正義
――リベラリズム再考――……一九三
一　「正義嫌い」と「リベラル好き」……一九三
1　相対主義、再び……一九四
2　正義と善……二〇三
二　リベラリズムにおける正義の基底性……二〇六
1　リベラリズムの同一性危機……二〇六
2　正義の基底性……二一六
(1)　逞しき中立……二一七
(2)　功利主義はリベラルか……二二四
(3)　自我・善・共同体――リベラリズムを超えて？――……二三〇
三　社交体と会話――リベラリズムの社会像――……二四〇
1　統一体と社交体……二四〇

2　会話としての正義……二四九

［増補］三五年後の「共生の作法」
——私の法哲学的原点へ——……二七五

一　反時代的精神の挑戦……二七五

二　価値相対主義の倒錯を正す……二七八

三　正義概念の批判的再編——自己の恣意と欺瞞を裁く理念としての正義……二八一

四　民主国家を破壊する狂気の暴走——いまこそ「共生の作法」としての正義へ……二八六

索　引……1〜9

共生の作法

——会話としての正義——

第一章　正義論は可能か

一　「セーギの味方」

ひところ、大学や高校の学園祭では、月光仮面がよく出現した。思い思い衣装に趣向を凝らした学生たちが、活劇を繰り広げ、例の歌が、朗笑を交えつつ屈託のない声で斉唱される。「……月光仮面のおじさんは　正義の味方だ　善い人だ……」。斯道のあるプロによれば、この種のパフォーマンスが伝えようとしている「メッセージ」を的確に表現するためには、「正義の味方」は「セーギの味方」――「セイギの味方」ではない――と表記されなければならない。（コピー・ライティングが真正の芸術的才能の発露の場たり得ることを、私に実感させたこの表記法の発案者が誰であったか、残念ながら今は思い出せない。）

軽薄さが、軽やかさという積極的価値に転換された現在の文化状況（「軽チャー」）の下では、正義という超重量級の概念について、何ごとかをまともに語ろうとする者は、内心の面映ゆい気分を克服する気力を要するとともに、「セーギの味方」なる栄えある称号を授与されるのを覚悟しなければならない。確かに、国際政治上のインパクトにはおかまいなく、ソ連を「この世における邪悪の焦点」と罵倒して悦に入っていた米国の大統領など、この称号がよく似合いそうな人物は少なくない。しかし、軽チャー現象の無気味さは、「茶化し」が、権威のとりすました荘重さの裏に隠蔽されている愚劣さを暴く、批判の武器としての性格を全くもたず、自己目的化されている点にある。自己目的化された茶化しは対象を選ばない。それは一切を笑い堕とす。空疎な重厚さよりも軽やかで奔放な充溢を求める者が、個人の自由の領域にパターナリスティックに干渉しようとする「道徳主義的（moralistic）」[1]な説教を茶化すのはもっともなことであるが、このことは、個人がまさに自由であるが故にそれと直面し、他者とともにそれについて論議する責任を負っている真正の道徳的問題の存在を承認することと、完全に両立するはずである。しかし、「軽チャー」の旗の下に群がる人々は、道徳的言説と道徳主義的言説との、七面倒臭い区別に注意を払う忍耐をもちあわせていない。正義を論じるなどということは、彼らにとってそもそも「マジ」なのであり、「クライ」のであり、殆ど犯罪的な悪趣味なのである。

正義に対する嫌悪は、実は軽チャー病に憑かれた人々に限らず、もっと「シリアス」な知識人をも含めて、現代日本においては広範に共有されている感情である。そのことの社会学的・心理学的・歴史学的説明は種々なされ得るであろうが、ここでは、この感情の言わば「哲学的基礎」をなすと思われる三つの要因を挙げておきたい。（包括性は標榜しない。）第一は、「正義よりも平和を」というスローガンに要約される発想であって、長尾龍一が共感をこめて「諦観的平和主義」と呼んでいる立場である。[2]第二は、正義に関するあらゆる思弁は、その本質において階級利害、特に支配階級のそれを代弁するイデオロギーに他ならないとする発想であり、古代ギリシャにおけるトラシュマコスの思想から、[3]マルクスないしマルクス主義者の史的唯物論にまで至る系譜をもつ考え方である。第三は、価値判断一般、従ってまた正義判断は客観的基礎を有し得ず、原理的に主観的・恣意的たらざるを得ないとする相対主義の立場である。

二　「正義よりも平和を」

諦観的平和主義は、人類史上正義の名において流された血の量に鑑みて、正義が必然的に人をして狂信と暴力とに導くと断定する。この立場によれば、正義は闘争を解決する理念であるどころか、むしろ正義こそ闘争の原因であり、また妥協と互譲による闘争の解決を困難にするものなのである。諦観的平和主義者に言わせるならば、二度の世界大戦を経、今また人類の存続を脅かす核戦争の危機を前にしている我々は、今こそ、正義の理念の主権的支配から脱却し、平和の理念に帰依しなければならない。「正義よりも平和を」という標語、あるいは「最も正しい戦争よりも、最も不正な平和を私は選ぶ」というキケロの有名な格言によって定式化されるこの立場は、法的安定性と正義を対立的に捉え、前者を後者に優先させる法実証主義の精神とも相通じているが、法実証主義の立場を自覚的に採ってはいない人々にも根強く支持されている。

確かに、この立場はその「醒めた感じ」の故に、一見魅力的ではある。しかし、多少ともその中身を明確にしようとするならば、直ちに難点が顕わになる。端的に言って、それは首尾一貫して準拠することの不可能な立場である。素直な解釈に従えば、「正義よりも平和を」は、現状がいかに不正に感じられようと、実力によってそれを変更することをいかなる主体（個人および国家）にも許さない立場を意味するであろう。この立場を徹底させるならば、いかなる名目の下においてであれ、現状の実力による変更を試みる行為は不正とみなされ、それに対する制裁が正当化されることになる。この観点からは、例えば、フォークランド紛争におけるアルゼンチンの軍事行動は、イギリス帝国主義を弾劾するその大義の正当性如何に関わりなく不正であり、それに対するイギリスの制裁行為は正当化されるであろう。従って、この解釈の下では、諦観的平和主義は「正義よりも平和を」と言いながらも、実は一つの正義原則を支持していることになる。許容可能な制裁が経済制裁や、他の非軍事的制裁に限定された場合でも、同じことが言える。しかも、かく解釈された諦観的平和主義は、現状への異議を実力行使によって表現することを禁止することの代償として、不服申立てとその裁定のための公共の手続の設定を、論理的に要請しており、何らかの手続的正義の理念にコミットしているはずである。要するに、諦観的平和主義者も平和を守るべき一つの積極的価値として措定する限り、その標榜するところに反して、正義を求める営みに参加せざるを得ないのである。もっとも、諦観的平和主義者はここで、「正義よりも平和を」の思想は一切の価値の暴力性を主張しており、まさにそうであるが故に、平和の価値化・規範化をもそれは拒否しているのだと反論するかもしれない。この反論に関しては、一切の価値への訴えを廃棄するならば、共通のルールの形成も不可能になり、平和の実現・維持も不可能になるのではないかという、ごくあたりまえの疑問[4]が先ず提起されよう。しかし、その根本的な難点は、平和の価値化・規範化を拒否するならば、諦観的平和主義は「なぜ正義よりも平和を選択しなければならないのか」(「なぜ正義に代えるに、平和ではなく無規範的闘争状態を選んではいけないのか」)や、あるいは「なぜ正義よりも平和を選択しなければならないのか」(「平和が正義に対抗し得る価値でないならば、なぜ正義を犠牲にしてまで平和を守る必要があるのか」)という決定的な問いに対して、もはや答える術をもたないというところにある。

「正義よりも平和を」なる格言を、文字通り正義理念の全否定と受け取って、ムキになってこれに反論するのは、あるいは粗野な振舞いなのかもしれない。この言葉は本来、他者と共有し得る正義原則の発見への努力を放擲し、自己の特殊利害や特殊な信仰を、正義の名において一方的に他者に押し付けようとする独断的な徒輩に、冷水を浴びせるためのレトリックにすぎないのかもしれない。(キケロは弁論術の達人であった。)確かに、そのような修辞としてならば、この言葉は効果的である。しかし、この言葉を、レトリック以上のものとして受け取って信奉している人々が少なからずいることも事実である。彼らに対しては、部分と全体が区別さるべきであることを強調しておかなければならない。ホメイニの神権政治やその類似物に至る道だけが、正義を探究する者に与えられているわけではない。一歩間違えれば殺し合いかねないほど、鋭い利害の対立や信仰・世界観の対立を抱えた人々が、共生の道を歩み続け得るための条件、即ち「平和の絆（the bond of peace）」[(5)]としての正義を模索する道も、また開かれているのである。この道が結局は行き止まりに通ずることが決定的に証明される——このような証明が可能だとは私は思わないが——までは、正義と平和との単純な二項対立図式をふりかざして、冷笑を浮かべながらディケーの像を穢すことを、我々は慎まなければならない。

三　階級利害還元論

正義への嫌悪の第二の哲学的要因として挙げた立場は、正義理念を階級利害に還元することにより、その信用を失墜させようとする。この立場については様々な批判が可能であろうが、ここでは二点だけ触れておきたい。

第一に、洗練された哲学的正義理論から直観的な正義感覚に至るまで、正義についての我々の感じ方・考え方が、我々の「階級的」利害によって「規定」されているということが仮に真であるとしても、そのことを指摘することによって当の正義理論や正義感覚、いわんや正義理念全体を論破し得たと思うのは馬鹿げている。このことは認識論的に言えば、正当化の文脈と発見の文脈との区別や、所謂「発生論的誤謬」の問題と関わっている。しかし、こういった問題について大議論をしなくとも、例えば、ある種の累進税制度を真の配分的正義を実現するものとして支持している人に対して、「それは君が低所得階層に属しているからだよ」と指摘することが、たとえその人の心理的動機の説明としては正しいとしても、当の累進税制、あるいはそれが体現している配分的正義の原則そのものの不当性を示したことにはならないということを考えてみれば、この点は明白であろう。

正義に関するある規範的主張を論破しようとするならば、主張者の意識的・無意識的な「動機」を暴くのではなく、その主張の内容に対する反論となり得る「理由」を示さなければならない。このような「理由」を提示しようとするならば、結局、当の主張が表明ないし前提している正義原則に対抗する正義原則か、あるいは前者がその具体化たることを標榜している一層抽象的な原理に訴えることになる。マルクシストも単に、契約の自由や私的所有権に基礎を置く「ブルジョア的」正義が資本主義的生産関係の反映であることを指摘したり、それが後者とともに廃棄されるであろうと予言するだけではなく、それが廃棄さるべきであるという批判的な評価を下す限り、その評価の「理由」を提示しなければならない。この知的要請に応えようとするならば、彼はブルジョア的正義と対抗する何らかの正義原則か、あるいはブルジョア的正義の立場に立つ者も承認し得るような、一層抽象的な原理（例えば、「各人の発展が万人の発展の条件である」ように社会が構成さるべきであるという、『共産党宣言』において高らかに謳われた原理）に訴えざるを得ない。

第二に、階級利害還元論の観点を徹底するならば、階級対立の「止揚」とともに、正義が問題となり得る条件そのものが取り除かれ、正義理念が無用になるはずである。しかし、この想定は支持し難い。階級対立が止揚された社会においてもなお、ヒュームに倣ってロールズが描写する「正義の情況（the circumstances of justice）」[(6)]は存在する。何よりも先ず、資源や財が有限で、すべての人のあらゆる欲求を満たすことができない限り、無階級社会も分配問題を避けて通れず、何らかの配分的正義の原則（例えば、「労働に応じて」）を採用せざるを得ない。マルクシズムは、生産力と生産関係の「矛盾」から解放された共産主義社会における生産性の爆発的向上という、デウス・エクス・マーキナを引っぱり出してこの問題を解消しようとする。しかし、計画経済の周知の官僚的非効率性には目をつぶって、この生産性向上物語を認めたとしても、かかる生産性向上によって配分的正義の問題を解消することはできない。労働の負担の分配の問題は生産性がいかに向上しようと存在する。また、地球の自然資源と人的資源＝人間労働が有限である以上、いかなる財の生産にこれらをふり向けるか、即ち、いかなる人々のいかなる欲求を充足するためにこれらを活用するかという問題が残る。さらに、将来の世代のために、いかなる資源をどれだけ保存し、何をどれだけ投資するかという、世代間の配分的正義の問題も当然存在する。

無階級社会における正義の問題は経済的な利益・負担の分配に限定されない。例えば、共産主義社会においては、仮に強制装置としての国家の死滅に関する教説が正しいとしても、経済計画の設定・執行のための社会的決定システムが必要であり、この決定過程に参加する権利を公正に人々に配分するにはどうすればよいかという問題が答えられなければならない。また、集合的決定による個人の自由の制約の限界がどこに置かれるべきかという問題も、個と全体の関係に関わっており、階級対立の消滅とともに解消されるような問題ではない。現実の共産主義国家ではあたかもこの問題が存在しないかのように扱われているが、共産主義社会を自律的存在としての人間の復権の条件として捉えようとする人々は、この問題から目をそらすことはできない。(「各人の発展が万人の発展の条件である」社会と「万人の発展が各人の発展の条件である」社会との区別がここでは必要であろう。) 要するに、正義を階級イデオロギーとみなし、正義理念を必要としない無階級共同社会を夢見る人々も、この共同体における社会的協働のシステムと、そこにおける個人の位置を明確にしようとするならば、正義の問題に直面せざるを得ないのである。

四　相対主義

1　問　題

正義への嫌悪の哲学的基礎として先に挙げた三つの要因のうち、正義論の存在理由に対する最も根源的な挑戦を突き付けているのは相対主義である。それは「何が正義か」を問う一切の探究が、そもそも答えのない問いに答えようとする空しい試みであることを厳かに宣告しているからである。

正義論の学的構築を試みる者が相対主義に対処する一つのやり方は、端的にこれを無視することである。「正解は存在しない」という立場を反証する一番手っ取り早い方法は正解を示すことである。相対主義と付き合ってメタ理論レヴェルの煩雑な議論に関わっている暇があったら、正義の問題に正解を与える規範的理論の構築に精を出すべきではないのか。ジョン・ロールズの正義理論（*A Theory of Justice*, 1971）の出現以来顕著となってきた、規範的価値論としての法哲学・政治哲学の再興の動きに共鳴・参与する人々の中には、相対主義の問題に対してこのような態度をとる者が皆無ではない。しかし、かかる態度は問題の根幹を見誤るものと言わなければならない。正義論、あるいは規範的価値論一般はすぐれて論争的な論議領域である。そこではいかなる立場・理論も他の対立する立場・理論からの厳しい批判にさらされている。万人を納得させる理論はこれまで存在しなかったし、これからも容易に現われそうにない。このことはロールズ以降の規範的価値論の「再生」が、何らかの立場の共有にではなく、むしろ相対立する様々な立場の間で、論争が活発に闘わされているという事態に存していることを見ても明らかであろう。このような根深く執拗な論争状況は、「もしかしたら、この問いには答えがないのかもしれない」という不安を人の心の奥底に忍びこませる。相対主義はこの不安の内容が現実であると主張する。このような状況において成立する相対主義の問題に対して、「正解を示せばよい」という態度をとることは、所持していたはずの切符がなかなか見つからないので「落としたかもしれない」と不安に思っている人に対して、「君の不安を解消する最善の方法はその切符を見つけることだ」と勧告するようなものである。

それでは、正義論の可能性を主張する者は、相対主義の問題にいかに対処すればよいのか。数学における方程式の解の存在証明のようなものが正義の問題に関しても得られれば文句はないが、それは不可能であろう。正義原則が満たすべき形式的・実質的適格性条件をいくつか設定して、それらを充足する整合的な正義原則の集合が一つ、しかも一つだけ存在するということを証明することはできるかもしれない。しかし、この場合はそれらの適格性条件の正当性が争われることになり、何が正しい適格性条件かという問題の解の存在について同様の手続を踏むならば、無限背進に陥ることになる。結局、我々にできそうなことは、相対主義による正解の不存在証明が成功していないことを示すこと、そして、正解へ導いてくれる確かな「解法」がないにも拘わらず、正解の存在を想定して正義の問題についての論議を続行していくことが、充分意味のある健全な営みであることを示すことである。

2　分類と解明

相対主義の問題を考察するための第一歩は、相対主義の概念を明確にすることである。この概念の曖昧さが、議論に混乱をもち込むとともに、ここで問題にしている厳密な意味での相対主義に、「不当利得」的な説得力を与えているように思われるからである。従って、些か退屈な分類学的議論を先ずしなければならない。通常、価値の領域に関して「相対主義」という言葉が使われる場合、左の表に示すような、内容および論理的ステイタスを異にする様々な立場が、相互に明確に区別されないまま一まとめに括られてしまっているように思われる。

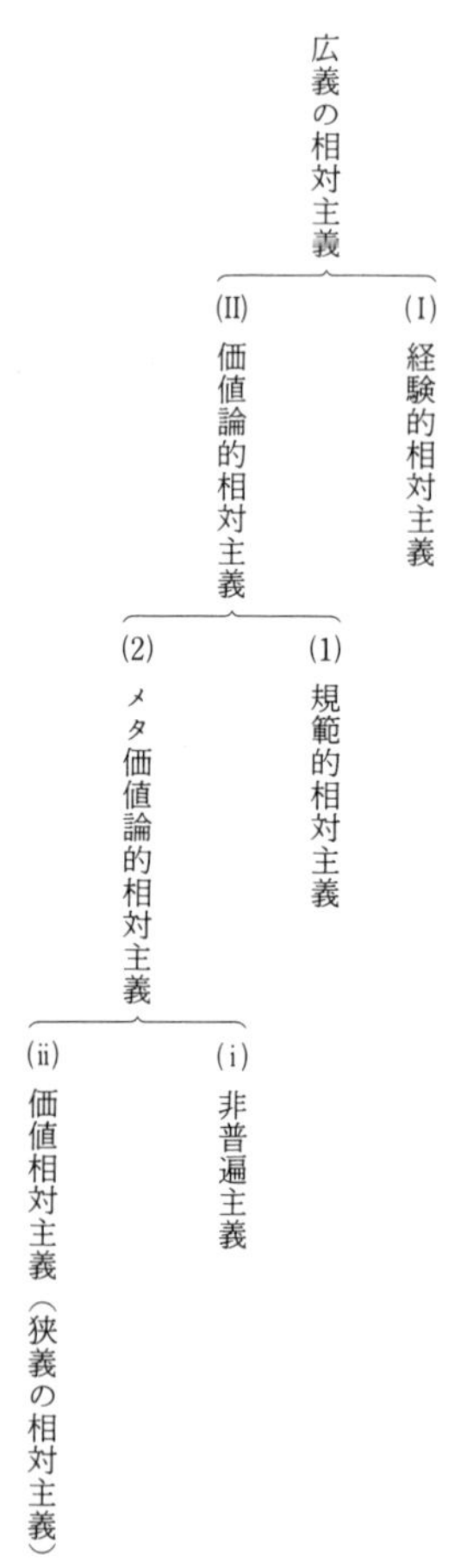

経験的相対主義は人間の価値観・規範意識の事実上の多様性の観察を一般化し、時代・文化・民族・階級等の相違を超えて、普遍人類的に共有されている価値観・規範意識は存在しないという全称否定判断を行なうものである。その主張は経験的一般化であり、通常の社会学的・心理学的判断と同じステイタスをもつ。価値論的相対主義は、このような経験的一般化とは異なった何らかの価値論的主張を含むものであり、これには、「人間の価値観は画一的ではなく多様であるべきだ」という規範的主張を自ら行なう規範的相対主義――多様性の単位にされるのは必ずしも個人とは限らない――と、価値判断の論理的・認識論的身分に関わるメタ価値論的相対主義とがある。後者については、さらに、非普遍主義――反普遍主義と言ってもよいが、どちらかと言えば反普遍主義は規範的相対主義を連想させるので、混同を避けるために「非」を接頭辞として選びたい――と価値相対主義とが区別される。非普遍主義は、あらゆる価値判断の妥当性が歴史的・文化的・経済的条件など、ある意味で偶然的（コンティンジェント）ではあるが、個人の意志によって自由自在に変えることのできない条件に依存しているとする。それは、かかる条件を超越して永遠かつ「普遍的」に妥当する価値判断の存在を否定するが、ある価値判断が妥当するか否かは、

判断主体の意欲や願望によって恣意的に左右できない客観的な問題であることを承認する。これに対して、価値相対主義は、いかなる価値判断も客観的妥当性をもち得ず、相競合する価値判断のうちのいずれを選ぶかは原理上恣意的な問題であるとする。

俗に「相対主義」の名で一括されているこれらの立場のうち、正義論の可能根拠に関わるものとして我々が問題にしている、厳密な意味での相対主義としての性格をもつのは、最後に挙げた価値相対主義だけである。経験的相対主義は、価値判断の客観性問題に関しては、肯定説と否定説のいずれとも両立し得るという意味で、中立的である。規範的相対主義は、価値に関する見解が諸個人ないし諸集団の間で多様であるべきことを主張しているが、このことは、それぞれの見解の妥当性が個人ないし集団に相対的であると主張することとは全く別である。例えば、客観的価値は統一的な権威が教示すべきものではなく、各主体が自分自身で探究し発見すべきものであるという倫理的自律の理念に基づき、あるいはまた、多様な価値観の間での自由な批判的論議を通じてこそ、客観的価値への接近が可能になるという観点から、客観的価値の存在を信じながら規範的相対主義に与することは、論理的に一貫した立場である。しかも、規範的相対主義はそれ自身の規範的主張に客観的妥当性をクレイムしている以上、客観主義と矛盾しないだけでなく、実は客観主義にコミットしているのである。また、非普遍主義が客観主義の一類型であることは、その立場の定式化そのものから既に明らかであろう。（非普遍主義については、価値判断の客観的妥当性の条件として何がレレヴァントかを確立する根本的な観点として、何らかの普遍的価値を想定せざるを得ないのではないか、という疑問が提起されようが(7)、この問題は括弧に入れておく。）

「相対主義者」を自任することは、「開明的」な自己イメージを提供してくれるため、現代日本においてはなお支配的な知的ファッションである。しかし、このファッションに追随している人々が、以上の区別を自覚した上で、自分がいかなる意味において相対主義者なのかを、自分自身および他者に対して明確にする努力を惜しまなければ、それだけで厳密な意味における相対主義、即ち、価値相対主義を支持する人の数は大幅に減少するだろう。価値相対主義はその魅力の少なからざる部分を、それが本来享受する権利を有してはいない他の立場の魅力に負うているのである。例えば、個性の尊重あるいは個性化の必要という見地から相対主義を説く人は、多くの場合、規範的相対主義者である。先進産業諸国と同様な近代化への道を性急に辿ろうとした結果、農業を荒廃させ大量の飢死者を出しているアフリカ諸国の惨状などに印象付けられて、文化的相対主義を唱道する人々もいるが、彼らの真意は恐らく規範的相対主義か非普遍主義、あるいはその両方にあるのだろう。同じ文化的相対主義でも、個人の価値観・規範意識の文化拘束性を強調するだけなら経験的相対主義である。同様に、歴史主義的発想から唱えられる相対主義も、経験的相対主義・規範的相対主義・非普遍主義のいずれか、あるいはそれらの適当な組合わせによって定式化することが可能であろう(8)。

勿論、以上のような区別によって、厳密な意味での相対主義の問題、即ち、価値相対主義の問題が消えてしまうわけではない。このような区別を自覚した上で、なお価値相対主義を支持するハード・コアの相対主義者が当然存在する。相対主義の問題に正面から答えるには、彼らが提供し得る価値相対主義の論拠の検討が必要である。

3　確証不可能性

かかる論拠として先ず取り上げなければならないのは、「確証不可能性からの議論」である。この議論は「与えられたある判断の真理性を確証する手続・方法が少なくとも原理上与えられていないならば、その判断は客観的に真ではあり得ない」という一つの認識論的前提（確証可能性テーゼ）に立脚している。「経験的に検証不可能な命題は真でも偽でもなく端的に無意味である」という論理実証主義者の経験主義的意味基準はこのテーゼの一ヴァージョンである。正義をめぐる論争状況の厳しさは既に触れたが、一般に価値判断の真理性（あるいは妥当性）を合理的人間なら誰でも納得するような仕方で確証するのは困難である。確証不可能性からの議論はすべての価値判断が確証不可能であるとし、そこから、先の認識論的テーゼに基づいて、いかなる価値判断も客観的に真（妥当）ではあり得ないと結論する。

この議論に反論しようとする者は、次の二つの選択肢のうちのいずれかを選ばなければならない。一つは確証可能性テーゼを承認した上で、確証可能な価値判断が存在することを示すことであり、いま一つは確証可能性テーゼそのものを否定することである。私は後者を選ぶ。確証可能性テーゼには次のような根本的欠陥があるからである。

第一に、「確証可能でなければ客観的に真（妥当）ではあり得ない」というこのテーゼは「客観的に真（妥当）であれば確証可能である」というテーゼを含意する。従って、確証可能性テーゼの信奉者がもし何らかの価値判断の妥当性を確信しているならば、彼はその価値判断が確実性をも保証されている、あるいは保証されるはずであると必ず信じることになる。これは自己の価値観の独断的絶対化に導く。人をして独断家たらしめるのは確信の強さではなく、確信の「質」である。独断とは自己の判断の真理性を確信することではなく、自己の判断の確実性＝不可謬性を確信することである。確証可能性テーゼは真理性を確実性に還元することにより、真理の確信と独断との区別を廃棄する。このテーゼの受容者にとって、何かを確信するということはそれを独断的に信じることでしかあり得ない。相対主義の認識論的前提である確証可能性テーゼが、独断的絶対主義に導くということは何ら驚くには当たらない。相対主義と独断的絶対主義とは確実性というあまりに高い要求水準を人間の知に課する点で、本来同じ穴のムジナなのである。この水準に達し得たと信じる楽天家が独断的絶対主義者に、達し得ないと断念したペシミストが相対主義者になる。相対主義者は絶望した絶対主義者であると言われるとき、その意味するところはこの点にある。独断的絶対主義を排して、判断の真理性の確信とその可謬性の自覚とを両立させるためには、即ち、勝義における「仮説」の概念を確立するためには、我々は確証可能性テーゼを斥けなければならない。(9)

このテーゼの第一の、そして致命的な欠陥はその「自己論駁性」にある。確証可能性テーゼそれ自体はそれが要求しているような確証可能性をもたない。このテーゼは論争状況に対して超越的観点をとっているが、実はそれ自体が強い異論にさらされており、論争状況の直中に置かれているのである。特に、価値をめぐる論争の真摯な参加者たちは論争の主題について見解を異にしていても、確証可能性テーゼを否定する点では一致している。なぜなら、彼らはみな自己の見解が他の参加者に対して異論の余地を残さないような仕方で確証できないことを知りながら、なお自己の見解が真であると信じているからである。確証テーゼの支持者がかかる参加者に対して彼らの信念が誤りであることを確証できるような手続は存在しない。従って、このテーゼはまさにそれ自身の主張に従い、客観的に真ではあり得ない。

このテーゼが属するメタ・レヴェルと、このテーゼがそれについて語っている対象レヴェルとの論理的な区別に訴えて、このテーゼ自体はこのテーゼの例外であるとすることにより、この批判をかわすことが可能だと主張する者がいるかもしれないが、これは成功しない。なぜなら、先に見た規範的相対主義者の主張のように、このテーゼと同一のメタ・レヴェルに属する価値判断が存在するし、何よりも、対象レヴェルに属する任意の価値判断Pについて、このテーゼと同じメタ・レヴェルに属し、かつPと論理的に同値——同意ではないが——である判断P′、即ち、「Pは真（妥当）である」が構成できるからである。メタ・レヴェルと対象レヴェルの区別を理由に、確証可能性テーゼ自体をこのテーゼの例外とするならば、すべての価値判断のメタ言語的等価物を、従って結局、すべての価値判断を例外とせざるを得ない。(「Pは真である」という判断P′は真であり得るが、Pは真であり得ないという主張の無意味さは指摘するまでもない。)

確証可能性テーゼの進む道は二つに一つである。即ち、自己の禁止に自ら抵触していることを承認するか、あるいは自己の禁止の自己への適用を制限することによって、禁止そのものを無効にするか、である。価値相対主義はその認識論的呪禁によって自らをも祓除するか、呪禁とともに失効せざるを得ないのである。

確証不可能性からの議論は確証不可能な判断が必ずしも価値判断に限らない(例えば、自然科学の法則命題は確証不可能である)以上、自然科学の理論なども含めて人間の判断・知識一般の主観性・恣意性を説くような、普遍的相対主義(破壊的懐疑論)の論拠とされるだけの射程をもっている。しかし、価値相対主義はこのような論拠だけではなく、価値判断の固有性に関わるような論拠も提供している。「方法二元論からの議論」と「非認識説からの議論」がそれである。

4　方法二元論

「方法二元論」は通常、事実と価値の峻別、存在(「である」)と当為(「べし」)の峻別といった標語で定式化されているが、その論理的核心は「〈である〉―判断(事実判断)のみから成る前提から当為判断(価値判断)は論理的に演繹できない」というテーゼにある。マックス・ウェーバーやハンス・ケルゼンなど、方法二元論に立脚する「古典的」な価値相対主義者は、存在と当為の対立を認識と意志の対立に対応させているが、この並行図式は、厳密に言えば、非認識説(価値判断は認識作用の表明ではないとする説)に関わっており、方法二元論の論理的核心とは区別さるべきである。ここでは「方法二元論」という語を、この論理的核心を意味するものとして用いる。

非認識説はこの意味での方法二元論を含意するが、その逆は真ではない。

「方法二元論からの議論」とここで呼んでいるのは、お馴染みの次のような議論である。価値判断は事実判断から演繹されない以上、ある価値判断を正当化しようとする者は、それを他の価値判断から演繹しなければならない。後者の正当化についても同じことが言える。従って、自己の価値判断を正当化しようとする者は、無限背進に陥らないためには、正当化されていない何らかの価値判断を究極の原理として措定せざるを得ない。しかるに、様々な世界観が対立・拮抗している人間世界の現実をみれば明らかなように、このような究極原理は複数存在する。それらはいずれも正当化されていない以上、いずれを選ぶかは純粋に主観的・恣意的な問題である。究極原理以外の価値判断は、選ばれた究極原理に相対的な妥当性をもつことができる。しかし、当の究極原理の選択が恣意的な問題である以上、これらの価値判断も原理上主観的・恣意的性格を免れない。

この議論は一見、世界観の複数性という誰も否定しない現実認識の介入を別とすると、方法二元論さえ承認すれば、論理必然的に価値相対主義が帰結することを証示しているように見える。実際、相対主義批判者の多くもそのような印象をもち、その結果、そういう人々はもっぱら方法二元論を批判の対象としてきた。しかし、所謂「自然主義的誤謬」批判運動の今世紀初頭における中心人物であったG・E・ムーアのように、方法二元論を採りながら客観主義に立つ立場も、その真偽は別として論理的に可能であることを考えるならば、方法二元論と価値相対主義の間には本来論理必然的な結び付きはないことが分かる。従って、問題のこの議論には、方法二元論以外にも重要な哲学的前提が介在しているはずである。

このような前提として次の二つを挙げることができる。（1）「ある判断（命題）が正当化されるのは、それが自己正当化的（self-justifying）であるか、または他の正当化された判断（命題）から論理的に演繹されるときであり、かつそのときに限る」（遡行的正当化理論）、（２）「自己正当化的な価値判断は存在しない」（反直証主義）。

方法二元論と（１）と（２）は相互に論理的に独立である。また三者の連言はすべての価値判断が原理上正当化不可能であることを、従って価値相対主義を含意するが、（１）と（２）のいずれが欠けてもこの含意は成立しない。（２）が欠けるならば、価値判断が自己正当化的であるか、自己正当化的な他の価値判断によって正当化される可能性が排除できなくなる。（１）が欠けた場合には、「価値判断は事実判断のみからは演繹できず、自己正当化的でもあり得ない」ということは言えるが、これから「価値判断はおよそ正当化不可能である」と推論するのは論理的飛躍である。この推論が妥当であるためには、一つの特殊な正当化の観念が前提されなければならず、まさに（１）がそれを表現しているのである。

要するに、方法二元論・遡行的正当化理論・反直証主義という三要素のうち、どれが論破されたとしても方法二元論からの議論は挫折することになる。それでは、この議論を批判しようとする者はこれら三要素のうちどれ――一つに限る必要はないが――を問題にすべきなのか。既述のように、従来の相対主義批判においては、方法二元論に対する批判が支配的である。確かに、方法二元論の検討はそれ自体としては哲学的にきわめて重要な課題である。この問題の考察においては単に、価値判断や規範の論理的性格の問題だけではなく、論理そのものの本性の問題、人間の言語と行動との関係の問題、価値の人間学的基礎の問題など、多くの根本的な問題が相互に複雑に絡み合いながら関わってくるだろう。それだけにまた、それは「難しい」問題であって、それぞれの立場がそれなりの説得力と難点とを分かち合っている。しかし、かかる重要性にも拘わらず、「方法二元論からの議論」に対する批判の文脈では、これを主要問題として扱う必要はない。なぜなら、一元論の立場に立たない限りこの議論に反対できないわけではないし、一元論の立場を説得的に理由付けられない限り、この議論を効果的に論破できないわけでもない。この困難な問題はオープンにしたまま、もう少し「安易」な、しかしある意味では一層根本的な仕方でこの議論を論駁できるのである。

はっきり言えば、方法二元論からの議論の明白な誤謬は、方法二元論そのものよりも、遡行的正当化理論にある。(反直証主義は承認してよい。共有された直観に、「理由」として実践的推論に参与する権利を承認することと、何らかの直観を確実・不可謬な「根拠」の地位に祭り上げることとは同じではない。)この理論の定式化(1)は回帰的な形式をもつが、これは結局「あらゆる判断は、自己正当化可能な判断から論理的に演繹されるとき、かつそのときにのみ正当化される」という定式と同値である。ここに表現されているのはデカルト主義に他ならない。即ち、確実・不可謬な知のみが信頼に値するという思想の典型である。遡行的正当化理論は先に見た確証可能性テーゼの精神的双生児であり、後者と同じ根本的な欠陥を共有している。第一に、この確実性の要求は人を独断と破壊的懐疑との間で振動させ続ける。価値相対主義が方法二元論によって自己の立場を正当化するときに、このデカルト主義的正当化理論を、言及するまでもない自明の前提としていたということほど、相対主義者に対する「挫折した絶対主義者」という性格付けの的確さを証明するものはない。第二に、自己論駁性の刻印は遡行的正当化理論の上にも顕らかである。この理論そのものを何らかの自己正当化的命題から論理的に演繹するのは不可能であるが故に、この理論は自己自身に正当化不可能性を宣告せざるを得ない。

5　非認識説

非認識説からの議論は価値相対主義を支持する諸種の議論の中で、最も直截である。それによれば、価値判断が客観的に真ではあり得ないのは、そもそも、それが判断ではないからである。即ち、それは、そもそも真偽が問題になるような「認識」の表明ではない。では、判断ではなく認識ではなくて何なのか。この問いに対しては、いくつかの答えがある。古典的な価値相対主義者は主として当為を念頭に置いた上で、意欲とか意志作用の意味とか答える。しかし彼らの答えはあまり参考にならない。当為の概念を説明すべき意志の概念が、結局は当為の概念に訴えずには説明できないという循環を犯しているのである。分析哲学に属する現代のメタ倫理学者たちのうち、非認識説に与する人々は、価値判断を定式化する言語の意味分析を通じて、もう少しまともな――正しいという意味ではなく、わけが分かるという意味で――答えを与えた。情緒説と呼ばれる立場の人々は、評価言明や当為言明など、価値判断を定式化する言明の固有の意味は情緒の表出ないし惹起にあるとする。指図主義と呼ばれる立場は、それを「推賞すること」とか「指図すること」というような行為の遂行に求めた。

非認識説の諸類型の検討は、かなり専門的な分析的議論を要するので、ここで立ち入ることはできない。結論だけを言えば、現在の分析哲学・メタ倫理学の理論水準からみて、評価言明や当為言明の非認識説的分析はもはや支持できなくなっている。重要な論点を二つだけ挙げておこう。第一に、J・L・オースティン以来の所謂「言語行為論」の発展により、それまで別々の言明グループの間に配分されていた陳述的意味や遂行的意味といったものが、実は一つの発話行為のうちに重層的に共属しているということの理解が広まり、非認識説が前提している記述的意味と非記述的意味、認識的意味と非認識的意味との並列的区別が不可能であるという認識が確立してきている。その結果、陳述的発話にも遂行的な意味の相が属すると同じように、規範的発話や評価的発話にも、遂行的・結果惹起的意味の外に、陳述的な意味、即ち、世界について何ごとかを述べ、真偽が帰属するような意味の相が属する可能性が認められるようになっている(10)。第二に、評価言明や当為言明について、非認識説はその語用論的次元にしか目を向けてこなかったが、近年では、特に当為言明について、その意味論的構造を解明する研究が進んできており、当為言明についても「有効性」や「適切性」のごとき語用論的評価次元だけではなく、意味論的な真理概念が適用可能であることが示されている。[11]

価値判断が真偽を問い得るような意味論的構造をもつことを示したからと言って、客観主義の正しさが証明されたことにはならない。しかし、それは、価値相対主義を論理分析や言語分析の名において正当化しようとする非認識説からの議論を、反駁するには充分である。（なお、非認識説に属する論者の中でも、R・M・ヘアーのように、指図主義を普遍化可能性原理と結合させ、さらに一定の人間学的諸前提を導入することにより、一種の功利主義を正当化しようと努めている「限りなく客観主義に近い相対主義者」もいる。[12] 彼の試みは、仮に非認識説が正しいとしても、それによって直ちに規範的正義論の可能性が否定されるわけではないという前提に立っている点で、興味深い。）

五　「それで？」

一人の顔なき可能的読者が小首を傾げて呟いている。「それで？」

相対主義の主たる論拠を三つの議論に分解整理して、[13] これらに対する反論——最後の議論については論証を他所に預けているが——を述べてきた。相対主義による「正解」の不存在証明は成功していないというのが、ここで出すべき結論である。しかし、右の可能的読者はこう反論するだろう。「この結論が正しいことを一応認めてもいい。どこかにきっと『正解』は存在することだろう。しかし、それでどうだというのか。どこかにあるはずだとしても、どこにあるか、我々にはしかと知る手立てがなく、偶々僥倖を得て手につかんでいたとしても、自分が手につかんでいるそれが、まさにそれであると確知することもできないような『正解』など、存在するとは言っても、神のごとき超越者にとって存在するのであって、我々にとっては存在しないのだ。こういう『正解』は『神のみぞ知る』であって、我々のごとき有限者がムキになってそれを探そうとするのは、全く倒錯した試みである。」典型的な反応である。こういう反応に対しては悪戯っ気をおこして、一つ反問したくなる。「我々にとって確知できないものは我々にとって存在しないと言うのなら、我々の人格的同一性さえ我々にとって存在しないということになるだろう。君は、今この瞬間の君と一分前の君とが同一であるということを確信しているようだが、その信念には君や他者がそう信じているということ以外にどんな理由があるのか。我々の人格的同一性が確証できないがゆえに存在しないとするならば、『我々にとって』という限定詞は果たして意味をもち得るだろうか。」しかし、ここでは禁欲しよう。

この種の典型的反応に対して、相対主義批判者の側は次のような典型的な対応をする。「ある答案が正解であることを確証できなくても、その答案が他の答案よりも、もっともらしいことを示すことはできる場合がある。我々は現実に提出されている答案のうち、他と比べて相対的にもっともらしさの度合いが一番高いものを、暫定的に、即ち、よりもっともらしい答案が現われるまで受容すべきである。」これは答案（例えば正義理論）の受容可能性・信頼可能性の基準を、確証可能性よりもはるかに緩やかに解釈することにより、独断か破壊的懐疑か、という呪われた二者択一を免れようとするもので、その基本的志向は健全である。もちろん、「もっともらしさ」の意味や、ある答案が他の答案「よりもっともらしい」と言えるための条件が何かについては、一応のことは言えても、完全に明示的に定式化することは困難である。しかし、こういった概念は、その黙示的性格がある意味では強みなのである。

先の典型的な反応に対するこの対応を擁護するには、もっと多くのことが語られなければならないが、ここで立ち入る余裕はない。ここでは少し別の観点から、あの可能的読者に答えておきたい。正義——真理や美もそうであるが——のような論争的な「理念」は、彼が想定するように「正解」としてどこか永遠の世界に待機しているのではない。それはむしろ、「問い」として我々の前に突き付けられているのである。正義の理念にコミットするということは、「何が正義か」について超越者が知っている正解にコミットすることではなく、この問いそのものにコミットすることである。それは、かかる正解を手に入れて——手に入れたつもりになって——それをこの世に性急に実現しようとする哲学者王の野心ではなく、この問いを問い続け、解答を異にしながらも同じ問いを問う他者との緊張を孕んだ対話を生き抜こうとする決意である。正解がどこかにあるから問うのではない。逆である。問いを真正の問いとして認めるからこそ、その正解の存在を想定せざるを得ないのである。正解が確知できないから理念（問い）を放棄せよという発想（受験生根性？）は、理念への帰依という、すぐれて人間的な企ての本質に対する完全な誤解に根差している。

正義の理念がこのような性格をもつとするならば、この理念に依拠する社会とは、人々が解答を共有することによってではなく、問いを共有することによって結合する社会であり、終わることのない自由な対話を通じて、動的な連帯が維持されるような社会である。一つの解答が正解の名の下にあらゆる批判の声を圧殺し、人々の上に専制的に君臨する社会ほどこの理念を裏切るものはない。

（1）「父権的干渉主義（paternalism）」と「道徳主義（moralism）」とは概念的に完全に一致しているわけではなく、後者を斥けながらも、前者については一定の範囲で正当性を承認する論者もいる（例えば、cf. H. L. A. Hart, *Law, Liberty, and Morality*, Oxford U. P., 1963, pp. 32—34)。しかし、被強制主体の「救済」を強制の正当化根拠にするという構造を両者は共有している。前者は被強制主体の即物的利益や「推定された合理的意志」を救済しようとし、後者は被強制主体を「道徳的堕落」から救済しようとする。いずれにせよ、本書に言う「道徳主義」の基本的特質は、すべての道徳的価値は道徳的価値であるという理由だけで、公権力によるその認定と強行を正当化し得るとする発想にある。自発的に追求されるのでなければ意味のない道徳的価値の存在をそれは否定する。

（2）参照、長尾龍一「ホッブズとケルゼン」、『遠景の法学』、木鐸社、一九八二年、七〇—七一頁。

（3）トラシュマコスはカリクレスと同様、「力こそ正義なり」と説くが、後者が実力主義的な強者礼讃（一種の貴族主義的自然法論）の立場に立つのに対し、前者には、時の支配的な正義の観念が、支配階級の利己的利益を粉飾・強化する「文化的へゲモニー」の一形態にすぎないことを暴く、イデオロギー批判的な側面が見られる。両者のこの相違を鋭く指摘するものとして、参照、長尾龍一「トラシュマコスの実力説」、『ケルゼンの周辺』、木鐸社、一九八〇年、二七七—三〇三頁。

（4）参照、嶋津格「平和・平和主義・正義」、『木鐸』、№4、木鐸社、一九八二年、六—七頁。但し、嶋津はこの疑問を、価値理念への志向の自己充足的機能（「あると思えば現われてくるし、ないと思えば消え失せてしまうという魔術」）という興味深い論点と絡ませている。

（5）正義を性格付ける言葉としてのこの表現を、私はジョン・ルーカスに負う。Cf. J. R. Lucas, *On Justice*, Oxford U. P., 1980, p. 263. 参照、井上達夫「学界展望—— J. R. Lucas, *On Justice*」、『国家学会雑誌』、第九五巻第九・一〇号、一〇六—一〇九頁。

（6）Cf. D. Hume, *Enquiries concerning Human Understanding and concerning the Principles of Morals*, ed. by L. A. Selby-Bigge and P. H. Nidditch, 3rd ed., Oxford U. P., 1975, pp. 183—192/J. Rawls, *A Theory of Justice*, Harvard U. P., 1971, pp. 126—130.

（7）参照、加藤新平『法哲学概論』、有斐閣、一九七六年、四六八頁。なお、加藤は歴史主義的な相対主義の諸形態を入念に分析し、本章で言う経験的相対主義の性格をもつものを「歴史主義的相対主義」、非普遍主義の性格をもつものを「歴史的客観主義または相対的客観主義」と呼び、両者の区別および両者と価値相対主義との区別の必要性を強調している（参照、同書、四六七、五一二—五一五頁）。本章における相対主義の分類は、加藤のこのような分析から多大の示唆を受けている。

（8）前註参照。

（9）Cf. K. R. Popper, *The Open Society and Its Enemies*, Vol. 2, 5th ed., Routledge and Kegan Paul, 1966, pp. 369—396.

（10）Cf. J. L. Austin, *How to Do Things with Words*, 2nd ed., Oxford U. P., 1976, pp. 50—55, 89—103, 133—140. さらに、オースティン

における陳述的意味と遂行的意味との二分法的区別から重層的共属論への展開に照明を当てるものとして、参照、森際康友「法・言語・行為――H・L・A・ハートの法概念論の一分析――（一）、（二）」、『法学協会雑誌』、第九八巻第一号、七四―一一六頁、第九九巻第一号、五二―七一頁。

(11) 当為に関するこの種の研究の一端を示すものとして、参照、井上達夫「法命題の概念に関する若干の考察」、東京大学教養学部社会科学科編『社会科学紀要』、第三〇輯、一七九―二二五頁。また、未完ではあるが、参照、井上達夫「規範と法命題――現代法哲学の基本問題への規範理論的接近――（一）、（二）」、『国家学会雑誌』、第九八巻第十一・十二号、一―八三頁、第九九巻第五・六号、六二―一二七頁。

(12) Cf. R. M. Hare, *Moral Thinking: Its Levels, Method and Point*, Oxford U. P., 1981.

(13) 本章では、トーマス・クーン以来喧伝されている所謂「概念的相対主義（conceptual relativism）」の立場――この立場は概念枠組を異にする諸言明・諸理論の「通約不可能性（incommensurability）」を、従ってまた比較査定の不可能性を主張する――は取り上げなかった。（これに関する論議の展望・収集として、cf. M. Krausz and J. W. Meiland (eds.), *Relativism: Cognitive and Moral*, University of Notre Dame Press, 1982, pp. 1―146.）これを取り上げなかったのは、一つには、「過剰な劇的誇張（overdramatization）」とでも形容すべき趣味の悪さを、この立場に見出す私の偏見によるが、より重要な理由は、この立場はその性質上、本章で問題にしているような価値相対主義、さらには普遍的相対主義の論拠になり得ないということにある。後者の相対主義は、矛盾・対立する複数の判断・理論の間に選ぶところはない、いずれが真でいずれが偽ということはないと主張するが、概念的相対主義は、概念枠組を異にする判断・理論が矛盾・対立する可能性そのものを否定する。これらの判断・理論は、概念的相対主義によれば、同じ世界について両立し難い報告を行なっているのではなく、全く別の世界について報告しているのである。従って、概念的相対主義は、自己の「相対主義」を自己に忠実に定式化しようとするならば、これらの判断・理論の間に選ぶところはないと言うべきではなく、選ぶ必要がない、選んでも意味がないと言うべきなのである。卑近な例で喩えれば、本章で言う相対主義が、異なったスタイルの柔道選手のいずれが優れているとも言えないと主張するのに対し、概念的相対主義は、柔道選手の強さとプロレスラーの強さを比較しても意味がないと主張する。我々は後者の主張を認めたとしても、前者の主張を認める必要はない。

第二章　エゴイズム

――倫理における個と普遍――

近年、正義論議が活性化している。いいことである。これに知的昂奮を覚えるのは私一人ではない。しかし、気がかりなことが一つある。現在の論議に参加している人々の殆どは、専ら正義の基準となる原則をめぐって議論を展開している。様々な人が様々な正義原則を提示し、その正当化に努めている。しかし、どの正義原則を支持するかに関わりなく、正義を求めてこの論議に参加すること自体によって、人は既に一定の規範的コミットメントを共有してはいないか。逆に言えば、個々の正義原則を斥けるだけでなく、正義なる理念そのものの「外」に立つ超越者が存在しないだろうか。ここで言う「超越者」とは、一切の価値判断の無意味性を主張する者のことではない。後者は正義の理念だけではなく、一切の価値的思考の「外」に立つ。ここでの「超越者」とは価値的思考の「内」にいながらも、正義の理念に内在する特定の規範――そういうものがあるとすれば――を斥ける者のことである。もしこの問いが肯定的に答えられるならば、正義を論じる人々にとっては、特定の正義原則の正当化に努める前に、あるいは、それと同時に、正義の理念に内在し、正義の「内」にいるすべての者が共有する規範的コミットメントを、この超越者に対して正当化することが必要ではないか。言い換えれば、相対主義やニヒリズムとは異なる一つの価値的観点から、正義論議そのものの存在理由を否認する者がいるとすれば、この論議の参加者たちは内輪で論争するだけでなく、この者とも対話すべきではないのか。

本章の課題はこれらの仮言的な問いを定言的主張に変えること、即ち、かかる超越者は存在し、「正義の徒」は彼と対話すべきであることを示すことにある。従って、本章は問題の解決というよりは、むしろ問題の提起を目的とする。以下では先ず、正義の「内」と「外」との境界を探索し、次いで、この境界の両側にいる者が出逢ったとき、どんな会話が繰り広げられるかについて、多少思弁に耽ってみたい。

一　正義と不正

1　非対称性

「正義」という言葉は当然のことながら、あまり評判が好くない。「君は正義感が強い」と言われて、それを素直に賛辞と受け取れるほど淳朴な人物は、現在では貴重な存在である。正義漢とは人を裁くことにサディスティックな悦びを見出す狂信家のこと――これが相場的イメージであろう。筒井康隆のショート・ショートに、この世であらゆる人間を告訴した正義の味方が、死後無事に天国へ行けたものの、そこには善人しかおらず、誰も弾劾できなかったので、彼は地獄の苦しみを受ける破目になったという話がある（「正義」、『笑うな』所収）。

しかし、一見逆説的とも思えるのだが、「正義」のこの不評にも拘わらず、「不正」という言葉は割合に人に好まれ、しかもある昂揚した感情を伴って使われるのが常である。「不正な政治献金」、「不正な指揮権発動」、「不正な大衆課税」、「不正に目をつぶるな」、「不正入学」、「不正な管理価格」、「権力の不正を暴く」、「蔭で不正を働く」等々、例を挙げればきりがない。社会正義の番人を自任するマスコミがこのような表現を愛用するのは驚くに当たらないが、「しらけた」大衆も「正義」がもつ大仰で面映ゆく冷笑を誘うような響きを、不思議と「不正」に対しては感じないようである。それどころか、自分が明らかに不当な取扱いを受けたと感じるとき、人々は「不正」を真剣な非難の言葉として、何のためらいもなく使うであろう。また、大抵の人間は、人が理由なく殺されたり、虐待されたり、差別されたりするのを見たとき、たとえその人が見ず知らずの他人であっても、ある義憤を感じるものである。このような場面で使われる最も自然な表現は「不正」である。

「正義」と「不正」とに対する人々の態度のこのような非対称性は多くの哲学者が既に注目している。彼らは、そこから、正義の問題は「正しさとは何か」よりも「不正とは何か」を考察することによって解明できるという着想を引き出した。[1] しかし、一体なぜ、このような非対称的な態度を人は取るのか。

ここで直ちに思いつく一つの答えは次のようなものである。不正な行為とは義務に反した行為である。それ故その行為と行為者は非難の対象となり、人々の関心を惹かずにはいない。これに対し、正しい行為とは義務を果たす行為であって、行為者はそれによって当たり前のことをしたにすぎず、取り立てて称賛するまでもない。称賛に値するのは、自分の命を投げ棄てて他人の命を救うというような、義務以上のことをなす行為――カトリック神学において「余分の勤め(works of supererogation)」と呼ばれるもの――だけである。従って、人間生活にとって意味のあるのは、正義の要求を満たさない行為か、その要求以上のことをする行為かであって、正義の要求を満たすだけの行為は退屈であり、固有の魅力をもたない。正義自体よりも「不正義」と「超正義」こそが人間の関心事なのである。

この答えは一つの興味ある論点を衝いているが、ここでの問題に対する充分な解答にはなっていない。第一に、煩悩多き人間族にとって、正しい行為は常に容易なわけではない。普通の人間なら屈してしまうような強い誘惑が存在する状況において、それに抗して正義の要求(と自らを確信するもの)に従う人は、義務以上のことをする人よりも、称賛に値する場合がある。飢えた子供を抱える貧しい労働者が、誰にも見られる虞のないときに、パン屋からパンを盗もうとしてそれを思い止まったとしよう。彼のこの行為を、税金対策に悩む金持ちの寄付活動よりも称賛したいという人は少なくないだろう。（私的所有を神格化するブルジョア倫理に毒された哀れな奴として、この労働者を嘲笑する者でさえ、ブルジョア倫理の中では労働者の行為の方が金持ちの行為よりも価値をもつことを認めるかもしれない。）正義が仮に当たり前のことであるとしても、それは眠くなったら寝るのが当たり前であるのと同じような意味で当たり前なのではない。正義の女神にとって当たり前なことは、神ならざる者どもにとっては、時として「つらい」のである。この「つらさ」に対する人間的共感を欠くところに正義漢が嫌われる一因がある。「正義」という言葉の不評に一役買っているのは、それにつきまとう正義漢のこの冷たいイメージである。先の答えはこの点を見落としている。(2)

第二に、より重要な点であるが、正義と不正とに関する人々の態度の非対称性は、単に行為や制度のあり方に対する関心と反応という実践的態度における非対称性だけでなく、認識論的態度における非対称性をも含んでいるのである。即ち、何が正義かを問い、また答えようとする者に対して、シニカルで懐疑的な笑みを浮かべる人が、しばしば特定の行為や処置に関して「それは不正だ」という判断を確信をもって下すのである。上述の答えはこのような非対称性を説明できない。むしろ、それは「何が正義か」についても「何が不正か」についてと同じ程度の確信を人々がもつことを前提している。

従って、正義と不正に対する人々の態度の非対称性の説明は、他所に求められなければならない。

正義に関する人々の両面的な態度を説明するための一つの鍵は、「正義とは何か」という問いと「何が正義か」という問いとの区別に求められるだろう。前者は正義の問題全体を包括するものとして問われることもあるが、特にこれを後者と区別された問いとして解するならば、この問いは正義の基準（criterion）、即ち正義原則（the principle of justice）を求めているのではなく、正義の意味（meaning）、即ち正義概念（the concept of justice）あるいは正義理念（the idea of justice）を求めているものと考えることができる。これに対し、後者はまさに正義の基準としての正義原則が何であるかを問う。相対立する様々な正義観（conceptions of justice）は後者の問いに関わり、様々な正義原則を解答として提示している(3)。しかし、これら様々な正義観の提唱者はいずれも自己の主張を、人生観や法律観や国家観、さらには道徳観一般等と関連しつつもそれらと同一ではない正義観として提出している以上、彼らがそれぞれの正義原則によってその基準を与えようと意図している共通の正義概念が存在するはずである。もし彼らが同一の概念について異なった基準を与えているのでなければ、そもそも彼らの間に対立は存在し得ない。これは肝硬変の一つの判定方法を提唱する医学者と、肝臓癌の一つの判定方法を提唱する医者学との間に、対立が存在し得ないのと同様である。

正義観あるいは正義原則と、正義概念との区別を念頭に置くならば、非対称性の問題に以下のように答えることができるだろう。

正義観の次元では、平等主義対自由主義、絶対的平等対相対的平等、全体主義対個人主義、功利主義対個人権理論、福祉対自由、能力主義対経歴主義、業績主義対努力主義、「必要に応じて」対「労働に応じて」、応報刑対改善刑等々、様々な立場の厳しい対立がある。これらの対立は根深く、妥当な正義原則について一般的合意は存在しないし、これからも成立する確実な見込みはない。どの正義観もそれを支持する一応の理由はもっているが、万人を納得させる決定的根拠をもたない。このような諸正義観の止むことなき角逐・対立は、絶対的な妥当性をもつ万能公式としての正義原則の存在について人々を懐疑的にする。一つの正義原則を絶対的な原理とみなし、これによってあらゆるものを裁く正義の徒を、人は独断的な狂信家として扱うようになる。「正義」なる言葉の現代における威信失墜と不評はこういう事態に根差している。

しかし、絶対的な万能公式としての正義原則なるものへの懐疑は、正義概念自体を無意味として放棄することとは別である。また、それは正義に関するあらゆる判断を恣意的とみなす態度とも必ずしも結び付かない。各々の正義公式は、絶対的妥当性を承認されないとしても、少なくとも正義に関する実践的推論において考慮さるべき一つの相対的理由、あるいは一応の理由（*prima facie* reason）を人々に指定することはできる。それぞれの正義原則の他の原則に対する比重は固定的である必要はなく、問題の性格や文脈に応じて変化し得る。あるケースにはある原則が優越的な規制力をもち、他のケースでは別の原則が優越するということもあろう。この場合、優越された原則も必ずしも「無」であったわけではなく、全く考慮されなかったときに比べて結論の内容または説得力に何ほどかの相違をもたらすことができる。確かに「相対的」な比重をもつ正義原則は、それ自体では、すべての問題に、万人が一義的に正しい答えとして承認できるものを与えることはできない。しかし、それは他のベクトルと合成される一つのベクトルに似た仕方で、実践的推論の方向付けに参与できるのである。様々な正義原則の各ケースにおける比重を決定する確実な「計算手続（algorithm）」は知られていない。従って、同じ原則群を考慮した場合でも、人々の正義に関する実践的推論の結論が完全に一致することはない。しかし、それを理由にこのような判断を恣意的だとすることは、将棋を指す人が常勝を確実にもたらす戦略を知らないことを理由に、彼の指す手をすべて恣意的だとするのに似ている。少なくとも、正義判断の主体や将棋を指す人はこの非難を容認しないであろうし、それは決して理由のないことではない。

競合する様々な正義原則の比重の評価は、何らかのアルゴリズムに従った演算によるというよりは、むしろ「正義感覚（sense of justice）」とでも呼ぶべきものによる。この感覚は、それをもつ者に、正義に関わるすべての問題について一義的な指針を与えるには曖昧すぎるが、多くの問題についてはっきりした態度決定をさせる程度には明確である。通常、人は自己の正義感覚を意識しないが、彼が「熱く」なるとき、即ち、自分が不正を受けたと感じたときや他人が受けた不正に義憤を感じたとき、顔面の紅潮と共に意識に昇り来る一つの「抗議」として、この感覚の顕われを認めるのである。

正義を疑いつつ不正を非難する人々の態度についての以上のような解釈が可能であるとするならば、かかる態度の矛盾は表見的なものにすぎない。人々が正義を疑う態度を取るとき、彼らの懐疑の対象は、実は個々の正義観であって、正義の理念ではない。人々は絶対的な万能公式としての正義原則なるものには絶望していても、正義の理念に絶望しているわけではない。彼らは個々の正義観を冷たく突き放すことができる。しかし、既にもってしまっている正義感覚を、ある日突然意志的決定により放棄するというのは不可能である。正義感覚は失われ得るが棄てられ得ない。人々は、言わば「負わされた」この正義感覚により、好むと好まざるとに関わらず、正義の理念に帰依している。そして、「不正」を指弾するとき、彼らは正義の理念への信仰を告白するのである。

二　形式的正義の「内容」

1　権利と正義

様々な正義観がその基準を与えようとし、正義感覚が知らずに人をそれに帰依させている正義の理念とは一体何か。相対立する正義観は、いずれも一定の内容をもった一般原則によってこの理念を解釈し、各人の正義感覚は個別的にこの理念を適用する。従って、正義の理念は、すべての正義原則をその競合する解釈として、また、すべての正義感覚の発現をその具現として包摂し得る一つの形式でなければならない。

このような形式の表現としてしばしば引用されるのは、ユスティニアヌス法典の『法学提要』にある「正義とは各人に彼の権利を帰さんとする恒常的にして不断の意思なり（justitia est constans et perpetua voluntas jus suum cuique tribuendi.）」という言葉である。例えば、長尾龍一はこの定式から特に‘suum cuique’という二語をとり上げ、これを正義の「形式的定義」とする。彼はこれを無内容であるとした上で、「これは具体的に『彼のもの』（suum）を判定する基準を示す実質的定義によって補われなければならない。正義をめぐる思想闘争の歴史は、この実質的定義をめぐる争いの歴史である。」[4]と述べている。しかし、この単純化された定式「各人に彼のものを（suum cuique）」が、果たして一つの特定の正義観の表現ではなく、すべての正義観に共通な形式としての正義理念の表明であると言えるだろうか。（先の命題全体がそもそもその歴史的文脈において何を意味したかは、ローマ法学や法思想史の一大問題であり、私にはそれを論じる能力はないし、またそのつもりもない。以下に述べることは歴史学的主張ではなく、飽くまで一つの哲学的解釈である。）

「各人に彼のものを（suum cuique）」あるいはより明示的には「各人に彼の権利を（jus suum cuique）」という定式は、「彼のもの（suum）」と「汝のもの（tuum）」との区別を、それ故また「我のものと汝のもの（meum et tuum）」という区別を前提にしている。'jus' を「権利」と訳すことの適否は別としても、この定式が今述べた区別を前提しているということは、それが個人的権利を承認していることを意味すると言ってよいだろう。(5) しかし、個人的権利の承認はすべての正義観に共通の前提ではない。何らかの集合的目標の達成度の最大化を唯一の原理とする徹底的に目的論的な正義観、たとえば、徹底的な功利主義――全体的功利主義（total utilitarianism）であれ、平均的功利主義（average utilitarianism）であれ――は、個人的権利の承認と両立しない。

個人的権利は、自然権であれ実定法上の権利であれ、およそそれが権利である限り、集合的目標の追求に対する何らかの程度の抑制として機能する。確かに、集合的目標の達成にいかなる犠牲を強いてもその行使が認められるのでなければ、すべての権利は権利としての性格を失うという主張は支持し難い。しかし、前提された集合的目標、例えば、全体効用の最大化や平均効用の最大化の達成に、いかに微少であっても阻害的影響を与える場合は権利の行使が許されないとする正義観は、もはや個人の権利を制限しているのではなくて否定しているのである。かかる正義観の下で権利を付与されている者を強いて挙げるならば、それは「全体社会」や「平均人」のごとき抽象的人格であって、現実に存在する具体的な個人ではない。個人が権利をもつと言えるためには、集合的目標の名における犠牲要求に対して、最小限の「拒否権（veto）」がその個人に与えられていなければならない。これは個人権概念からの論理的帰結である。(6) このような個人的権利を承認している点で 'suum cuique' は一定の個人主義的色彩をもつと言える。（なお、様々な目的論的正義観の提唱者たちが、実際に個人的権利を全面的に否定するほど徹底しているかどうかは別問題である。功利主義者を自任する者もしばしば、功利主義的原理から独立した何らかの

'moral constraints' を明示的または黙示的に承認している。(7))

一切の個人的権利を否認する正義観の道徳的正当化可能性は一つの問題である。しかし仮にそれが正当化できないとしても、それが一つの正義観であることには変わりない。徹底的な功利主義者は道徳的に誤っているかもしれないが、「正義」なる言葉の意味を知らないとして彼を批判するのは不当である。一見中立的で無内容な 'suum cuique' は、上述の解釈を前提するならば、特定の正義観を排除し得るほどに「偏向」している。勿論、この「偏向」はこの定式にとって名誉とすべきことである。しかし、これを正義概念の定義とすることは、功利主義という一つの正義観を論議抜きでア・プリオリに排除することになるため、不適当である。

正義概念あるいは正義の理念を示唆する言葉を問題の命題の中にあえて求めるならば、'constans et perpetua' がそれであろう。'constans' は定常性・不動性・安定性・一様性・一貫性等を表現し、'perpetuus' は継続性・持続性・普遍性・一般性・全体性等を表現する。この二つの形容詞が直ちに喚起するのは、情に流されず私利を排し、常に法を万人に対して等しく適用する公正厳格な裁判官のイメージである。「各人に彼の権利を帰さんとする恒常的にして不断の意志（constans et perpetua voluntas jus suum cuique tribuendi）」をもつことを要求されるのは、誰よりも先ず裁判官であることからしても、この連想は的を失しているとは言えまい。裁判官は特定の人間をひいきしたり、理由なく不利に扱ったりしてはならない。彼は法の一般性に対し、個人的理由から恣意的に例外を設けてはならない。「等しさ」こそ彼が以て信条とすべきものである。この点に関連して、英米法では裁判官がときに 'Justice' の敬称を以て呼ばれることが想起されよう。正義の理念の一つのパラダイムを裁判官に求めるのは自然なことである。このパラダイムに示される正義の理念を定式化する最も有名な命題は「等しきものは等しく、不等なるものは不等に扱わるべし」である。(8)（なお、'constans et perpetua' の含意は以上に尽くされない。これについてのより突っ込んだ解釈は本書第五章（二五七―二五八頁）で提示される。）

この命題は何が等しく何が不等なのかについて何も述べていない。その意味で形式的である。しかしこの形式性の故にこそ、それはあらゆる正義観・正義感覚を包摂する正義理念の表明たり得るのである。すべて正義観はこの等・不等の基準をめぐって対立している。'suum cuique' は「各人の権利・権限に応じて」をこのような基準として提示する一つの正義観の表現である。確かにこの基準自体きわめて抽象的であり、何が各人の権利・権限かを決定するためにはさらに具体的な基準が要求される。この具体的基準をめぐって、この正義観の内部でもさらに多くの立場の対立がある。いかなる実定法規によっても侵害できない自然権が存在するかという法哲学の古典的問題をめぐる対立は、そのうちの最も重要なものの一つである。しかし、それにも拘わらず、'suum cuique' は上述したようにすべての正義観に対して中立的であるわけではない。(9)

2　匡正的正義

アリストテレスによって区別された配分的正義（διανεμητικὸν δίκαιον）と匡正的正義（διορθωτικὸν δίκαιον, ἐπανορθωτικὸν δ.）は「等しきは等しく、不等なるは不等に」という定式とどういう関係にあるか。各人の「価値（ἀξία）」に比例した配分を要求する配分的正義がこの定式に包摂されるのは言うまでもない。(10)しかし、匡正的正義については若干注意を要する。配分的正義が複数主体間での利益・負担の分配の問題を扱っているのに対し、匡正的正義は犯罪や契約不履行などの不当な加害や不当利得をめぐる補償（刑罰も含めて）の問題に関わる。匡正的正義においては、各人の「価値」ではなく、彼が他者に与えたり他者から受けたりした損害や利益に応じた補償が要求される。(11)確かにその限りでは、損害・利得を等・不等の基準にするものとして匡正的正義も先の定式に包摂できる。しかし、匡正的正義の観念が含蓄しているのは果たしてこれだけであろうか。匡正的正義は果たして正義の基準を与える諸々の正義観と同じ地平に立つ一つの正義観にすぎないのか。それは単に正義の一つの基準を与えるだけで、正義の意味、すなわち正義理念とはいかなる内的連関ももたないのか。[12]

この問題を考えるには、例えば、傷害行為に対していかなる制裁も許さず、いかなる損害賠償請求をも認めない法体系を想像してみればよい。すべての人のすべての人に対する傷害行為を等しく放置している点で、この法体系は一応公平であるが、匡正的正義の要求を満たしてはいない。自力救済が事実上はあるが、これが意味するのは弱者の一方的泣き寝入りである。傷害が倫理的害悪であることを認めながら、なお且つこの法体系が正義に適っていると主張する者は、いたとしても少数派である。彼は多くの人に批判されるであろう。しかし、彼らのこの批判的態度は、将棋で詰めを誤った者に対する人の反応と「香車」を斜に動かした者に対する反応とのいずれに近いだろうか。恐らく後者であろう。先の少数派は、誤った正義観をもっているというよりは、そもそも「正義」という言葉の意味を知らない、あるいは、何が正義かについての論議の土台をなす基本的前提を理解していないとみなされるのを覚悟しなければならない。

匡正的正義への人々の特別の顧慮には決して理由がないわけではない。第一に、公正な裁判官のイメージが正義理念のパラダイムにされたが、裁判官の固有の仕事はまさに匡正的正義の実現である。[13] さらに、匡正的正義は居並ぶ諸正義観とは違って、「本来正しい」社会形態や人間関係についての一つの積極的な図を描いているわけではない。それは、何であれ「本来正しい」状態が乱されたときに、それを乱すことにより利得した者（財物の獲得だけでなく、他人の犠牲において自分の破壊本能を満足させることも利得のうちである）に対し一定の不利益を課し、その者によって損害を与えられた者に一定の補償をすることによって、失われた「道徳的均衡（moral equilibrium)」[14]を回復することを狙いとする。ところで、いかなる正義観も、それが本来正しいとみなす状態が乱されたときには何らかの仕方でそれが回復さるべきであるという要請を内含している。従って、「失われし正義は回復さるべし」という一般化された匡正的正義の理念は、すべての正義観の共通の前提であると言ってよい。勿論、この回復・匡正の手段として何が適切かについては見解が分かれる。刑罰に関してだけでも、ある者は同害報復(talio)を、ある者は比例的応報刑——何に比例させるかによって、さらに結果責任、行為責任、人格責任などの立場が分かれる——を、またある者は教育的・改善的措置を主張し、さらにある者は一切の刑事制裁を廃して損害賠償のみで処理することを提唱するというように、様々な立場の対立がある。また、刑罰と損害賠償という匡正的正義の古典的カテゴリーに包摂されない全く新しい匡正・回復方法が存在するかもしれない。正義観は匡正手段をめぐっても様々に分岐するのである。しかし、どの回復手段を選ぶにしても、そこには匡正的正義の一般的理念が前提されている以上、これは諸々の正義観とは次元を異にする正義理念の一要素であると見るべきであろう。

一般化された匡正的正義と正義理念との内的連関は道徳規範の論理的特性に根拠をもつ。道徳規範は、それが違背されたとき何がなさるべきかについて、通常、直接指示してはいない。例えば、「殺すべからず」という道徳規範は、殺人を犯した者をどう扱うべきかについて何ら具体的な指示を与えていない。これを特定するのは道徳よりもむしろ法の任務である。[15]しかし、それでは道徳規範は自らが侵害された状態の処理に対して全く無関心なのであろうか。それは行為前の選択において人を指示するだけで、指示に反する行為がなされた後のことについては全く意に介さないのであろうか。

この点で、道徳規範を願望、およびアリストテレス的意味における「賢慮(φρόνησις, prudentia)」[16]の勧告から区別する必要がある。自分の願いや祈りが実現されなかったとき、人は他人に愚痴をこぼすことはできるが、誰かを

「責める」ことはできない。「済んだことは仕方がない（Ce qui est fait est fait.）」として身の不運を諦める他はない。また、職業の選択や恋愛問題に悩む若者が 'Lebensweisheit' に長けた「大人」に助言を求めたり、あるいは商売上のトラブルや離婚問題を抱えた大人が今度は弁護士に相談したりする場合、「大人」や弁護士は「あなたはこうすべきですよ」という当為言明によってその知慮に富む助言を与えるだろう。しかし、助言を受けた者がそれを充分に理解しながら、不利益や危険を覚悟の上でなおその助言に従わなかったとき、「大人」や弁護士は彼を愚かだとは思っても、「責める」ことはできない。「彼には彼の生き方がある」として、放っておくしかない。

これに対し、道徳規範が違背されたときは、何らかの「責め」を生じるのである。通常の行為規範の場合はそれに違背した個人に「責め」が帰せられる。また、「平和と繁栄と幸福を全世界が享受すべきである」というような道徳的目標・理想を表現する規範——これは恐らく、完全履行の不可能な規範であり、その意味で常に違背されている——の場合は、この悲惨な地球に住む人類全体に「責め」が帰せられる。この「責め」の存在は、規範侵害状態を「仕方がない」として放置しておく態度を許さない。「責め」は「問わ」れなければならないし、また果たされなければならない。「責め」は問われ且つ果たされることにより消失する。「責め」の消失とは乱された道徳的均衡の回復である。（もっとも、道徳的理想の場合は「責め」が完全に果たし切られることはあり得ず、不均衡が永続するであろうが、無限の努力がそこへと収束する限界値として均衡点を考えることができる。）

道徳規範は確かに、それが違背されたときになさるべき対応を具体的に特定してはいない。しかし、それは何らかの仕方で「責め」を消失させ、均衡を回復することを要求するのであり、この要求を内含していることによって、それは単なる願望・祈願の表明や賢慮の助言から、まさに「道徳規範」として識別され得るのである。道徳規範の違背が少なくとも非難や謝罪に値するのはこの要求に基づく。「等しきは等しく、不等なるは不等に」という正義理念の定式はそれ自体一つの道徳規範である以上、等しいものが不等に、不等なものが等しく扱われた場合、それによって生じた不均衡を是正すべしという要求、すなわち、一般化された匡正的正義の要求をすでに含意している。さらに、諸々の正義観もそれぞれの正義原則を道徳規範として定式化している以上、その正義原則が違背された場合の均衡回復要求を内含し、それによってまた一般的な匡正的正義の理念をも前提しているのである。

3 総合的当為

「等しきは等しく、不等なるは不等に」という定式——以下、正義定式と呼ぶ——は諸々の正義観をその競合する解釈として包摂するとともに、それが道徳規範であることの帰結として、匡正的正義の一般的理念をも含意する。従って、それは正義概念の定義としての、即ち、正義の理念の表明としての地位をもつ。しかし、このことは果してこの定式の名誉なのだろうか。むしろ、この定式の無内容さ、無意味さをそれは示しているのではないか。正義の女神は裁きを下すが、八方美人は人を裁けない。すべての正義観に「いい顔」をする無節操な定式は、たとえ正義理念の表明と呼ばれようと、正義の問題を探究する者にとって全く無価値ではないのか。

一定の個人主義的色彩をもつ'suum cuique'でさえしばしば無価値な「空虚公式（empty formula）」として（不当にも）批判されること(17)を考えれば、それ以上に形式的な正義定式に対して、このような疑問が突き付けられるのは不思議ではない。実際、等・不等の基準を補われない限りこの定式は「空虚」であるとするのはほぼ常識でさえある。しかし、それでは正義定式は完全に無内容なのであろうか。先ず、これを「各人はその義務を果たすべし」という命題と比較してみよう。この命題は通常、何が義務かについての共通の了解がある状況において使用されるために、一定の内容をもち得る。しかし、義務の基準を補充する文脈から切離されれば、それは「各人は為すべきことを為すべし」という完全に無内容なトートロジーと化す。それは分析的・必然的に真である。[18] なぜなら、その否定「各人は為すべきことを為すに及ばず」は自己矛盾を犯すからである。（これを「各人は為すべしとされていることを為すに及ばない」という無矛盾的な命題と混同してはならない。）しかし、正義定式は等・不等の基準を補われなくても、このような意味におけるトートロジーではない。なぜなら、その否定「等しいものを不等に扱ってもよいか、あるいは不等なものを等しく扱ってもよい」は何ら自己矛盾を犯していないからである。正義定式は分析的（analytic）ではなく総合的（synthetic）である。従って、それは必然的に真ではない代わりに、「内容」をもつ。

では、正義定式のこの「内容」とは何か。K・R・ポッパーに従えば、経験科学における理論ないし法則言明の情報量、即ちその「経験内容（empirical content）」は、それが予言している観察事実によってではなく、むしろそれが排除している、即ちそれを反証する観察事実——正確に言えば、「基礎言明（basic statements）」——によって決定される。[19] この発想は法則言明だけでなく経験的言明一般に適用可能であるが、さらにまた、当為の領域にも応用できるであろう。即ち、当為言明の規範的情報量、言わばその「規範内容（normative content）」は、それを充足する——その要求に応えるか、またはそれが与えた許可を行使する——行為ないし事態によってではなく、むしろそれに抵触する行為ないし事態によって決定される。この見地からすれば、正義定式の「内容」も、何がそれを充足しているかではなく、何がそれに抵触するかを考察することにより明らかにされることになる。正義定式が、分析すれば、法則言明と同じく全称仮言命題としての論理構造をもつことも、このアプローチを支持する一つの理由になるだろう。実際、何がこの定式を充足するかは、等・不等の基準を確定しない限り解答不能であるが、少なくとも何がこの定式に抵触するかは、かかる基準に関わりなく確定できるのである。等・不等の基準を示していないことを理由に正義定式を空虚公式とみなす者は、何がそれを充足しているかしか問わなかったがために、この基準のとり方によって、殆どあらゆる事態がそれを充足し得ることに失望したのである。もし彼らがこの定式に抵触するものに注目していたならば、これを空虚公式と呼びはしなかったであろう。（正義定式の内容の探究における negative approach は、正義定式を何が充足するかという問題と、何がそれに抵触するかという問題とが、表裏一体ではなく非対称的関係にあることを前提しているが、これは上述した正義と不正とに対する人々の態度の非対称性と無関係ではない。）では、正義定式に抵触し、それによって逆にこの定式の「内容」を明らかにするものとは何か。次節ではこの問題を考察する。

三　正義とエゴイズム

1　チョコレートの争い

正義定式の内容を見る手掛かりとして、次の例を考えてみよう。A、B、Cの三人は兄弟で、順に長男、次男、三男である。Cがチョコレートを食べようとしたところ、Bがやって来てそれを取り上げた。CがBに文句を言うと、Bは「弟は兄さんに逆らっちゃいけない」と答えてつっぱねた。それを陰で見ていたAが今度はBからチョコレートを取り上げ、返せと要求するBに「弟は兄さんに逆らっちゃいけないんだろう」と答えて拒絶した。それでもBはAの隙きを見てチョコレートを奪い、急いで頬張ろうとしたが、そこをAに制されてしまった。以下はAとBとの会話である。

A：　お前は弟は兄さんに逆らっちゃいけないと言ったくせに、なぜそんなことをするんだい。

B：だって、僕は食べたいんだもの。お兄さんは僕を懲らしめたいだけで、ほんとは食べたくなんかないんだ。チョコレートは食べたい人が食べればいいんだよ。

A：それなら言うけど、Cだって食べたいんだよ。ほら、泣きながらうなずいているじゃないか。

B：でも僕だって食べたい。

A：お前もCもチョコレートを食べたいのは同じだろう。なのにお前だけが食べていいというのはどういうわけだい。

B：それは僕の方がお兄さんだから……

A：おっと、それを言う資格はお前にはないよ。さっきお前はお兄さんの僕に逆らったばかりなんだからね。

B：違うよ。僕が言いたいのはね、食べたい人と食べたくない人とでは、どっちが年上かに関係なく食べたい人が食べてよくって、食べたい人の間では年上の人が食べていいってこと。

A：お前も大した理屈屋だね。よし、本当を言うとね、僕もチョコレートが大好きで、今だって食べたいんだ。ただ、いつもお前たち弟のために我慢しているだけさ。でもお前の理屈によると、どうやらこのチョコレートを食べていいのは僕みたいだね。

B：もう、僕が食べたいんだから、食べたっていいじゃない！

似たような光景はどの家庭にも見られる。しかし、このありふれた例のうちに、唱えられる理想ではなく、生きられる規範としての正義の理念が如実にその姿を現わしている。「よい子」のAだけでなく「悪い子」のBも「正義の論理」にこだわらざるを得ないのである。BがCからチョコレートを奪ったとき、それを正当化するのに使った理由は身勝手なものである。しかし、もしBが、同じ理由によって正当化されるAのBに対する行為を甘受していたならば、BのCに対する行為も身勝手で利己的な行為としてではなく、一つの正義観に則った行為としての評価を要求できたであろう。「弟は兄に従うべし」という封建的規範は、現代人には不公平で正義に反するように思われるが、この規範に、それが自分に都合のいいときだけではなく、自分に都合の悪いときも従う個人は、「封建的だ」と批判されても「不正な人」とは呼ばれない。これに対し、Bのように、自分に都合のいいときだけこの規範に訴え、都合の悪いときには無視する者は、この規範を受容している人だけでなく受容していない人からも、「不正な人」と批判されるのである。この批判自体は別段不思議ではない。しかし、その理由が大切である。Bは、彼がこの規範に首尾一貫して従わなかったから批判されるのではない。この規範を受容している者でさえ、彼をこの理由で、あるいは、少なくともこの理由だけで批判するわけではない。彼は同様な二つの場合における自分の二つの正反対の行動を一貫して正当化し得る「理由」をもたないから、批判されるのである。

　ここで、正義定式の意味を少し明確にしておこう。正義定式は、ある一つの場合の取扱いについては何も指示しない。それは二つの場合の取扱いに関わる。（三つ以上の場合の取扱いの問題は二つの場合のそれに還元できる。）即ち、それは、何らかの点で似た二つの場合を差別的に扱った場合には、その二つを区別する理由を示すことを、また、何らかの点で異なる二つの場合を等しく扱った場合には、その二つを同一視する理由を示すことを要求する。二つの場合を区別する理由を示すには、一方がもち他方がもたない重要な特徴を挙げればよい。また、二つの場合を同一視する理由を示すには、両者に共通の重要な特徴を挙げればよい。これらの要求は「重要性（relevance）」の基準を特定していないが、少なくとも次の二つの明確な禁止を含意する。第一に、一方がもち他方がもたないいかなる特徴を挙げることもできないのに、二つの場合を差別的に扱うことは許されない。第二に、両者に共通ないかなる特徴を挙げることもできないのに、二つの場合を等しく扱うことは許されない。

正義の問題け差当り人間社会に関わるものであるから、何らかの平等な取扱いが第二の禁止に抵触するということはまずあり得ない。諸個人は人間であることによって、すでに多くの属性を共有しているのである。堕胎の問題、動物保護の問題、「エレファント・マン」の問題、さらに、想像力を逞しくすれば、「未知との遭遇」の問題などは、人間の概念の限界に位置する、あるいはそれを超えた存在者に関わっているが、これらの存在者も通常の人間と多くの重要な属性を共有している。しかし、それでは第一の禁止についてはどうか。何らかの差別的取扱いがこの禁止に抵触することがあるだろうか。「チョコレートの争い」の例はこの問題に関わっている。

BはCに対しては、「Cはチョコレートを Bに譲るべきである」と主張し、他方、Aに対しては、反対に「BはAにチョコレートを譲らなくてよい」と主張する。そして実際、この二つの主張を実現させるべく行動した。しかし、この二つの場合は、チョコレートを譲ることを要求している者が、要求されている者の兄という点で同様である。従って、正義の第一の禁止に触れないためには、Bは、二つの場合が当事者の兄弟関係という点では同様であっても、別の点で異なることを示さなければならない。AとBとの会話は、これを示そうとするBの努力と、それを挫こうとするAの努力との衝突である。Bは当事者のチョコレートへの欲求の有無という要素によって二つの場合を区別しようとしたが、結局これは失敗した。

しかし、最後の「僕が食べたいんだから」というBの理由付けは、二つの場合を区別するのに成功しているだろうか。Bはここで、当事者の属性や相互の関係によってではなく、当事者のどちらが自分であるかによって、二つの場合を区別しようとしているのである。即ち、Bにとって、B対Cの場合は、要求している当事者がまさに自分（B）であるから、要求が認められるべきなのに対し、A対Bの場合は、要求者が自分（B）ではなく、被要求者が自分（B）であるから、要求は却下さるべきなのである。しかし、当事者の「B性」は二つの場合を区別する要因になり得るか。

正義定式はこれを否定する。この定式の言う「等しさ」とは類似性を意味し、個体の自己同一性を含まない。なぜなら、この定式は二つの個体が「等しく」あり得ることを前提として初めて意味をもつが、二つの個体が自己同一的であることは論理的に不可能だからである。従って「等しさ」の基準は個体の個体性ではなく、個体が他の個体と共有することが論理的に可能な属性（関係も含めて）に求められなければならない。ところで、正義定式に言う「等しきもの」・「不等なるもの」の「もの」とは人間による取扱いの可能な一切の対象を含むから、この定式は「等しき個人は等しく、不等なる個人は不等に」という要請も含意する。従って、正義定式は、個人を彼の個体的同一性に応じてではなく、他者との共有が論理的に可能な彼の属性に応じて取扱うべきことをも要請しているのである。この要請の下で、正義の第一の禁止はさらに明確化される。即ち、二つの場合を区別する要因として当事者の個体的同一性しか挙げることができないのに、両者を差別的に扱うことは許されない。Bの最後の発言はこの禁止に牴触する。

正義定式がこのような禁止を含意するということは、そこに表明される正義理念が、ある基本的な意味において、平等主義的且つ抽象主義的であることを意味する。この理念は、いかなる個人にも、彼が彼であることを理由に他者に対し特権的地位を主張することを許さない。またそれは、いかなる個人をも、彼が彼であるが故に他者よりも不利に扱うことを禁止する。それはあらゆる個人に彼が彼である限りにおいて、言わば対等の道徳的地位（equal moral status）を賦与するのである。

正義理念のこの平等主義的性格と表裏一体をなすのは、その抽象主義的性格である。正義の要請に従えば、ある個人が他者よりも有利な、または不利な扱いを受けるのは、彼が彼であるからではなく、彼が一定の属性をもつからである。それゆえ、その属性を共有するすべての個人が彼と同様に扱われなければならないと同時に、他方、彼がその属性を一旦失えば、彼は依然彼自身であるにも拘わらず、もはや彼に対して同じ扱いを続けることは許されないのである。このことは、正義の固有の関心が個人そのものにはなく、何らかの属性によって定義される個人の集合にあることを意味する。偶々、その集合に属する個人が一人しかいないときでも、ことは変わらない。その集合を定義する基準をその個人がもはや満たさなくなり、代わって別の個人がそれを満たすに至ったとき、正義は最初の個人――彼は依然彼であるが――ではなく、この別の個人が問題の取扱いを受けるように要求するからである。この抽象主義的態度において、正義は愛と対照をなす。ある女がある男を、彼が彼女にとっての「理想的男性」の基準をすべて満たすが故に愛しているとしたら、彼女が愛しているのは「理想的男性」の集合――たとえそれに属するのが彼一人であったとしても――であって、この男ではない。彼がその基準の一部またはすべてをもはや満たさなくなってからも、なお彼女が彼を愛し続けたとき、初めて、彼女の愛はこの男への愛となる。真正の愛は愛される者の個体性への関心を要求する。しかし、正義は個体性への関心を単に要求しないだけではなく、むしろ禁止する。この抽象主義的態度はすべての正義観が共有している。'suum cuique' のように、個人的権利を承認する個人主義的正義観でさえ、それが正義観である限り、具体的な個人そのものにではなく、同じ権利を有する諸個人の集合に関心をもつ。

正義の平等主義的性格と抽象主義的性格は同じメダルの両面である。個体的相違が道徳的にレレヴァントな相違であり得ることを否定する普遍主義がこのメダルを形作っている。この普遍主義が個体と個体との関係に即して見られるとき、平等主義として、個体とそれが包摂される道徳的にレレヴァントな範疇ないし類型との関係に即して見られるとき、抽象主義として、現われてくる。

2　エゴイズムの問題

(1)　正のエゴイズムと負のエゴイズム　正義定式が含意する根本的な平等主義と抽象主義は、一つの明確な規範要求である。正義定式は決して「八方美人」ではない。この定式が表明する正義の理念は少なくとも一つの実践的立場を排除する。それは、「私が私である」が故に、自己または自己と一定の関係をもつ存在者のために他者の場合とは違った特別な取扱いを要求する「エゴイスト（*ego*-ist）」の立場である。この意味でのエゴイストは、所謂「利己主義者」、即ち、自分が自分であるが故に他者よりも自分が有利に扱われることを要求する者には限られない。自分が愛その他の感情を寄せている者たちを、まさに自分が彼（彼女）らにその感情を寄せているが故に、自分を含めたそれ以外の人間よりも有利に扱うことを要求する者、言わば「排他的利他主義者（exclusive altruist）」も、ここで言うエゴイストである。この種のエゴイズムは、「拡張された」利己主義であるとも言える。同じ悪戯を他人の子がすれば叱るが、自分の子がしても叱らない親や、他者の横領を倫理的罪悪として非難しながら、自分の恋人のためには平気で横領をする者などがその例である。（後者は、恋人の愛を繋ぎ留めることに自分の利益を見出している限りでは、利己主義者でもある。）また、特定の個人ではなく、特定の国家や民族に、自分が特別の愛着をもつが故に、自分も含めた諸個人をそれのために犠牲にすることと同時に、それを他の国家・民族よりも有利に扱うことを要求する愛国主義者や民族主義者も、排他的利他主義者に含めてよい。特定の諸個人のための排他的利他主義を「個別化された」排他的利他主義と呼ぶならば、この立場は「全体化された」排他的利他主義と呼べるだろう。ただし、自民族の「人種的優越性」など、一定の属性を根拠とする民族主義者はここには含まれない。

また、自国の一定の属性を根拠とする愛国主義者も排他的利他主義者ではないが、個体性への関心が愛の本質であるとするならば、彼はもはや真正の「愛」国主義者とは言えないだろう。

排他的ではないが、やはりエゴイスティックなもう一つの利他主義が存在する。それは、すべての他者が、まさに彼らが他者であるがゆえに、即ち、彼らが自分以外の人間であるが故に、あるいは、彼らがその者にとっての他者である者が自分であるが故に、自分よりも有利に扱われることを要求する「極限的利他主義者（ultimate altruist）」の立場である。極限的利他主義者は利己主義者の対極に位置するが、自己と他者との差別的扱いの理由を両者の属性の相違にではなく、自己と他者との個体的同一性における相違に求めている点で、利己主義者と同様にエゴイスティックであり、正義の禁止に抵触する。利己主義者や排他的利他主義者が「負」のエゴイストであるとすれば、極限的利他主義者は「正」のエゴイストであると言える。正のエゴイズムと負のエゴイズムは、ともに正義の第一の禁止に抵触するが、同じ倫理的身分をもつわけではない。前者についてまず検討しよう。

自分と特別の関係にない他者のために自己を犠牲にするすべての人が、正のエゴイストであるわけではない。偶々、他者ではなく自分が死ぬことが多数の人命を救うのに必要であるという状況に置かれた個人が「一人の命よりも多くの命を」と判断して自己を犠牲にした場合、彼のこの行為は利他的である。しかし、彼が正のエゴイストであるか否かはこれだけでは決定できない。彼が以前、同じ状況に置かれた別の個人に対しても同じ行動をとるように要求していたとすれば、彼は一つの正義観に従って行動したことになり、極限的利他主義者ではない。しかし、彼がその時、その別の個人と自分との間に何ら重要な相違が認められないにも拘わらず、その人が他者であるが故に、同じ自己犠牲的行為を敢えて要求せず、その人の選択に委ねたとすれば、彼は正のエゴイストである。しかし、他者に要求しない犠牲を自分だけに要求する点で、彼は、他者にも同じ要求をしていた場合以上に称賛に値するとみなされるだろう。彼は「道徳的英雄（moral hero）」であり、単なる「正義の人」を超えている。しかし、正義の女神は卑劣漢を憎むと同時に、道徳的英雄にも嫉妬するのである。正義が当たり前であるが故に退屈であり、固有の魅力を欠くとする先に見た主張は、正義のこの「凡庸さ」を衝いている限りで、確かに一面の真理を含む。

正義が道徳的英雄の態度と両立しないということは、正義が道徳的価値のすべてではないこと、また正義の要求が他の道徳的価値の要求によって「覆される（be overridden）」ことがあり得ることを示す。言い換えれば、正義が「限界」をもつ一つの道徳的価値であることが示されている。この点に関連して付言すれば、しばしば正義は「衡平（ἐπιείκεια, aequitas）」と区別され、前者の一般性志向に対し、後者の具体性・個別性への志向が対比される。また、正義の要請が衡平の要請によって補正されることが指摘される。[20] しかし、衡平の理念は正義の理念と根本的に異なるものではない。衡平は、ある具体的なケースが、ある特徴を、即ち、一般的妥当性を承認された何らかの正義原則によって等・不等の基準とされた諸特徴には含まれないが、同じく受容されている別の正義原則の観点からは重要なある特徴を含んでおり、その結果、二つの原則の要求が衝突するとき、両者を調整した上でこのケースを特別に扱うことを要請する。それは、そのケースの個体性そのものではなくその重要な特徴の故に、そのケースを特別に扱うことを要求するものである以上、同様な例外的特徴をもつケースは、同様に例外的に扱うことを要請する。その限りで、衡平もまた一般性への要求をもつ。従って衡平は、一つの正義観・正義原則に対して例外を設けるものであっても、正義の理念に対して例外を設けるものではない。[21] 正義を超え、それを限界付ける道徳的価値は、個体的同一性に基礎を置く価値である。

正のエゴイズムが正義を限界付ける一つの道徳的価値であるのに対し、負のエゴイズムにこの栄光はない。むしろ、利己主義者や排他的利他主義者は「不道徳」とみなされるのが常である。アリストテレスは正義を行なうことを、不正を為すことと不正を受けることの「中（τὸ μέσον）」であるとしたが[22]、むしろ正負両極のエゴイズムの「中」であるとすべきであった。もっとも、この場合彼は、両極は悪徳で「中」のみを徳とする前提を放棄し、「中」が負の極よりは優れているが、正の極に比べれば見劣りがすることを認めなければならないが。この倫理的位階制の下でけ、正のエゴイストは正義の要求を斥ける権利をもつが、負のエゴイストにはそれがない。従って、同じく正義の禁止に触れながら、前者は称賛されるのに後者は「不正」という非難の烙印を押される。

しかし、なぜ負のエゴイストはこの「差別」を甘受しなければならないのか。「私が私である」が故に、自己——または、「拡張された自己」——と他者との差別的取扱いを要求している点では、正のエゴイストと負のエゴイストは同じではないか。自分が他者より不利に扱われることを欲求することと、自分が他者より有利に扱われることを欲求することとの間に本質的な差異があるだろうか。いずれも自分の欲求ではないか[23]。正負両エゴイストとも、自分の欲求を、まさにそれが自分の欲求であるが故に実現させようと努めているのではないか。だとすれば、両者の行為を差別する理由が果たしてあるのだろうか。他者を利するか害するかは、行為の偶然的帰結であって、内在的性質でけない。長期的に見れば、互いに利己的行為に徹する方が、利他的行為で献身し合うよりも自己と他者双方にとって利益になることは充分考えられ得る。いずれにせよ、これが言えるか否かは、経験的・偶然的問題である。従って、他者の利益への阻害的影響を理由に、負のエゴイズムを「定言的（categorical）」に禁止することはできない。同様に、他者の利益への貢献を理由にするならば、正のエゴイズムを正義に定言的に優越させることもできないはずである。負のエゴイズムに対する差別的禁圧さえ、懐疑の対象になり得るとするならば、エゴイズムそのものを禁止する正義は、一層強い懐疑の対象になり得る。そもそも正義自体は道徳的英雄の正のエゴイズムにも嫉妬しているのである。道徳的英雄の優位宣言を行なうのは正義ではなく、正義を当事者の一人として含む倫理の全体法廷である。正義が負のエゴイズムを排除するのも、それが負であるからではなく、エゴイズムであるからである。個体的同一性における相違を理由にした差別一般を正義は禁止しているのである。この禁止の権利を正義は何によって与えられたのか。なぜ、エゴイストであってはいけないのか。

このような問いが突き付けているのは、単に一つの正義観・正義原則への懐疑ではない。それは正義の理念そのものに対する懐疑である。正義論におけるこの懐疑の意義については後に触れたい。

ところで、普通の人間は何らかの正義感覚をもつ。しかし同時に、普通の人間にとって自己は「かけがえのない」存在である。それは、それが何かであるからではなく、それが存在すること自体によって、既に価値をもつ。他者の存在にも同様な価値を承認することは、例えば、愛におけるように、可能である。しかし、この承認は必然的ではない。人は他者に対しては、彼が何かである、あるいは何かをする限りでのみ、価値を認めるという態度を貫徹できる。しかし、自己に対してこの態度を貫徹することは、並みの人間には不可能である。自己の存在自体を嫌悪する絶望的人間も例外ではない。自己が自己であるが故に、それに負の価値を帰している限り、彼にとっても自己はかけがえのない存在なのである。この「かけがえのなさ」を自己に感じている限りで、人はエゴイズムへの何らかの程度の傾きをもつ。大抵の人間は正義感覚をもつ一方で、正のエゴイストと負のエゴイストを自らの内に住まわせている。人はこの三者の間で揺れ、ときに「公正」に、ときに「利己的」に、まれに道徳的英雄として振舞う。しかし、普通の人間は負のエゴイズムに従うときでも、その不道徳性の意識を完全には払拭できない。負のエゴイズムは彼らにとって隠さるべき「本音」であって、「建前」として打出し得るほどの正当性をもたない。世間で言う「利己主義者」とは負のエゴイズムの正当性を正面切って主張する者のことではなく、本音を隠すのが下手な者の謂である。利己主義の正当性を主張することは、単に「利己主義者」であること以上に勇気が要る。世間の人々は一般的に本音においては利己的であるとしても、正義の理念そのものに対して、先の問いに示されるような根本的懐疑を向けているわけではない。しかし、哲学の世界では、常識人のこの健全なる両義性を放棄して、エゴイズムそのものの公民権回復運動を大胆に展開する「変わり者」がときどき現出する。彼らの思考様式を次に瞥見しておきたい。

(2)「種」と「類」のエゴイズム　世間の人々のみならず哲学者や思想家も、圧倒的多数は正義理念の正当性を確信しており、正のエゴイズムは別としても、負のエゴイズムの正当性は断固として否認する。しかし、正負を問わずエゴイズムそのものの哲学的正当性を主張する思想家も少数ながら存在する。(24) 彼らは正義の要求とエゴイズムとの間に原理的な差異を認めない。正義は、本質的に重要とされる何らかの特徴によって定義された集合と、その補集合との差別的取扱いを是認し、かつ要求する。正義のこの態度は彼らにとって、その「本質的」な特徴の実体化たる「種」ないし「類」のエゴイズムを代弁するものに他ならない。彼らから見れば、正義は、特定の種・類がその種・類であるが故に、他の種・類の場合とは違った特別の取扱いをその種・類のために要求する種的・類的エゴイズムを、容認しかつ支持しているのである。人間性を正義における本質的特徴とみなし、すべての人間の平等な取扱いを要求する「博愛主義的（phil-*anthropic*）」正義観も、彼らに言わせれば、家畜の大量虐殺を人類の生存のために遂行して恥じない類的エゴイズムの立場である。彼ら「エゴイズムの哲学」の提唱者たちは、このような種的・類的エゴイズムと「個」のエゴイズムとの間に原理的差異を認めないだけではなく、少なくとも次のような二つの考慮に基づき、「個」のエゴイズムの優位を説く。

第一に、「神」、「人間性」、「愛」、「人倫」、「正義」、「人道」、「民族精神」、「真理」、「善」、「美」、「法」、「権利」、「自由」、「理性」、「国家」等、一切の抽象的理念はそれを信奉する者を「狂信者（fanatic）」や「憑かれし者（der

Besessene)」に変え、人々を苛烈な闘争と偽善に導く。人はこれらの抽象的理念に酔ったとき、「素面（しらふ）」の個人としてなら到底できない残虐な行為を、他者に対して易々とやってのける。例えば、ある個人が一旦「人間性の敵」という烙印を押されれば、その烙印が押される以前なら彼を殺すのをためらったであろう人も、何らの呵責を感じずに彼を殺すことができる。また、人々がこれらの理念に酔っているときほど、自己の世俗的・利己的欲望を抽象的理念の美名で粉飾しながら追求する偽善家が跋扈し易いときはない。かかる主張の例証は、宗教戦争を始めとして人間の歴史が厭というほど提供してくれる。歴史をもち出すまでもなく、様々な美名を掲げた国家エゴが衝突する現在の状況を見渡すだけでも充分である。何らかの抽象的「本質」を要求の正当化根拠とする種的・類的エゴイズムも、同様な帰結を避けられない。しかし、各人がこのような「本質」によって自分の要求を正当化することなく、それが自分の欲望に過ぎないことをあからさまに承認した上で、醒めた目でそれの実現のために適切な手段を追求するならば、即ち、各人が「個」のエゴイズムに徹するならば、かえって、無駄な血は流されず、偽善が蔓延することもない。

第二に、個人が単に「自分が今それを欲するから」[25]ある行為を実行するというだけでは済まされず、常に自己の行為を何らかの種的・類的本質への言及によって正当化しなければならないとしたら、これらの「本質」は個人を超えた絶対的価値・規範と化し、逆に個人は「本質」から「疎外」され、「本質」の前ではみすぼらしい無価値なものとなる。そしてこれらの規範化された超越的本質は個人の前に専制君主として立ち現われ、個人の何ものにも囚われない自由な創造的活動を圧殺する「固定観念（die fixen Ideen）」となる。例えば、「人間を殺すのは許されないが、お前は人間性に悖る行為をした以上、当然死に値する」と言われるとき、そこで想定されている「人間性」あるいは「人間なるもの」とは、具体的個人が誰でも既にそれである何かではなく、そうあるべき何か、順守さるべき規範、実現さるべき価値である。天才的戦争屋を指して「私は人間を見た」と言った大詩人に至っては、「人間」は並みの個人には到達できない——また、到達する必要もない——一つの理想にまで高められる。一旦、「人間性」や「人間」が超越的な価値・規範と化すや、それらは具体的人間の創造性を圧殺する絶対者となる。様々な生活実験、様々な芸術的表現行為、様々な知的・思想的冒険など、人間の可能性を探る様々な活動が、「人間性に反する」、「非人間的」、「人間の尊厳を損う」等々と非難され、圧迫される。しかし、各個人がいかなる抽象的本質をももはや行動の正当化根拠とはせず、「個」のエゴイズムに徹するならば、各人は固定観念から解放され、彼の思想と感性は初めて完全な自由を得る。思想の自由とは、国家権力が侵害したり保障したりできるものではない。固定観念としての抽象的本質こそが、思想の真の検閲官であり、これらから解放されて初めて、真の思想の自由が得られる。このとき初めて、自由な創造者としての各個人の「自己享受（Selbstgenuß）」が可能になるのである。

以上、「個」のエゴイズムの優位を主張する立場の二つの主要な論拠を挙げたが、いずれにより大きな比重を置くかによって、同じエゴイズムの哲学の中でも性格を異にする二つの立場が分かれる。第一の論拠を重視するエゴイズムは、言わば醒めた合理主義者であり、第二の論拠を重視するエゴイズムは、言わば「本質からの実存の自由」を要請する。従って、一応、前者の立場を「合理主義的エゴイズム」、後者の立場を「実存主義的エゴイズム」と呼ぼう。(26)

先に示唆したように、正のエゴイズムと負のエゴイズムが構造的に同一であるにも拘わらず、両者の正義に対する倫理的優先関係が異なるという事実は、それに注目する者を正義理念に対する懐疑へと導く。しかし、エゴイズムの哲学は懐疑にとどまらず、より積極的に正義理念そのものを批判するのである。合理主義的エゴイズムは正義の「非合理性」を、実存主義的エゴイズムは正義の「権力性」を剔抉する。両者の批判の共通の基盤は、正義理念が実体化された「本質」たる「種」や「類」のエゴイズムに人を帰依させるという主張である。

ここで、種的・類的エゴイズムを、それと混同し易い他のエゴイズムの形態から区別しておくことが必要であろう。先ず、それは集団的エゴイズムとは異なる。集団的エゴイズムは、共通の利害をもつ「個」のエゴイストたちが連合し、各々が自己の欲求の実現の手段としてその集団の共通の利害を、その集団の内外の個人や他の集団の利害に優先させるときに成立する。それは「個」のエゴイズムの同一平面上における延長である。そこではエゴイストであるのは飽くまでもその集団に属する諸個人であって、その集団自体が成員たる諸個人を超越した実体と化してそれ自身のために成員に献身と犠牲を要求するわけではない。各成員はそれが自己の欲求を実現するのに役立つとみなす限りで、その集団の排他的な共通利益に貢献するのである。これに対し、種的・類的エゴイズムにおいては、真のエゴイストであるのは種的・類的エゴイスト個人ではなく、まさに「種」や「類」自体である。これらの実体化された種・類が、それがそれであるが故に、それに属する個体を他の種・類に属する個体とは違った仕方で扱うことを、諸個人に彼らの意志に関わりなく要求するのである。

次に、特定の民族や国家など、特定の団体に向けられた排他的利他主義からも種的・類的エゴイズムは区別されなければならない。この「全体化された」排他的利他主義においては、そのために特別の取扱いが要求されているのは特定の集合人格である。これは属性のみによる定義が不可能であり、「日本国」や「ドイツ民族」など、何らかの固有名詞（あるいは、何らかの指標的表現を含む確定記述）によって指示されざるを得ないものである。それは言わば「抽象的個体」であり、「国家なるもの」や「人間なるもの」のごとき、実体化された本質的属性ではない。これに対し、種的・類的エゴイズムはまさにこのような実体化された属性としての「種」や「類」に関わるのである。いずれにせよ「全体化された」排他的利他主義者は特定団体を、自分がそれと特別の関係をもつが故に、

<エゴイズムの諸相>

エゴイズムの目的		エゴイズムの形態	道徳性	
個	自　　　己	利己主義	負？	「個」のエゴイズム
	特定の他者	個別化された排他的利他主義	負？	
	他者一般	極限的利他主義	正？	
集団	個の連合	集団的エゴイズム	負？	
	集合人格	全体化された排他的利他主義	負？	
属性	愛された本質	属性化された排他的利他主義	負？	
	負わされた本質	正　　義？	正？	「種」・「類」のエゴイズム

特別に扱うことを要求している以上、隠れもなき「個」のエゴイストである。

最後に、前には言及しなかった排他的利他主義のもう一つの形態で、個体以外のものを志向するが種的・類的エゴイズムとはやや異なる一つの立場について触れておこう。これは、何らかの「本質的」属性に自分が特別な感情を寄せているが故に、その属性によって規定される種・類を、他の種・類とは違った仕方で取扱うことを要求する者の立場である。この言わば「属性化された」排他的利他主義者の態度は次のような例に示されよう。ある会社の高給の秘書のポストにX、Yの二女性が応募している。採用されるのは一人だけである。Xは才能は豊かであるが器量はあまりよくない。Yは自他ともに認める美人であるが才知に欠ける。この会社の二人の共同経営者AとBがどちらを採用するかで対立した。Aは「俺は才女より美女が好きだからYを採る」と言い張り、Bは「俺は才能を美貌より好むからXを採る」と頑強に主張した。この場合、A・B二人とも「属性化された」排他的利他主義者であり、しかも正義の禁止に抵触している。なぜなら、A・Bともに自分が好む属性の採用を要求している点で同様であるにも拘わらず、両者とも一方の属性を好んでいるのが自分であり、他方の属性を好んでいるのが他者であることだけを理由にして自己の要求を相手の要求に優先させようとしているからである。しかし、もしこのとき、両者が問題の属性に対する自己の選好ではなく、その属性の内在的価値を自己の要求が優先さるべきことの根拠にしていたならば、即ち、「女性美への献身は男子の義務だから」とか「地位は知性に比例すべきだから」とかの理由付けをしていたならば、彼らは種的・類的エゴイストとして、即ち、「女性美なるもの」に憑かれた者と「知性なるもの」の狂信者として、行動したことになる。「属性化された」排他的利他主義者は依然「個」のエゴイストであり、自分がそれを欲する限りでのみある属性に特権的地位を与えるのに対し、種的・類的エゴイストは「本質的」属性が自己の欲求から独立した内在的価値をもつことを承認せざるを得ないのである。言わば、種や類は前者にとっては「愛された本質」であるが、後者にとっては「負わされた本質」なのである。

種的・類的エゴイズムと区別された以上の三つの立場はいずれも「個」のエゴイズムであり、正義の理念と両立しない。しかし、これら三者がそれから区別された種的・類的エゴイズムこそは、エゴイズムの哲学によれば、正義理念が含意している「非合理」で「権力的」なエゴイズムの形態なのである。

なお、以上において言及された様々なエゴイズムの形態を参考までに前頁の表に整理しておく。

(3)　正義論におけるエゴイズムの位置　　エゴイズムの哲学が批判しているのは、個々の正義観が提示する個々の正義原則ではなく、すべての正義観が前提している正義の理念である。その抽象性・形式性のゆえに一見「空虚な公式」と思われる正義の理念が、既に一つのコミットメントを内蔵していること、基準を補充される以前に正義の概念自体が、既に一定の規範内容を有していることが、正義概念の分析によって示された。このコミットメントとは「自己性」を差別的行動のための理由とすることの禁止、即ち、固有の意味でのエゴイズムの排除である。エゴイズムの哲学は正義概念のこの「規範内容」ないし「コミットメント」を「種」および「類」のエゴイズムとみなし、それが人を血腥い闘争と偽善に導くこと、および、個人の思想・感性のあらゆる固定観念からの全面的な解放による真の「個の自由」の実現をそれが阻害することを指摘する。確かに、この批判は根源的(ラディカル)である。それはあらゆる正義観の共通の前提に関わるものである以上、およそ正義について規範的理論の構成を試みるすべての者はそれに応えなければならない。（前章の議論はかかる批判に対する応答を部分的に含んでいる。）しかし、かかる批判は正義理念の機能的特性に向けられたものである。正義理念に対する哲学的に一層根本的な挑戦は正義理念の根拠に向けられた次の問いに表明されている。即ち、自己の個体的同一性を差別的行動の「理由」とすることを禁止する権利が、果たして正義にはあるのか。なぜこの禁止に抵触してはいけないのか。なぜ利己的たると利他的たるとを問わず、端的にエゴイストであることを正義は許さないのか。

政治哲学あるいは国家論の根本問題は、R・ノーズィックの言を借りれば、「なぜ無政府状態ではいけないのか（Why not have anarchy?）」である。なぜなら、アナキズムがもし支持可能であるならば、「国家はいかにあるべきか」という政治哲学の主題全体が無意味になるからである[27]。同様に正義論の根本問題は「なぜエゴイストであってはいけないのか（Why not be *ego*-ists?）」である。なぜなら、エゴイズムが支持可能であるならば、各人は自己と他者を属性の等・不等を問わず個体的同一性における相違のみを根拠として、差別的に取扱うことが許される以上、「何が等しく、何が不等に扱わるべきか」という正義論の主題全体が無意味になるからである。

政治哲学の根本問題がアナキズムの問題であることは多くの人が了解している。しかし、正義論の根本問題がエゴイズムの問題であることを理解している人はそれほど多くない。正義をめぐる最近の活発な論議においても、この問題の意義が充分に評価されているとは言い難い[28]。これは一つには、アナキストが「道徳的」であるのに対し、エゴイストが「不道徳」とみなされているからである。アナキストたちは人間の善性への信頼と強い倫理意識の故に、暴力装置としての国家の「不道徳性」を非難し、その廃絶を主張する。そのため彼らの思想の「非現実性」を批判する者でさえ、彼らの理想主義的態度に一応の敬意を表し、若干の人は彼らの思想が真剣な批判的吟味に値するものであることをも承認する。これに対し、エゴイストたちの場合は、多くの人々が相互の道徳観の相違にも拘わらず一致して彼らに「不道徳（immoral）」の烙印かまたは「無道徳（amoral）」の極印を押し、彼らの思想が規範倫理学的論議において取上げて論じるに値することさえ否認するのである。エゴイズムは問題ではない、エゴイズム以後に問題がある、というわけである。

エゴイズムに対する人々のこのような態度の背景をなす要因は、少なくとも二つある。一つは、エゴイズムの哲学を説く者の一般的なスタイルがシニカルであり、コンヴェンショナルな社会倫理に対する軽蔑を虚無主義的言辞で彩るために、狂信と偽善とに対する激しい憎悪や「個の自由」の熱烈な希求など、彼らの「秘められた」倫理的態度にあまり関心が向けられていないという事実である。もう一つの要因は、本章で明らかにされたようなエゴイズムの論理的構造に対する人々の無理解である。哲学的には、この要因の方が第一の要因よりも重要である。即ち、道徳的価値をもつことが一般に承認されている極限的利他主義（正のエゴイズム）が、利己主義等の負のエゴイズムとともに、行為者の自己性ないし個体的同一性を差別的行為の「理由」として承認するというエゴイズムの核心を共有していることを多くの人が理解していないのである。人はエゴイストであることによって、当然に利己主義者になるわけではない。エゴイズム自体は利己主義にも利他主義にもコミットしない。それは道徳的に「正」でも「負」でもない。利己的に振舞うか利他的に振舞うかは、個々のエゴイストの選択の問題である。同一のエゴイストがときに利己主義者として、ときに極限的利他主義者として振舞うことも可能である。エゴイストは、まさにエゴイストであるが故に、正義以下に振舞うこともできれば、正義以上に振舞うこともできる。厳格な「正義の徒」は、まさにエゴイストでないが故に、正義以下には振舞い得ないが、同時に、正義以上の道徳的価値を実現する可能性をも失うのである。負のエゴイストが「不道徳」であるとしても、それは彼がエゴイストだからではなく、むしろ全面的なエゴイストではないから、即ち、エゴイズムの全可能性のうち、利己性の可能性しか実現していないからである。エゴイズムの内的構造に対する無理解はこの点を見落とさせ、負のエゴイズムに帰された「不道徳性」をエゴイズムそのものに帰するという誤謬に導く。

エゴイズムに帰された「不道徳性」に加えて、正義理念の定式を空虚公式とする見方も、正義論の根本問題としてのエゴイズムの問題の意義を見落とさせるのに一役買っている。この見方からすれば、エゴイズムも正義定式に対する極端ではあるが一つの可能な解釈、従って、一つの正義観であるということになり、エゴイズムがすべての正義観の共通の前提たる正義理念自体を否定していることが見落とされてしまうからである。

結局、エゴイズムに対する皮相的理解と正義概念そのものの「規範内容」への無理解とが、多くの人々に正義論におけるエゴイズムの問題の位置を見失わせた要因であるが、この二つの要因は表裏一体の関係にある。エゴイズムと正義とは、「実践的推論において個体的同一性はいかなる位置を占めるか」という根本問題をめぐる二つの正反対の立場である。エゴイズムは個体的相違が道徳的にレレヴァントな理由となり得ることを主張する個体主義の立場に立ち、正義はこれを否定する普遍主義の立場に立つ。従って、一方の理解を深めれば必然的に他方の理解も深められるし、逆に一方の核心が理解されなければ、他方の核心も理解され得ない。正義概念の分析は同時にエゴイズムの分析である。正義概念に内在する普遍主義的要請が明るみに出されたとき、同時にエゴイズムの個体主義としての「本質」も顕わになる。そして、このとき初めて、エゴイズムの問題が相対主義やニヒリズムの問題がそうであるのとは違った意味において、正義論の根本的な問題であること、それが規範倫理学一般ではなく特に正義論の存在理由に関わる問題であること、エゴイズムが倫理外在的に正義を批判しているのではなく、むしろ、我々の道徳的世界が正義の視野を超えた地平をもつことを主張していることが理解されるのである。

では、「なぜ、エゴイストであってはいけないのか」――このエゴイストの詰問に、正義の徒はいかなる返答をなし得るか。

四　ディケーの弁明

1　「正義は最善の政策」か

Dikē：「等しきは等しく、不等なるは不等に」という原理の自明性を私はかつて疑ったことがありませんでした。しかし、あなたの言い分を聞いて、これが一つの明確ではあるがそれほど自明ではない禁止を含意することが分かりました。そこで、この禁止の正当化の問題ですが、これを次のように考えてはどうでしょう。エゴイズムは正義の禁止に抵触する行為を許容するが、必ずしも要求はしない、そうでしょう？　だとすれば、もし正義の禁止に触れない方がこれに抵触し続けるよりも、結局はエゴイストの望みにも適うことが示されれば、エゴイストが正義の禁止の正当性を承認してもそれはエゴイズムの本旨には反しないということになりますね。そうすると、正義がエゴイストのためになることを示すのがエゴイズムに「正義の正当性」を承認してもらう一番手っ取り早いやり方だと思われます。ちょうど、自分の利害のために嘘ばかりついている人に誠実の美徳を身につけさせる一番手っ取り早い方法が、正直さが結局彼のためになることを示すことであるように。

Ego：最近、似たような手口を使った奴がいる。(29) もっとも、エゴイストを相手にではなくアナキストとの論戦でだが。彼は「最小限の国家（the Minimal State）」とやらの存在の正当化を狙ったが、これまで頭の固い奴らがやってきたように、アナキストを「非現実的」、「夢想家」などと呼んで事足れりとするほど馬鹿じゃなかった。国家という集団幻想あるいは神話に溺れるのと、アナキズム的性善説とのどちらが「非現実的」か、仲々いい勝負だからね。代わりに彼は、アナキストが何にこだわっているかに目をつけた。アナキストは「何人も同意なくして自己の生命・身体・財産・自由を奪われない」といったような道徳規範に示される自然権にこだわっているわけだ。もっとも、財産権をこのリストに含めていいかどうか、含めていいとしてどの範囲でか、といった点になるとアナキストの間でも意見は食い違うようだけど。ともかく、アナキストは国家という強制装置は個人の自然権を侵害せずには存在できないものと信じ込んでいる。そこでかの最小限国家論者は、所謂「夜警国家」クラスの国家——それ以上はだめ——ならどんな個人の自然権も侵害することなく成立できることを示せば、アナキストもその程度の国家の正当性を承認しないわけにはいかないだろうと考えた。基本にある社会契約説的発想は新しいものじゃないが、アナキズムを超越的・外在的に批判するのではなくて、アナキズムの基本的な道徳的前提を承認した上で、すべての国家がそれに矛盾するわけではないことを示すという手法は心憎い。あんたもその手で俺に迫ろうというわけだ。ま、やってごらん。

D：　正義の理念は人間が相互に全く干渉せずに生きてゆける世界でなら、無用の長物です。しかし、残念ながら現実の人間世界はそんな風に出来てはおりません。そこでは利害の衝突という不可避の問題があります。この問題を抱えた諸個人は、好むと好まざるとに関わらず相互に干渉せざるを得ないのです。今、この世界で正義の禁止の正当性を誰も承認していないとしましょう。つまり、誰もがエゴイストであるとしましょう。このとき利害衝突の調整の基準となるいかなる正義原則も存在できません。従って、利害衝突の当事者——今は話を簡単にするため、二人の場合を考えますが——は各々利己的に振舞うか、利他的に振舞うかのどちらかです。

～当事者A 当事者B～	利他的態度	利己的態度
利他的態度	譲り合いの無限の継続により，A・Bともに苛立つか，または，円満なる分かち合いにより，A・Bともに程々に幸福。	Aは要求が実現して大満足。Bは一方的譲歩の結果，被った損失と無念さできわめて不幸。
利己的態度	Aは一方的譲歩の結果，被った損失と無念さできわめて不幸。 Bは要求実現で大満足。	終わりなき対立。AもBもしんどいが，相手の要求に屈することに比べたらまだまし。両者とも程々に不幸。

つまり、自分の要求を何が何でも押し通すか、自分の要求を棄てて相手の要求を呑むかのどちらかです。利己的にも利他的にも振舞わず、非個人的なルールに訴えて双方の要求を調整するということ——これが正義の要請です——は、エゴイストたちには不可能なのです。さて、両当事者が各々どちらの態度を採るかにより、合計四つの可能な帰結が予想されます。分かり易くするために、これを表にしましょう。

この表から直ちに分かるように、どちらの当事者も、利己的態度を取った方が利他的態度を取った場合よりも、相手がどちらの態度を取るかに関わりなく常により良いあるいはよりましな結果が得られるのです。従って、合理的な人間なら当然利己的態度を選ぶでしょう。エゴイストは正義を「非合理」だとして批判するのですから、さぞかし合理的な人間であるはずです。それ故、エゴイストにとってもこの選択はもっともなものでしょう。しかし両当事者がともにこの「合理的」な選択をした結果はどうでしょうか。それは泥沼の対立です。むしろ両者がともに「合理的」でない選択をした方が、つまり利他的態度を取った方が結果はましなのです。力で相手を負かす自信のある者は対立の方を好むかもしれません。しかし、彼とて人間なのです。全く睡眠をとらないというわけにはいきません。力を振り回していい気になっていると寝首を掻かれる虞があります。(30) 従って、人間なら誰でも、ここで言う「合理的」な選択が、各当事者にとって最善の結果どころか、次善の結果すらもたらさないことを認めなければなりません。それは各当事者をして、最悪の結果を避けさせはするものの、「次悪」の結果に甘んじさせるのです。このことを考慮に入れると、果たしてこの選択は本当に「合理的」なのかという疑問が当然湧いてくるでしょう。しかし、利害衝突を調整するための共有された基準が何もないという状況の下では、やはりこれが合理的なのです。仮に、Aがせめて次善の結果を得たいと思って、利他的態度を示したとしましょう。彼はこのとき非常に危険な真似をしていることになります。Bが協力的に振舞うという保証はどこにもありません。Bはただでさえ、常によりましな結果をもたらすという意味で「合理的」な利己的態度を取る可能性の方が強いのです。ましてAが利他的態度を示したとあらば、ここぞとばかりAを「食いものにする」でしょう。実際にはBは協力的に振舞う用意があるとしても、裏切りへの強い誘因が存在する以上、AとしてはBの協力を当てにはできません。Bの方でも、Aがこういった考慮から結局利己的態度を取るであろうことが予想できますから、自からもやはり利己的態度を取るということになります。このことの予想がまたAを利己的態度へ向かわせ、その予想がまたBを……という風に悪しき「ポジティヴ・フィードバック」(「メタ期待の蟻地獄」)が成立してしまうのです。従って、両当事者とも、それが全体として見たとき、双方にとって最適の結果をもたらすものでないことを知りつつも、しかも、双方とも協力を望みながらも、なお「合理的」な利己的態度を取らざるを得ないのです。

以上の話によって私は何を言おうとしているのでしょうか。「エゴイストよ、利他的たれ!」などと叫んでいるのでしょうか。いいえ。純粋な利他主義たる極限的利他主義でさえ、エゴイズムの一形態であることを見抜いていらっしゃるあなたに、そんなお説教をするほど私は愚かではありません。私が言いたいのは、エゴイストは正義の理念を排除することにより、エゴイスト自身の望み・期待に反する二つの帰結を受忍しなければならないということです。第一に、エゴイストは、各人が自己の欲求を正義の名において正当化したりせずに、端的にその実現のための適切な手段を理性的に追求すれば、結果として社会はかえってうまく行くと想定していますが、事態は逆です。先の話が示しているように、全員が自己の欲求を追求する上で「合理的」な選択を行なったとしても、その結果は全員にとって最適のものではありません。それどころか、この結果は対立の泥沼化という非常に忌まわしいものです。これはやがて悲惨な闘争にも導くでしょう。こういう状況ではエゴイストが獲得した「個の自由」なるものも、みじめな獣的生活以上のものをもたらしはしないでしょう。

第二の帰結は、道徳的価値をもつような利他主義的行為が不可能になることです。エゴイストは合理的である限り、端的なエゴイストであるにとどまらず利己主義者たらざるを得ないのです。あなたはエゴイズム自体は利己主義にも利他主義にもコミットしていないと言われました。また、エゴイストはまさにエゴイストであるが故に、正義以上の道徳的価値を実現できると主張されました。そして、正義以下に振舞うことを許さないだけでなく、そのような正義以上の行為をも禁じる正義の態度を嘲笑なさいました。確かに、エゴイズムは論理的には利己主義にも利他主義にもコミットしていません。しかし、それは、はしたないことですが、もう一つ流行の言葉を使わせていただければ、「ゲーム理論的」には利己主義にコミットしているのです。先の話はこの辺の事情を物語っています。誰もがエゴイストである社会では、利他的に振舞う用意が各人にあるにしても、各人は他人に「あやつられ」たり「食いものにされる」ことにより合理的主体としての尊厳を失わないためには、断固として利己的態度を貫徹しなければならないのです。確かに、このような状況において、合理性の要求を無視し、他人に「食いものにされる」ことを覚悟の上で、なお利他的に振舞う例外的少数者も存在するでしょう。しかし、彼らはもはや倫理的に賞揚さるべき意味での利他主義者とは言えないのではないでしょうか。むしろ彼らは病的倒錯に囚われたマゾヒストであるか、自らが贖罪の羊となって、すべての利己主義者たちの罪性を贖うことに宗教的喜悦を感じる者ではないでしょうか。それこそ、エゴイストが忌み嫌う「憑かれし者」あるいは「狂信者」ではないでしょうか。何かを「譲る」という行為は、それを奪おうとしている者に対してなされた場合は、決して道徳的に誉められたものではありません。むしろ、道徳的には、このような者には譲るべきではないのです。このような者に譲る行為は道徳的には愚劣であり、何か価値をもつとしたら、それは道徳的価値を超えた宗教的価値なのです。（銀の燭台を盗んだ忘恩の徒を、その燭台を彼に譲ったとすることにより救ったかのミリエル司教は、道徳家としてではなく宗教家として振舞ったのです。）奪うつもりのない者に何かを譲る行為こそ、道徳的価値としての「利他性」をもつのです。自分が食もうとしていた草を別の羊に譲る羊は称賛さるべき利他主義者ですが、狼に食べられるためにわざわざ森へ行く羊は利他主義者でも何でもなく、端的に愚かなのです。利害衝突が不可避なこの世界においてエゴイストは、合理的主体である限り、利己主義者にならざるを得ません。このとき、狂信的・倒錯的行為としてではなく倫理的に称賛さるべき行為としての純粋に利他的な行為の成立条件は、滅却されてしまうのです。これに対して、正義は利己的態度しか「合理的」選択であり得ないような状況をそうでないものに変え、倫理的価値をもつ利他的行為の成立条件を生み出します。逆説的に言えば、正義はエゴイズム一般を禁止することにより、その一形態である正のエゴイズムを可能にするのです。

以上二つの帰結はいずれもエゴイストの基本前提に反するものでしょう。しかし、これは正義の禁止が無視された場合の帰結です。従って、エゴイストはその前提に忠実であろうとするならば、正義の理念が含意する禁止の正当性を承認しなければなりません。

E：いやあ見事な議論だった。思わず聞き惚れてしまって、自分が批判されていることとさえ忘れるところだったよ。ところで、細かいことだけど、一つだけ聞いていいかい。

D：どうぞ。

E：あんたの話に出てくるエゴイストたちには目と耳と口がちゃんとついているんだろうか。

D：勿論です。

E：それは見える目と聞こえる耳と喋れる口だろうね。

D：ええ。

E：それを聞いて安心した。あんたの話を聞いてると何だかエゴイストってのは「窓のないモナド」じゃないかって、ライプニッツなんか読んだこともないくせに思えてきたもんだから。さて、そうすると彼らには話し合いというものができるわけだ。また目で相手の表情から語られざる意図を読み取ることも可能。要するに、彼らは相互に充分な意志疎通ができる。そう考えていいかね。

D：結構です。

E：だとすると、あんたの言う利己主義へのゲーム理論的コミットメントなるものがどうしてエゴイストにとって不可避なのか、俺にはよく分からないんだ。利害の衝突が俺と誰かとの間に生じたら、俺は相手と会って交渉する。そして利己的態度はこの場合割が合わないってことをお互いに了解し合い、妥協を試みるさ。その際、二人の力関係や懸っている自分の利害の重要性、相手の性格、その他両方の事情をいろいろと考慮した上で、ここは譲った方が得策だと思えば譲るし、強気で押すべしと思えば強気で迫る。相手の事情に同情したり、相手が特別に気に入ったりすれば、損得抜きで譲歩もする。反対に相手が頑固で、こちらも死活問題に関わることだったりすれば徹底抗戦の構えをとる。勝てばよし、負ければ仕方がない。いずれにせよ、常に利己的にならなければならない理由はないし、常に利他的になるべき理由もない。あんたのゲーム理論的論理は当事者間の交渉という要素を捨象することによって初めて成立っている点で、現実性に欠けてるよ。恐らく、利害調整のための交渉というのは何らかの正義原則が共有されていないと不可能だと思っているんだろう。しかし、俺が今言ったような類の交渉による利害衝突の調整は、別段共有された正義原則なんてものがなくてもできる。大体、「権利」とか「義務」、「社会的効用」といった言葉で自分の要求を正当化したがる奴に限って、こういう正義原則に頼らないと利害の調整は不可能だと勝手に決め込んでしまうんだ。しかし、これが逆に示しているように、利害調整を困難にしているのは人の利己的態度そのものではなくて、むしろ自分の利己的態度を何らかの原則によって正当化しようとする願望だ。すべての者がこの正当化願望を棄てて、自分たちの利己心を利己心と認めた上で突き合わせ、交渉すれば、かえって利害調整は円滑に行く。人間は自分の利害に「権利」という名を与えた途端、それを神聖化してしまい、頑迷固陋になるものさ。

ところで、念のために言っておくが、エゴイズムをアナキズムと一緒くたにしないようにお願いしたいね。エゴイストは必要とあらば連合して国家という強制装置を設立し維持する。もっとも、エゴイストにとって国家とは集団的エゴイズムの体制に過ぎず、社会契約説がやっているようにそれに対する服従義務を正当化したりはしないけれど。(31) 従って、エゴイスト間の対立を無政府状態下における諸個人の対立と同視して、前者が後者と同様、悲惨な闘争に導くと想定するのは全く根拠がない。

D：確かに私の説明は多少事柄を単純化し過ぎていたようですね。原則ぬきの交渉による利害調整の可能性についてのあなたの見方は、私にはまだ楽観的すぎるように思われるのですが、そうであるとしても、私の先の説明はもう少し洗練する必要がありそうです。ただ、集団的エゴイズムの体制としての国家が、果たして安定した存在をもつことができるのか、この点は疑問に思われます。少なくとも国家の官僚機構の核心に位置する人々が、国家に対する服従義務を内面的に受容していない限り、いかなる国家も実効的存在を確保できないのではないでしょうか。[32] しかし、これらの点についての議論はまた日を改めてするとして、今は正義理念の正当化の問題を他の異なった角度からも議論してみようではありませんか。

E：望むところだ。一つのことにこだわらないってのがまさに俺の身上だからね。

2　普遍化可能性

D：では一つの例から始めましょう。あなたが一つのリンゴを指さして「これは赤い」と言ったとします。その後で、色・形・大きさ等、外見が全く変わらない別のリンゴを指し「これは赤くない」と言ったとします。さらに、「これは」や「ない」の意味は知っているが「赤い」の意味を知らない人があなたの二つの発話の聞き手であったとしましょう。また、彼は「赤い」の意味を知らなくても、あなたの二つの発話の文法的構造からそれが形容詞として使われていることは推察できたと仮定します。この場合、彼はあなたが「奇妙な」ことを言ったと思うでしょう。そして、なぜあなたが外見の変わらない二つのリンゴについて、正反対の二つの言明をなしたのかをあなたに問うでしょう。これに対して、あなたはそのうちの少なくとも一つが冗談だったと言って、彼に答えることもできます。しかし、問題なのは二つの発話が真剣になされたという前提が両者の間に存在するときです。このとき、あなたには「冗談」という弁解が許されません。あなたは二つのリンゴの間の「相違」を説明しなければなりません。その際、「これはこれで、あれはあれだから」という答えでは説明になりません。あなたは二つの発話によって、「これはこれである」と「あれはこれでない」ということ以上のことを言おうとしたのであり、その意図を聞き手も「赤い」が形容詞として使われたという事実に基づいて了解しているからです。あなたは一方のリンゴがもち、他方のリンゴがもたない何らかの特徴を挙げなければならないのです。もしこれができないならば、あなたは自分の二つの発話が論理的に矛盾していること、それ故少なくとも一方が誤っていることを承認しなければならないのです。この承認をも拒否するならば、あなたは「赤い」という言葉の意味を完全には理解していないとみなされるでしょう。

この例は、その表面上の瑣末さにも拘わらず、重要な哲学的含蓄を孕んでいます。それはある対象について何かを述べるという人間の基本的な行為の論理的構造を明らかにしています。つまり、あなたがある対象（このリンゴ）について何かを述べた（「赤い」）とき、あなたはその対象と重要な点で類似したあらゆる対象（あの赤いリンゴ、その他）について同じ述定をなすことに論理的にコミットしていることを、この例は示しているのです。何が「重要な点」かは、あなたがある対象についてなした述定をその対象と一応類似した他の対象については否定したとき、あなたが両者を区別する特徴として何を挙げ得るかに依存します。「論理的にコミットする」とは、あなたがある対象についてなした述定を、他の類似した対象については否定しておきながら、両者を区別する特徴を挙げ得ないならば、あなたは論理的矛盾を犯したものとみなされるということです。このような区別のための特徴は述定の「理由」をなすものです。しかもそれは「普遍的」な理由です。なぜなら、それは特定の対象のみに関わるのではなく、任意の他の対象がそれを共有することが論理的に可能な「特徴」に関わるからです。特定の対象についての述定行為は、このような普遍的理由の存在想定をその意味の一部として含んでいるのです。それ故、述定主体は、その対象と重要な点で類似したすべての対象に同一の述定をなす普遍的言明（例えば、「このリンゴと同じ色をもつすべてのものは赤い」）にも論理的にコミットしているのです。つまり、彼は論理的矛盾を犯すことなしには後者を否定できないのです。この意味において、特定対象についての述定行為は「普遍化可能」なのです。

さて、このような意味での「普遍化可能性」をもつのは「これは赤い」のような「である言明」だけではありません。「XはAすべし」のような当為言明も普遍化可能なのです。勿論、「X、Aせよ」のような命法は普遍化可能性をもちません。この命法はXについて何かを述べるのではなく、Xに指図しているだけだからです。しかし、当為言明はこのような命法を含意することがあるとしても、それと同意ではありません。それはXについて、あることを、即ち、XとAとの規範的関係を述べているのです。[33] 従って、「XはAすべし」という当為言明をなした者、あるいはそれに同意した者は、まさにそのことによって、「Xと同じタイプに属するすべての者はAすべし」という普遍的当為言明に論理的にコミットしているのです。勿論、当為言明は単に行為主体についてだけではなく、それが言及している特定の行為客体や、特定の行為条件等についても同様に普遍化可能です。[34]

当為言明のこの普遍化可能性は、私たちの当面の問題に直接の関わりをもっています。エゴイストは自己または他者について一定の当為判断を下しても、同じ状況に置かれた他者または自己については、自己が自己であり他者が他者であるという理由だけで、同様の当為判断を下すことを拒否するのです。かの「チョコレートの争い」[35] におけるBがその好例です。当為判断は何らかの当為言明の明示的主張または黙示的受容によってなされるものでありますから、当為言明の普遍化可能性により、エゴイストは正義の禁止に抵触するこのような振舞において、論理的矛盾を犯していることになるのです。確かに、二つの状況が完全に同一であることはあり得ず、両者を区別する何らかの特徴を挙げることは常に可能でしょう。しかし、もしエゴイストがこのような特徴を挙げることによって論理的整合性を繕うならば、それはエゴイズムの救済であるどころか、逆に哲学としてのエゴイズムの自殺を意味します。なぜなら、このときエゴイストは「普遍的理由」にリップ・サーヴィスを払うことにより、「自己性」を理由とすることの正当性を、少なくとも建前においては否認しているからです。従って、エゴイストはエゴイストである限り、その合理性の僭称にも拘わらず非合理たらざるを得ないのです。しかも、「非論理的」という最も強い意味において非合理なのです。これに対し、正義の禁止に従うことは、規範的判断の論理的無矛盾性のための必要条件なのです。このことは正義の禁止の正当性を示す決定的な根拠と言えるでしょう。

E：ほう、さっきのソフトな戦法とは打って変わって、今度は随分と高飛車に出てきたじゃないか。それじゃ、こっちも根本的なところから突かせてもらおうか。先ず第一に、論理性と合理性とをそう簡単に直結させていいものかどうか、大いに疑問だね。嘘をつくことがときには合理的であるように、矛盾したことを言うことだって合理的である場合がある。矛盾を気にせずに喋って人を説得するというのは、まさに政治家の最高の叡智の一つだろう。自分の目的に適した手段を考察する際の推論の過程で矛盾を犯すのは確かに合理的ではないが、矛盾したことを言うこと自体は必ずしも非合理ではない。かえってそれが自分の目的追求に役立つことだってある。合理性が首尾一貫性を意味するとしても、だからと言ってエゴイストが非合理だということにはならない。エゴイストには「自己性」という首尾一貫して依拠する根拠がある。恐らく、あんたが言いたいのは、それを受容する者に論理的に矛盾したことを（明示的または黙示的に）言わせるような実践的原則は非合理であるということだろう。こういう合理性の概念が支持できるのかどうか疑問だが、いずれにせよ、この種の原則自体は必ずしも論理的整合性を欠くわけじゃない。これは「矛盾を犯すべし」という規範自体は何ら自己矛盾を犯していないのと同様だ。しかしまあ、合理性の問題ってのはあまりに根本的すぎて簡単に片が付きそうにないから、これにこだわるのはやめよう。ここでは「議論の便宜上（arguendo）」、合理性についてのあんたの前提を一応承認しておく。つまり、エゴイストが論理的矛盾を犯さざるを得ないならば、エゴイズムは非合理な立場として斥けらるべきであることを仮に認めておこう。しかし、それじゃ、エゴイストは本当に論理的矛盾を犯しているのだろうか。

ここで俺の第二の疑問が登場する。つまり、あんたの言う普遍化可能性の原理が果たして当為言明に妥当するのか、って疑問だ。前に触れた極限的利他主義者の例(36)を覚えているかい。他人の命を救うために自分の命を犠牲にしながら、自分と同じ状況に置かれた他人には同じ犠牲を要求しなかった男の話だ。彼は自己犠牲的行為に踏み切る前にいろいろと悩んだろう。やはり自分の命は惜しいからね。しかし、悩んだ末に、「一人の命よりは多くの命を」という格率を優先させ、「俺は犠牲になるべきだ」と判断した。「実践的推論」という散文的な言葉をここで使うのは、この道徳的英雄の劇的イメージを台無しにしてしまうかもしれないが、彼はある意味での実践的推論の結論としてこの判断に到達したわけだ。つまり、この判断は「理由」の存在想定をその意味のうちに含む当為判断であって、「自己を犠牲にせよ」という単なる命法ではない。命法はこのような想定と意味上の連関をもたないからね。勿論、彼は最終的にはこの命法を自己に向けて発したわけだけれども、それは恣意的に発せられたわけではない。彼は「俺は犠牲になるべきだから犠牲になろう」と考えたのだ。従って、この命法の理由として、彼は当為判断をやはり前提している。それでは、この当為判断は普遍化可能性をもつだろうか。答えは否だ。彼はこの当為判断を自分自身についてだけ妥当させ、その普遍化可能性を排除しているからこそ、正のエゴイストとしての極限的利他主義者たり得るのであり、道徳的英雄として承認される。彼の当為判断が想定している理由は、言わば「個人化された普遍的理由」だ。彼が自己についてのこの当為判断と同様の判断を、同じ状況に置かれた他者については拒否したからと言って、彼が論理的矛盾を犯したと非難する者はいない。そういう非難をする者がいるとしたら、そいつの方こそ道徳言語の実相を理解していないのだ。この反例は普遍化可能性原理の適用可能性の限界を示していると同時に、この原理が当為言明の意味の分析から帰結する論理的テーゼであるという主張に対する反例でもある。従って、普遍化可能性原理の独立の根拠が別にまた示されない限り、この原理によってエゴイズムに非論理性・非合理性の烙印を押すことはできない。(37)

D：「個人化された普遍的理由」というのは形容矛盾ではないですか。形容矛盾はその逆説性の故に、多くの人人に対して奇妙な説得力をもちますが、私には通用しません。言葉の詩的効果をもって論証に代えるのは、知を求める者の作法に反します。個人化された普遍的理由なるものは、そもそも論理的に不可能な怪物です。かの利他主義者は「一人の命よりは多くの命を」という普遍的理由に基づいて、自己に関する当為判断をなした以上、この理由が妥当する同様の状況に置かれた他者についても、同様の判断をなすことに論理的にコミットしているのです。そもそも論理的コミットメントは判断主体が自分の意志で勝手に制限したり排除できるものではありません。例えば、「窓を開けて下さい」と誰かに頼んだ者は、それによって「私は窓が閉っていると信じている」という言明に、自分の意志に関わりなく論理的にコミットしているのです。彼が実は窓が開いていることを知っていたとしても、もし後者の言明を否定するならば、彼は最初の依頼が真剣なものではなかったことを認めない限り、「論理的過失」を犯したという批判を受けなければなりません。かの利他主義者も自分がそれを欲しないからといって、自分の当為判断がもつ論理的コミットメントを排除することはできないのです。確かに、彼は、他者についてこのコミットメントに反した判断をしたとしても道徳的過失を犯したとはみなされないでしょう。しかし、そこから、彼が論理的過失も犯していないという結論を導くことはできません。あなたは私が合理性と論理性を混同していると批判されましたが、道徳的過失と論理的過失を同視することにおいて、あなたの方は道徳性と論理性を混同しているのです。

E：道徳性と論理性とが別のものなら、なぜエゴイズムは人に論理的矛盾を犯させるという理由で、道徳的に斥けられなければならないんだい。

D：おやおや、あなたともあろう方が、問題の本筋を見失われたようですね。私は何もエゴイズムの不道徳性と正義の道徳性を示そうとしているのではないのです。私はただ正義の禁止が何らかの仕方で正当化し得るか否かを問題にしているのです。これはあなたも了解されていたはずです。私はこの問題に対し、合理性の要請に従う限り、正義の禁止の正当性が承認されなければならないと主張しているのです。確かに、合理性は一般に非合理性よりも道徳的に高く評価されますから、正義の禁止が合理性の要請によって正当化されるということはこの禁止が一応の道徳的正当性をも有することを意味します。しかし、正義の道徳的正当性は絶対的ではありません。残念ながら（と私は言いたいのですが）、道徳はときに非合理性の方を選ぶのです。これがなぜなのか、私には謎です。

E：「非合理性を選ぶ」と言うよりは「個の自由を選ぶ」と言ってほしいところだがね。当為言明が普遍化可能性をもつというのは、俺にはまだしっくりこないんだが、まあいいや、あんたの真似じゃないが「また日を改めて」この点は議論しよう。ここでは当為言明の普遍化可能性を、またまた「議論の便宜上」仮に前提した上で、俺の第三の疑問に移りたい。それは次の疑問だ。なぜエゴイストは当為言明を使用しなければならないのか。エゴイストはそもそも当為判断をする必要があるのか。命法を使用して指図するだけでは、なぜだめなのか。正当化願望をもたないことがエゴイストの取柄なんだから、エゴイストは指図はしても当為判断を下す必要はないだろう。同様の二つの状況について正反対の二つの命法を発しても、普遍化可能性原理には触れない。従って命法だけで済ましていれば論理的矛盾を犯しているという批判も受けずに済むわけだ。だとすれば、なぜエゴイストは、わざわざ「当為のゲーム」に参加して自分の首を締める必要があるのか。

D：　正当化願望がないとおっしゃる割にはあなた、仲々議論に熱心ですね。失礼、今のは冗談です。さて、その問いには「それはエゴイストも行為する主体だから」と答えましょう。エゴイストであるか否かを問わず、人は誰でも行為主体である限り、意識的にせよ無意識的にせよ、何らかの目的のために何かをしています。全く目的を欠く振舞いは単なる身体の動静であって、行為ではありません。ところで、行為がそのためになされている目的というのは、何らかの意味でその行為の主体にとって善きもの、あるいは価値あるものです。人がある目的を悪いとは知りつつ、追求する場合でも、彼はそれを追求している限り、何らかの価値をそれに認めているのです。また、追求される目的が、それが何であれ主体にとって価値あるものならば、およそ目的追求なるものが可能であるための必要条件も主体にとって価値あるものです。その条件が無ければ、いかなる目的追求も不可能になるわけですから。さて、個々の目的が主体にとって価値をもつのは言わば偶然的なことです。主体は偶々ある目的を追求し、それを追求している限りで、それに価値を認めているのであり、その目的の追求をやめることは、ときに同一性危機を伴うことがあるとしても原理的には常に可能だからです。しかし、目的追求一般を可能にし、また性格付ける諸条件の方は、主体にとってこのような意味での偶然的な価値ではありません。それはどんな目的を追求するにも常に必要とされるか、目的追求自体によって含意されるものであり、主体にとって言わば必然的な価値です。それは主体がいかなる目的を追求するかに関わりなく、まさに主体であることによって、必然的に価値を承認しているものです。では、主体にとってのこのような必然的価値とは何でしょうか。それは、第一に、強制されずに何らかの行為を選択し、その実行を自己の意志によって統御すること、つまり「自由」です。主体のこの自由はあらゆる目的追求の必要条件です。そもそもこの自由を失うと主体は主体でなくなるのです。第二に、それは、この自由の行使を可能にし意味あるものにする諸条件です。つまり、およそ行動するために必要な限りでの生命・身体の保全、目的実現の総計の不減少および増加です。これらをまとめて仮に「順境」と呼びましょう。どんな目的の追求であれ、それが可能であり、また、なされるに値すると感じられるためには、「順境」の条件が必要なのです。

　主体にとっての必然的価値と偶然的価値との区別を念頭に置けば、あなたの問いには次のように答えることができるでしょう。人は主体である限り、偶然的価値については命法で済ますことができたとしても、必然的価値については一定の当為判断にコミットせざるを得ないのです。なぜなら、人はまさに主体であることによって、好むと好まざるとに関わらず自己の「自由」と「順境」に対する権利主張をもってしまっているからです。この権利主張の放棄は目的追求一般への自己の可能性の放棄を意味します。しかし、人は（自殺志願者でさえ）行為する限り主体であり、この権利主張を放棄できないのです。このことは、主体たるあらゆる個人は「何人も私の自由と順境を阻害すべきではない」という当為判断にコミットしていることを意味します。「個の自由」を強調するエゴイストにおいてはこのような当為判断へのコミットメントはなおさらのことでしょう。[38]

E：権利主張とは驚いたね。人が自己の要求を権利の名によって正当化することを、最も忌み嫌っているこの俺にして、すでに権利を主張しているってわけかい。

D：主体が自由と順境とに対する権利主張をもつというのは、主体が自由と順境とに対して自分が権利をもつと信じているとか、現実にそれを主張しているという意味ではないのです。それは、人が行為主体であるというまさにそのことによって、この権利主張にコミットしているということなのです。あなたが口で権利なるものをいかに罵ろうと、あなたが現に今こうやって私との議論で私を論駁しようとしている以上、あなたは目的追究に従事する主体なのであり、それ故に、目的追求一般を可能にし性格付けている条件である自由と順境とに対する権利主張にコミットしているのです。例えば、あなたは、あなたが私に反論しているときに、私があなたの口を封じるために、いきなりこの右手にもった剣で、あなたに斬りかかるかもしれないなどと案じたりはしていないでしょう。このような事態の出現が一定の物理的蓋然性をもつにも拘わらず、あなたが安心して議論に集中していられるのは、あなたが、私はあなたの自由と順境をそういう仕方で阻害すべきではないという当為判断を無意識の裡に受容し、しかも、私もそれを受容しているはずだと前提しているからです。問題にされたような事態は物理的に可能であっても、規範的には可能ではないとあなたが前提しているからこそ、あなたは安心していられるのです。

E：違うね。俺が安心していられるのは、あんたの名誉と権威を傷つけるそんな真似が、あんたのためにならないってことを知らないほど、あんたが馬鹿ではないと信じているからさ。ま、この点はともかく、主体にとっての必然的価値から主体の権利主張を導出するのが俺には承服しかねる。仮に、あんたの言う自由と順境が主体にとっての必然的価値であるとしても、主体はそれらを保全・実現するためには、何もそれらに対する権利主張にコミットする必要はない。確かに、他人には、自分がこのような権利をもつと主張する方が自分にとって便利だし、それはまた必要かもしれないが、だからといって、真剣に、あるいは誠実にこういう主張をする必要はない。自分がこういう権利をもつことを内心では主張していなくても、他人に信じこませることができれば充分だ。(39)

D：自由と順境とに対する権利主張への主体のコミットメントは、内心で主張するとかしないとかといった、心理的次元の問題ではないのです。それは行為そのものの規範的構造に関わるのです。この権利主張は主体がそれを欲すると否とを問わず、行為することにおいて既に前提されてしまっているのです。不誠実な権利主張によって他人を欺くことも一つの目的追求であり、これに従事する者は、目的追求に内在する一般的条件である自己の自由と順境に対する権利主張をやはり前提した上で、この目的追求に従事しているのです。

E：前提されてしまっているなんて決めつけられたって、俺には合点がいかないよ。この「してしまっている」という表現にこたえられない快感を覚える向きもあるようだが、残念ながら俺はその手合いじゃない。言葉を返すようで恐縮だが「言葉の詩的効果をもって論証に代えるのは知を求める者の作法に反」するんじゃなかったかい。

D：確かに、あなたを説得するには行為の分析をもう少し深める必要があるようですね。しかし、「個の自由」に無限の価値を置き、偽善と狂信を憎むという倫理的動機からエゴイズムに帰依されたあなたが、「当為のゲーム」の完全な局外者・傍観者でいられるとは私には信じられません。いずれにせよ、普遍化可能性原理が妥当するならば、エゴイズムは論理的矛盾を犯さずには、当為言明を使用できないということは事実です。当為言明が人間の実践的思考のための重要な道具であることを考えるならば、この道具の正当な使用権をエゴイストたちから剝奪する普遍化可能性原理は、エゴイズムを仮に排除できないとしてもそれに厳しい制約を課すと言えるでしょう。

さて、普遍化可能性の問題についての論議は、今これ以上続けても進展がなさそうですから、別の機会に譲ることにし、私にとって気がかりなもう一つの問題に移らせていただいて宜しいでしょうか。

E：いいとも。どういう問題だい。

3　本質主義の彼岸

D：あなたが正義を「類」や「種」のエゴイズムだと批判されたことに対して、多少の反論をしておきたいのです。この反論は正義の理念を直接に正当化するものではありませんが、あなたがそれに押し付けられた負のイメージを払拭することにより、それの正当化に何ほどかの寄与をなし得ると思います。

E：面白そうだ。聞こうじゃないか。

D：先ず、「本質主義」と呼ばれる立場を説明させて下さい。この立場は三つの区別さるべき主張を含んでいます。一つは、ものの本質と偶有性との区別は、人間が便宜上採用する言葉の定義に依存するのではなくて、客観的存在の内に予め与えられているとする主張です。これを仮に「存在論的本質主義」と呼びましょう。もう一つは、ものの本質を把握しこれを定式化する真なる諸命題と、それらから論理的に演繹される命題群とが知識の総体をなすという主張です。これを「認識論的本質主義」と呼ぶことにします(40)。最後に、私が「実践的本質主義」と呼ぶ主張があります。私の問題に直接関わりをもつのはこの立場です。これは、客観的に存在する種や類の本質とみなされた何らかの属性を、ある個体がもつ、または、もたないことを示すことが、その個体に対する一定の取扱いの究極的な正当化になるとする主張です。三つの主張の相互の関係を見てみますと、存在論的本質主義は他の二つの本質主義のいずれによっても含意されますが、それ自体はこれらのいずれをも含意しません。認識論的本質主義と実践的本質主義との間には論理的な結合関係はありませんが、発想の相似があり、そのため、両者は同一の個人の思想の中で「人的結合（personal union）」をなし易いのです。両者が共有している発想とは、人間の思考や行動の正誤を究極的に決定する「本質」なるものが存在するという見方です。

さて、あなたは、正義が種および類のエゴイズムに与すると批判されました。あなたの言うところによれば、このエゴイズムは、特定の種・類がその種・類であるが故に他の種・類とは違った特別の仕方でそれらを取扱うことを是認します。例えば、ライオンが一人の人間を襲えば、そのライオンは事情の如何を問わず、その場で射殺されても当然だと考えられているのに対し、その人間が一生の間にライオンに限らず莫大な数の牛・豚・鳥・魚その他の動物を殺して食べたり、その皮を剝いでも別に非難されません。これは、種および類のエゴイズムの一形態である人類エゴイズムの論理に従えば、その人間が人間であり、ライオンその他の動物は人間ではないからです。つまり、人間性という本質の有無がこのような差別的取扱いの究極の正当化根拠にされるのです。このような態度こそ今述べた実践的本質主義の立場に他なりません。実践的本質主義は人類エゴイズムに限らず、すべての種的・類的エゴイズムに共通の正当化図式なのです。しかし、果たして正義はこのような実践的本質主義に与しているでしょうか。究極的な正当化根拠としての本質なるものの存在を、果たして正義は想定しているでしょうか。私はこれを否定したいのです。

正義の禁止は通常、個体のレヴェルに適用されています。正義はこのレヴェルでは、個体的同一性における差異のみを理由にして複数個体を差別的に取扱うことを禁止します。しかし、なぜ正義の禁止は個体のレヴェルにその適用を限定されなければならないのでしょうか。私はそのような限定には全く理由がないと思うのです。「等しきは等しく、不等なるは不等に」という正義理念そのものの中には、このような限定を要請する要因が何もないからです。多少とも反省的にものを考えてみるならば、正義の理念を属性のレヴェルにも適用することはむしろ当然だと思えてくるでしょう。では、属性レヴェルに適用された正義の理念は何を禁止するでしょうか。それは、ある属性がまさにその属性であることを理由に、即ち、その属性自体の同一性を理由に、それを有する個体と有さない個体とを差別的に取扱うことを禁止します。正義はこのレヴェルでは、どの属性にもその属性自体の同一性を理由に、他の属性よりも優越的または劣等的な地位を与えたりはしないのです。従って、正義の禁止が属性のレヴェルにまで拡張されるならば、ある属性の有無を理由に二つの個体を差別的に取扱った者は、「なぜその属性をもつ個体と、それをもたない個体とを差別するのか」という問いに対して、「一方がその属性をもち、他方がその属性をもたないから」と答えることはもはや許されません。彼はその属性の同一性以外の、その属性の「重要性（relevance）」を示す理由を示さなければならないのです。このような理由として彼は、その属性と経験上または意味上結合した別の属性か、あるいはその属性の属性を挙げるでしょう。しかし、これらの属性に関してもまた同様な「なぜ」という問いを提起することができます。このような問いが提起されたならば、彼はまた、これらの属性の同一性以外の、これらの重要性を示す理由を示さなければなりません。つまり、属性レヴェルに適用された正義理念は、究極的正当化根拠としての「本質」の地位をいかなる属性にも承認しないのです。それは実践的本質主義に単にコミットしないだけではなく、積極的にこれを排除します。正義理念のこのような側面に注目するならば、これを種的・類的エゴイズムに与するものとして批判するのが不当であることがお分かりでしょう。

E：しかし、正義理念をそこまで拡張的に解釈するなら、正義の名における正当化は無限背進に陥って、埒があかなくなるんじゃないか。

D：埒があかなくていいのです。実践的推論は数学や論理学における証明とは違います。与えられた公理と推論規則による決定的な証明とか反証は、実践の領域ではもともと不可能ですし、また必要でもありません。そこでは、ある主張に関して、実際に提示されている論拠のうち、反対論拠よりも支持的論拠の方が優越しているならば、別のもっと有力な反論が現われて論議の形勢が逆転しない限り、その主張が暫定的に受容されるのです。この領域ではこのような暫定的に受容可能な判断に従って行動するしかなく、一切の懐疑を不可能にするほどの確実性に到達しない限り「判断中止」するという態度は、かえって非合理なのです。実践的推論の核心は言葉の本来の意味における「弁証法（διαλεκτική）」です。具体的事例に関する正義論議もこの意味で弁証法的です。「なぜ」という問いを完全に排除することはできないとしても、何が「重要」な属性かについて、論議の参加者たちの間で暫定的に受容可能な判断に到達することはできるでしょう。もっとも、常にこれが可能だというわけでもありませんが。[41]

E：平ったく言えば、もともといい加減な事柄については、いい加減にごまかしておけばいい、ってわけだ。ま、こういう開き直りは俺の趣味にもまんざら合わないでもないから文句は言うまい。だが、もう一つ別の疑問がある。属性レヴェルに拡大適用された正義理念は、実践的本質主義を排除するということが、理論の上で言えたとしても、現実に幅を利かしている種的・類的エゴイズムをこのような正義理念は結局擁護してしまうんじゃないか。例えば、さっきの人類エゴイズムの場合を考えよう。このエゴイズムに帰依している者——つまり殆どすべての人間——は拡大された正義理念に反しないためには、確かに「俺が食べている動物は人間ではないから」という類的エゴイズム丸出しの理由付けはできない。しかし、その代わりに、例えば「人間は他の動物よりもはるかに多くの理知に恵まれているから」というようなもっともらしい理由付けを見つけるだろう。「なぜ理知に秀でた生物はそれより理知に劣った他の生物よりも優遇されなければならないのか」と真剣に悩む変わり者も少数はいるだろうが、大抵の人間は今の理由付けに満足し、初めの類的エゴイズム丸出しの理由付けに感じた戸惑いをもはや感じないで済む。ここで、「重要」な属性についての、あんたの言う暫定的に受容可能な判断が成立したわけだ。しかし、地球上に人間より理知的な生物が存在しないことは誰でも知っているから、今の理由付けによって各人の内心にある人類エゴイズムの実質は少しも損われない。むしろ体のいい正当化を得たことになる。そして暫定的に受容可能なこの理由付けは永続的に受容可能となるだろう。こういう事情を考えると、正義理念を属性レヴェルに適用して、類的エゴイズムに正当化の場を与えることは、類的エゴイストをして、自らの類的エゴイズム丸出しの理由付けに後ろめたさを感じ続けさせておく場合よりも、かえってこのエゴイズムの蔓延を助長するんじゃないか。「理性的存在者たる資格において俺はこの牛肉を食べる権利をもつ」などと信じている者よりも、罪の意識を感じながら牛肉を食べている者の方が、人類エゴイズムへのコミットメントの度合が少ないとは思わないかい。

D：正義の問題を真剣に考えようとする者には想像力が必要です。「理知における卓越」を、人類エゴイストが理由として真摯に受容しているか否かをテストするには、彼の想像力に訴えなければなりません。例えば、人類が地球上の他の生物よりも理知において優れている度合いと同じ、またはそれ以上の度合いにおいて人類よりも理知において優れた生物が、他の天体から地球に襲来したという状況を、現実であるかのように彼に想像してもらいます。このとき、人類が地球上の他の生物に対してしているのと同じことを、この宇宙からの侵入者が人類に対してすることを自分が甘受できるかどうかを、彼は自問してみればよいのです。[42] もし甘受できなければ、彼の理由付けは偽りで、彼は依然として人類エゴイストなのです。もし本当に甘受できるならば、彼はもはや人類エゴイストではなく、代わって理知的卓越性という本質を志向する類的エゴイストになります。このような想像力の行使による自己テストを試みないで、単に口実としてのみ「理知における卓越」という理由付けを採用している人類エゴイストには、正義は決して「人類エゴイズム卒業証書」を授与しません。

それから、正義理念の属性レヴェルへの適用は、決してあなたの言うように種的・類的エゴイズムに「正当化の場」を与えるものではありません。むしろ、その究極的正当化を不可能にするものなのです。人は正義の不断の要求を自覚している限り、一つの類的エゴイズムの卒業が他の類的エゴイズムへの入学であることを常に意識せざるを得ません。正義の理念に帰依する者には安心立命が許されないのです。そもそも、人々が「俺は人間だから」式の理由付けに後ろめたさを感じるのも、正義理念を属性レヴェルに適用していないからではなくて、逆に、そうしているからこそです。このレヴェルに適用された正義の理念からの正当化の要求を意識することによって初めて、人類エゴイストは自分が暗黙裡に前提していた人類エゴイズムを対象化し、相対化することができるのです。

さて、人類エゴイズムの問題に多少話が片寄りましたが、正義による実践的本質主義の排除が意義をもつのはこの問題に対してだけではありません。人間社会の内部における様々な差別の問題についても、これは重要な意味をもちます。正義理念は第一に「個」のエゴイズムを排除しますが、これだけでは確かに、現代人の多くが共有している公平感覚を満足させられません。例えば、人種や性による差別などは、人種や性が「負わされた本質」とみなされている場合には、もはや「個」のエゴイズムではありませんが、多くの人々がこれらを不公平と感じるのは事実です。最近、このような公平感覚を理論化しようという意図の現われとして、正義を論じる者の間では「目隠しごっこ」が流行しています。恐らく私がいつも目隠しをしているのに刺激されたのでしょう。彼らの基本的発想は、各人が自己の特殊利害が何であるかを知らなかったならば、彼が選択するであろう原則を公平な正義原則とみなそうというものです。しかし、このような手の込んだ仕掛けは人為的で、人々の公平感覚の惰眠を破るレトリックとしての機能以上の有効性をもつとは思えません。(43) それよりは、私が示唆したような属性レヴェルへの正義理念の適用による実践的本質主義の排除という方法の方が、簡潔で明確であり、有効でもあると思います。例えば、黄色人種と白人とを差別的に取扱う者にこの方法を適用したならば、彼にはもはや「こっちは白人であり、あっちは黄色いから」式の理由付けは許されなくなります。しかし、皮膚の色以外に、一方のみが有し他方が実際上有し得ないような属性を見つけるのに彼は非常な困難を感じるでしょう。仮に彼がそのような属性を見つける、あるいはでっち上げることができたとしても、今度はその属性の「重要性」を示す独立の理由を、この方法はなおも要求し続けるのです。いずれにせよ、彼は白人と黄色人種との差別的取扱いを正当化する「重要な属性」についての彼の判断を、暫定的に受容可能なものにすることには失敗するでしょう。おや、あなた、つまらなさそうな顔をしていますね。

E：最後の方のくだりはあんた方の内輪もめの話だろう。俺の前で演説するのは場違いだと思うがね。

D：あ、どうも、これは失礼。私ともあろう者が、ついつい昂奮してしまったようです。どのみち、そろそろあなたのおっしゃる「内輪もめ」を視察しに北米大陸へ出かけなければなりません。今日の議論は私にとって非常に刺激的でした。あなたとは今度またじっくりと腰を据えて議論させて下さい。そのときまでには理論武装を一段と充実させておきたいと思います。それでは、ごきげんよう。

（1） Cf. J. R. Lucas, *On Justice*, 1980, pp. 4f. text & fn. 7.

（2） 正義が当たり前であるという主張に関して、因に、もう一つコメントを付しておこう。仮に個々の正しい行為が当たり前であるとしても、このことは、常に正しい行為をする習慣の意志的形成と保持も、称賛に値しないということを意味しない。アリストテレスは「状態（ἕξις）」にまで高められた正しい行為への傾向性を、人間の「卓越性（ἀρετή）」の一つに数えた（『ニコマコス倫理学』、一一一九a—一一三〇a）。

（3） ‘the idea of justice’ と ‘conceptions of justice’ との区別については、cf. Ch. Perelman, *The Idea of Justice and the Problem of Argument*, 1963, pp. 6-29.

（4） 長尾龍一「正義論議スケッチ」、『思想史斜断』、木鐸社、一九八一年、三四—三六頁。

（5） 稲垣良典は問題の命題に対する長尾の解釈を「重大な読み違いをふくんでいる」として批判する。稲垣によれば、この命題の核心をなすのは ‘suum cuique’ ではなく、‘jus’ と ‘voluntas’ という二つの語である。彼は先ず後者を、正義を一つの徳として規定するプラトン、アリストテレス、キケロ以来の古典的正義理論の系譜に関係付けた上で、前者について、「正義 justitia の対象は『権利』jus であり、……各人の『権利』jus は、基本的には彼が人格であることにもとづいて確定される」と主張する。さらに、人格の尊厳を根拠とする基本的権利の存在の洞察は「哲学以前の実践的な直観」であって普遍性をもつという前提の下に、この古典的定式が定義している正義は「利害の配分や交換にかかわるというよりは、各人が人格として存在し、活動しうるような、さらに人格として自己を実現しうるような条件を確立することにかかわる」とする。（稲垣良典「長尾氏の報告にたいする質問」、日本哲学会編『哲学』、一〇巻三一号、法政大学出版局、一九八一年三月、一〇四—一〇六頁。）

　本書第五章（二五七—二五八頁）で、この定式に対して結果的に稲垣説に近い解釈をやや異なった観点から提示する。しかし、本章ではもう少し一般的な意味でこの定式を理解しており、本文の以下の論述は ‘jus’ が稲垣説におけるような「強い」意味をもつことを前提していない。それが前提しているのは、基本的人格権とは限らなくても、少なくともある最低限の意味における権利を、この古典的定式が個人に承認していることである。

（6） 権利概念を「目標（goal）」の概念との対比において明確化し、「権利ベースの（right-based）」政治理論と「目標ベースの（goal-based）」政治理論の根本的相違を明らかにしたのはR・M・ドゥオーキンである。ここで依拠している権利概念は彼に負う。Cf. R. M.

Dworkin, *Taking Rights Seriously*, 1977, pp. 90—100, 169—173, 188—193.

R・ノーズィックは同じ方向においてではあるがもっと極端な立場をとり、権利をあらゆる目標追求に対する「横からの制約（side constraints）」とみなす。目標は他の目標との比較衡量を許すが、権利はいかなる目標との衡量をも許さない。いかなる集合的目標も権利行使に「横槍」を入れることは許されず、逆に権利の方が一切の目標追求に対して「横槍」を入れ得るのである。（'side constraints' のニュアンスを最もよく伝え得る日本語は案外この「横槍」かもしれない。）Cf. R. Nozick, *Anarchy, State, and Utopia*, 1974, pp. 28—42.

しかし、純粋に目的論的な正義観と個人的権利の両立不可能性を示すには、ノーズィックのように目標追求に対する権利の制約を絶対的なものとみなす必要はない。相対的であっても「ゼロ」でなければ充分である。この緩められた権利概念においても権利と目標との論理的身分における区別は維持されている。

なお、この点に関連して興味深いのは、J・ロールズの正義論（J. Rawls, *A Theory of Justice*, 1971）を権利志向的とみるか目標志向的とみるかという問題である。彼は一方では、各個人に平等に最大限の基本的自由を承認する第一原理を他に優越させているが、他方では諸個人の才能や素質、意志力等を「集合的資産（a collective asset）」とみなし、社会的・経済的利益の分配において資質に恵まれた人間の目標追求の自由に大きな制約を課する「格差原理（the difference principle）」を採用している（cf. Rawls, *op, cit*, esp. pp. 101—108, 179）。ノーズィックは、ロールズの正義論を、特にその格差原理が功利主義と同様個人の「権原（entitlement）」を否認する「型志向的原理（patterned principles）」あるいは「結果原理（end-result principles）」の一種であることを理由に、個人的権利を軽視するものとして批判する（cf, Nozick, *op. cit.*, pp. 143-231）。他方、ドゥオーキンはロールズの正義論を、「平等な尊敬と配慮に対する権利（the right to equal respect and concern）」を各人が有することを根本的前提にするものとして、むしろ積極的に評価する（Dworkin, *op. cit.*, pp. 150—183）。同じく権利志向的なこの二人の理論家のロールズに対する評価の違いは、彼らの権利概念の「強さ」の微妙な相違を反映していると言えよう。

（7） 例えば、ハーサニーはサディズム、悪意、嫉妬のような「反社会的選好（antisocial preferences）」を効用計算から排除している。cf. J. C. Harsanyi, 'Morality and the Theory of Rational Behaviour', in A. Sen and B. Williams, *Utilitarianism and Beyond*, 1982, p. 56.

（8） アリストテレスは、平等を強調する民主制的正義観と不平等を強調する寡頭制的正義観を、ともに部分的な真理を含むが真理の全体を捉えていないとして批判する。このとき彼が正義の正しい規定として前提しているのはこの命題である。参照、『政治学』、一二八〇a。

この命題の前半「等しきものは等しく扱うべし」を正義理念の定式とし、様々な正義観とこの定式との連関、および、この理念と他の法的・倫理的・政治的諸理念との関係を体系的に論じた代表的哲学者はカイム・ペレルマンである。Cf. Perelman, *op. cit.*, pp. 1—87.

（9）ペレルマンは 'suum cuique' をより限定的に解釈し、これを「各人にその（実定）法的権原（legal entitlement）に応じて」と等置する。従ってこの古典的表現は、「各人に同じものを」、「各人にその価値（merits）に応じて」、「各人にその労働に応じて」、「各人にその必要に応じて」、「各人にその身分（rank）に応じて」等の定式が表現する諸正義観と対置さるべき一つの特殊な正義観を表明していることになる（cf. *op. cit.* pp. 7—10, 17—26）。しかし、'suum cuique' が特定の正義観を排除する内容をもつという本稿の主張を根拠付けるには、ここまで限定的にこの定式を解釈する必要はない。この定式が何らかの個人的権利――その根拠が実定法であれ、自然法であれ、習俗であれ――を承認していることが認められれば充分である。

（10）参照、『ニコマコス倫理学』、一一三一a—b。

（11）参照、同、一一三一b—一一三二b。

（12）正義概念に対するペレルマンの分析の一つの欠陥は、匡正的正義に関するこの問題意識を欠いていることである。

（13）アリストテレスは正しき裁判官のイメージを、正義理念一般ではなく、匡正的正義のためのパラダイムとして使用している（『ニコマコス倫理学』、一一三二a二〇—二九）。

（14）この概念はK・ベイヤーに負う。彼は他者への干渉を禁ずる第一次道徳準則が違背された場合だけでなく、それが定める義務以上の善行がなされた場合にも道徳的不均衡が生じるとし、前者に対しては刑罰等を科し、後者に対しては称賛・感謝・報酬等を与えることによって道徳的均衡を回復することを要求する準則を第二次道徳準則と呼ぶ。そして、正義を専ら第二次道徳準則の領域に関わる概念とみなしている。Cf. K. Baier, *The Moral Point of View : A Rational Basis of Ethics*, 1958, pp. 204—207.

匡正的正義だけでなく配分的正義をも道徳的均衡の回復に関わるものとするベイヤーのこの視点は興味深い。しかし、配分的正義の基準を義務以上の行為による功績に限定してしまう点で、正義概念の規定としてはこれは狭すぎる。なお、本稿では道徳的均衡の概念をベイヤーよりもある点で狭くある点で広く使用している。即ち、義務以上の行為を均衡を乱す要因とはしていない点で狭く、不干渉義務違反以外の義務違反や、後に見るように道徳的理想への不到達をも不均衡要因にしている点で広い。

ところで、H・L・A・ハートは自然的不平等が不干渉義務によって帳消しにされ、人為的に平等が創造された状態を「道徳的原状

（moral *status quo*）」と呼び、匡正的正義はこの平等な原状の回復を要求する限りで、「等しい事例は等しく扱え（Treat like cases alike.）」という定式に間接に結び付くとしている（cf. H. L. A. Hart, *The Concept of Law*, 1961, pp. 160f.）。この「道徳的原状」の概念がベイヤーの道徳的均衡の概念からヒントを得ていることは明白である。以下の本文でも道徳的均衡の概念を一つの手掛かりにして、匡正的正義と正義理念一般との関係を考察しているが、ハートとは若干視点を異にする。

（15）H・ケルゼンはこの点に過度に印象付けられて、すべての真正の法規範は不法行為に強制行為を制裁として結び付ける仮言的強制規範であるとし、その要件たる不法行為を単に禁ずるだけの規範は独立の法規範としての地位をもたず、且つ「余計」であるとした。しかし、このような法規範概念は法現象の説明道具としては重大な欠陥をもつ。この点については、参照、井上達夫「決定と正当化――ケルゼンとルール懐疑――」、長尾龍一・他編『新ケルゼン研究――ハンス・ケルゼン生誕百年記念論集』、木鐸社、一九八一年、一七七―一八〇頁。

（16）参照、『ニコマコス倫理学』、一一四〇a二四―b三〇、一一四一b八―一一四二a三〇。

（17）Cf. H. Kelsen, *What Is Justice*, 1957, p. 13.

（18）当為言明ないし規範的言明が真理値を有するか否かはコントロヴァーシャルな問題であるが、私はこれを肯定している（参照、井上達夫「法命題の概念に関する若干の考察」、東京大学教養学部社会科学科編『社会科学紀要』、第三〇輯、二〇九―二一六頁）。いずれにせよ、分析的真理の概念を当為言明に適用することには異論は少ないであろう。

（19）Cf. K. R. Popper, *The Logic of Scientific Discovery*, 1959, pp. 112―135.

（20）Cf. Perelman, *op. cit.*, pp. 29―36.

（21）アリストテレスも、正義一般と衡平とを区別するが、両者を類（γένος）を異にするものとは見ない。彼によれば、衡平は正義の一種である法的正義がその画一性故に有する不可避の欠陥を、個別的に補正するものである。従ってそれは、ある種（εἶδος）の正義よりもよい正義の一種であって、正義という類を超えるものではない。参照、『ニコマコス倫理学』、一一三七a―一一三八a。

（22）参照、『ニコマコス倫理学』、一一三三b。

（23）いかなる利益も期待せずに他人のために尽くした者は、尽くしてもらった相手が尽くしてくれた彼を愛する以上にその相手を愛する。アリストテレスはこの「無償の愛」を、制作者が自己の作品に対して抱く愛と同視する。あらゆる制作者は自己の作品を、仮にその作品が生命を与えられたならば彼を愛するであろう以上に愛する。この愛の根拠をアリストテレスは次のように説明する。即ち、自己の存在は誰にとっても望ましく愛すべきものであるが、人が存在するのは、人が可能的にそれであるものを絶えず現実化し続けることによってである。作者にとって「作品（*ἔργον*）」とは、彼の可能的自我を現実化するものである。従って、作者は自己の存在を慈しむが故に自己の作品を慈しむのである。人のために尽くす者にとっても、彼が尽くした相手は、ある意味で彼の作品である。彼の可能的なうるわしさが相手のうちに現実化されているからである。それ故、彼がこの相手を愛するのも、彼が自己の存在を愛していればこそである。参照、『ニコマコス倫理学』、一一六七b—一一六八a。

アリストテレスのこの主体主義的・能動主義的人間観に従えば、極限的利他主義者も、自己の存在への愛着の帰結として自己の「作品化」への欲求を有し、それに従って行動していることになろう。自己の生命を犠牲にする利他主義者すら、自己の存在を自己の死後も永遠に証し続ける一つの作品を、その犠牲的行為のうちに見出していると言えるのかもしれない。

(24)　エゴイズムの哲学的正当性を明示的に主張した思想家として、マックス・シュティルナー（実名はヨハン・カスパール・シュミット）（一八〇六—一八五六）とジェイムズ・L・ウォーカー（実名は頭文字Lを含まない）（一八四五—一九〇四）の名を挙げることができる。Cf. M. Stirner, *Der Einzige und sein Eigentum*, Reclam Ed., 1972 (erst in Leipzig 1844 erschienen)〔片岡啓治訳『唯一者とその所有』上・下、現代思潮社、1977〕/J. L. Walker, *The Philosophy of Egoism*, Denver, 1905.

両者とも、個人に押付けられる一切の超越的理念を一律に批判しており、特に正義に狙いを定めているわけではない。しかし、「個」の立場から一切の種的・類的シンボルを苛烈に攻撃する彼らの思想は、集合的範疇に個体を包摂する正義の内在的傾向に対するエゴイズムの側からの反攻として一般的に性格付けることができよう。

なお、ここで言うエゴイズムの哲学とは、私利と正義との予定調和を説く穏健な「エゴイズムの哲学」、即ち、「開明された私利（enlightened self-interests）」の理論などとは次元を異にしていることに注意されたい。

(25)　これを「自分が欲したから」という理由と混同してはならない。後者を拘束の正当化理由とするのは意志の自律の原理であるが、本文で論及している第二の考慮に訴えるエゴイズムの哲学者にとっては、この原理も、過去の意志に現在の意志を拘束させる点で他律的であり、斥けられなければならない。彼にとって自己は絶えず流動・解体するものであり、現在の自己の意志と矛盾する過去の意志はもはや自己の意志ではない。Cf. Stiner, *op. cit.*, S. 215〔訳、下、六五—六六頁〕.

(26)　ウォーカーの思想とシュティルナーのそれとには多くの共通点があるが、どちらかと言えば前者は合理主義的エゴイストのタイプに属し、後者は実存主義的エゴイストのタイプに属する。もっとも、この点における両者の相違はニュアンスの差以上のものではないが。Cf. Walker, *op. cit.*, pp. 18—59/Stirner, *op. cit.*, bes. S. 358—412〔訳、下、二五〇—三二三頁〕.

ホッブズは各人が「虚栄心（vain glory）」を棄て、自己保存の欲求のみに従いその実現の手段を理性的に追求するならば、社会契約による自然状態の悲惨さの克服が可能になるとしているが、この視点は合理主義的エゴイストのそれに近い。しかし、彼は社会契約の妥当性の根拠として「約束は守らるべし（pacta sunt servanda）」という普遍主義的規範——この規範は他者には約束の履行を要求しながら、自分は自分の約束の履行を拒絶するというエゴイズムの一様態を排除する——に、個々人の意志から独立した自然法的妥当性を承認しており、また、論理的に承認せざるを得ない以上、徹底したエゴイズムの哲学者ではない。Cf. T. Hobbes, *Philosophical Elements of True Citizen* (the English version of *De Cive*), ch. 1, ch. 3 §§ 1—4, ch. 5.

エゴイストたちが相互の利益のために信頼関係を結ぶことは可能であるが、これは事実上存在する期待に基づく関係に過ぎず、約束によって一方が権利をもち他方が義務をもつという規範的関係に基づくものではない。エゴイストAのエゴイストBに対する信頼は、AのBに対する信頼を裏切らないことにBが自己の欲求——所謂「利己的欲望」には限られない——を満足させる何かを見出していることを、Aが信じ得る限りでのみ存在するのであり、BがAに対して約束による「義務」を有するとBが信じていることをAが信じていることに存するのではない。「他者には約束の履行を要求する以上、自分がそれを欲していなくても自分の約束を守る義務がある」という信念がBにとってナンセンスであると同様に、Bがその信念をもつという信念はAにとっても、Bがエゴイストでないという前提がない限りナンセンスである。確かに、エゴイストは必ずしも政治的アナキストではなく、強制装置としての国家に服従することもあり得る。しかし、彼はそれを自分が欲しているから、自分が欲し続けている限りで国家に服従するのであり、社会契約という一つの約束により、自分が今欲していないにも拘わらず、国家に服従する義務があるから服従するのではない。エゴイストにとって国家は利用すべき道具であるか、または自己の愛の対象であって、何らかの普遍的準則に訴えて正当化される性質のものではない。従って、国家に対する服従義務を約束によって根拠付けようとする社会契約説は、ホッブズのそれですら、エゴイズムの哲学とは両立不可能である。

（27） Cf. Nozick, *op. cit.*, p. 4.

（28） この正義論議の火付け役であり主導者でもあるJ・ロールズにおいて、エゴイズムに対するこのような問題意識が完全に欠如している。彼はエゴイズムを専ら利己主義として理解し、これを、「一人称独裁型（first-person dictatorship）」・「ただ乗り型（free-rider）」・「全員型

（general）」に区別する。その際、彼はこれらの利己主義の諸形態を功利主義等の伝統的正義観と並べて、正義観の諸形態として列挙している（cf. *op. cit.*, p. 124.）。しかも、彼は彼がすべての倫理原則の「形式的制約（formal constraints）」として設定した五つの条件のうちの二つによって、これらの利己主義の諸形態を斥けているのである。即ち、固有名詞その他特定の対象を指示する表現の使用の禁止によって「独裁型」と「ただ乗り型」を排除し、競合する諸要求の順序付け回避の禁止によって、「全員型」を排除する（cf. *op. cit.*, pp.135f.）。しかし、なぜこのような形式的制約が守られなければならないのか。この肝心の疑問に対してロールズは、「正義原則がその役割を、即ち、基本的権利義務を割当て利益分配を決定するという役割を果たそうとするならば、これらの資格要件はごく自然（natural enough）である」（強調点は井上）（*op. cit.*, p. 131）と答える。

エゴイズムに対するロールズのこの対応は明らかに的を失している。ロールズが期待する「役割」を果たすつもりのある立場が、彼が設定した形式的制約を破るならば、自ら担った役割を果たしていないとしてその立場を斥けることは許されるだろう。（第一の禁止とこの「役割」との関連については、多少説明を要する。特定人に言及する準則も権利・義務や利益の分配という役割を立派に果たし得るからである。この禁止の必要性についてのロールズの説明（cf. *op. cit.* p. 131f.）は、道徳的原理の形式的制約を前提にしている所謂「無知のヴェイル（the veil of ignorance）」の条件に循環論法的に訴えたり、特定対象に言及する準則に対しては一般的了解が成立し得ないという全く「不自然な」前提に頼ったりしており、著しく説得力を欠く。特定対象指示表現使用の禁止は正義理念に内在する普遍主義的要請の帰結である。この禁止を必要とする準則の「役割」は、権利義務や利益の単なる分配ではなく、正義原則としてかかる分配を行なうことである。以下では「役割」をこの意味に解釈する。）しかし、エゴイズムにはそのような役割を果たすつもりがはじめからないのである。それはロールズの想定に反して、そもそも正義観ではない。むしろ、すべての正義観の共通の前提たる正義の理念を拒否する。「権利・義務・利益の正義に適った分配の基準は何か」という問いが有意義な問いであることをエゴイズムは否定する。それはロールズの正義論の主題自体が論じる価値のないものであることを主張しているのである。ロールズがこのようなエゴイズムを、彼の主題を共有する諸理論にのみ課せらるべき形式的制約に反するという理由で斥けるとき、彼は、彼が問題にならないことを問題にしていると批判する立場を、自分の問題に答えていないからという理由で斥ける愚を犯しているのである。「公正としての正義（Justice as Fairness）」のみならず一切の正義観に対するエゴイズムのこの根本的な批判をロールズが理解していないのはなぜか。それは彼が明確な正義原則を提示するのに野心を燃やすあまり、その前提をなす正義理念の根拠と限界についての哲学的反省を等閑に付しているからである。このことは彼の正義論が他の面におけるその魅力や重要性は別として、実践哲学がもつべき〈Gründlichkeit〉を果たして備えているのかという疑問を喚起するであろう。

なお、ロールズの言う「全員型」に相当する普遍的利己主義、即ち、「各人は自己の利害に、且つそれのみに従って行動すべし」という立場が自己矛盾的であるか否かは近年の正義論議においても議論されることがある（肯定説としては、例えば A. Gewirth, *Reason and Morality*, 1978, pp. 82—89. 否定説としては、例えば、J. P. Sterba, *The Demands of Justice*, 1980, pp. 1—19）。しかし、この立場はエゴイズムの一形態、しかもその貧しい形態にすぎない。普遍的主張としてのエゴイズムは、各人は自己の利益を、そしてそれのみを追求すべしと要求する必要はない。それがエゴイズムであるためには、各人は利他的にであれ利己的にであれ、自己性を差別的行動の理由にしてよいという許可を与えるだけで充分である。従って、普遍的利己主義を斥けただけでは、正義に対するエゴイズムの根本的批判に応えたことにはならない。

（29） Cf. Nozick, *op. cit.*, Part I.

（30） "……and how easy a matter it is, even for the weakest man to kill the strongest"（Hobbes, *op. cit.*, ch. 1 § 3.）ホッブズはこの事実を人間の「自然的平等（natural equality）」の根拠にしている。

また、ハートは彼の言う「自然法の最小限の内容（the minimum content of natural law）」の根拠となる人間生活の基本的条件の一つに「近似的平等（approximate equality）」を挙げ、これを示すものとして同様の事実に言及している。Cf. Hart, *op. cit.*, pp. 190f.

（31） 本章五七頁における集団的エゴイズムの説明、および註（26）における社会契約説とエゴイズムとの関係についての説明を参照のこと。

（32） Cf. Hart, *op. cit.*, pp. 88, 109—114.

（33） 当為言明と命法との区別については、註（18）に挙げた拙稿の引照箇所を参照されたい。

（34） 以上においてディケーが説いたような意味における普遍化可能性（universalizability）の原理を、他の誰よりも明晰な仕方で分析し、その基礎付けをも試みた道徳哲学者はR・M・ヘアーである。ヘアーに依れば、評価言明（当為言明も含む）は命法とは異なり、その固有の意味である「指図性（prescriptivity）」に加えて、その適用基準に関わる「記述的意味（descriptive meaning）」も第二次的意味として有するが、普遍化可能性はこの記述的意味からの帰結である。従って、評価言明は記述的言明と普遍化可能性を共有する。Cf. R. M. Hare, *The Language of Morals*, 1952, pp. 80f. 153—158 ; 'Universalizability', in 55 *Proceedings of the Aristotelian Society*（1954/55）, pp. 295—312 ; *Freedom and Reason*, 1963, esp. Part I.

カントの所謂「定言命法（der kategorische Imperativ）」は普遍化可能性の原理と多少似ているが、これと同視してよいかどうかは、カント自身の曖昧さ故に断言できない。（ヘアーもこの点慎重を期している。Cf. *Freedom and Reason*, pp. 34f.）しかし、少なくともその一つの定式化に従えば、定言命法の意味するところは「各人は、それがあたかも自然法則であるかのように万人がそれに従うことを自分が欲し得るような格率に従って行為せよ」である（Cf. I. Kant, *Grundlegung zur Metaphysik der Sitten*, S. 421—424）。このように解釈された定言命法は、普遍化可能性原理とは異なる。それは二つの個別的当為判断の論理的両立可能性にではなく、自己と同様の行動を他者がとることを意欲することの心理的可能性に関わる。それは、本章で言う意味におけるエゴイズムを「非論理的」として排除することができない。エゴイストは万人が「自己性」を行動の理由にすることを一貫して欲し得るからである。しかし、固有の意味におけるエゴイズムではなく、利己主義をこれが排除できるかどうかは問題である。「欲する」ということが単に「甘受する」だけでなく、他者にも積極的に「奨励する」ことまで含むのであれば、これは利己主義を排除し得るであろう。なお、註（28）の最後の段落で触れた普遍的利己主義と、カントの定言命法との関係について、cf. J. P. Sterba, *op. cit.*, pp. 23f.

（35）参照、本章四二—四五頁。

（36）参照、本章五〇—五一頁。

（37）道徳言語への普遍化可能性原理の適用は、主として、道徳における個体的同一性や「実存的決断」の重要性を強調する論者から批判を受けている。Cf. E. A. Gellner, 'Ethics and Logic', in 55 *Proceedings of the Aristotelian Society* (1954/55), pp. 157—178/J. A. Brunton, 'Egoism and Morality', in 6 *The Philosophical Quarterly* (1956), pp. 289—303/A. MacIntyre, 'What Morality Is Not', in 32 *Philosophy* (1957), pp. 325—335.

（38）「主体性（agency）」に内在する規範的コミットメントについて、以上のような分析を体系的に展開したのはアラン・ゲワースである。彼はディケーが述べたような「自由（freedom）」と「順境（well-being）」への主体の権利主張が、主体の「目的的活動（purposive action）」が伴う最小限の評価から導出され得ることを主張し、さらに、この権利主張と普遍化可能性原理によって、彼の言う「類的整合性の原理（the Principle of Generic Consistency）」、即ち、「自己のみならず他者の類的権利に従って行動せよ」という原理を正当化できると主張する（Cf. A. Gewirth, *op. cit.*, pp. 48—198）。ここで言う「類的権利（generic rights）」とはすべての主体がその主体性故に有する自由と順境とに対する権利である。彼はこの原理をいかなる主体も論理的矛盾を犯さずには否認できない最高の道徳的原理であるとし、様々な道徳的義務をそこから導出するとともに、社会的ルールおよび国家の正当化の問題にもそれの適用を試みている（Cf. Gewirth, *op. cit.*, pp. 199—365）。これは規範倫理学全体を行為論と論理学とに環元しようとするきわめて「野心的」な試みと評することができるが、それだけに多くの問題を孕んでいることも事実である。根本的な問題は言うまでもなく、彼の理論の二大支柱である普遍化可能性原理と主体性内在的な規範的コミットメントの理論の妥当性にある。両者が孕む問題については、本文での対話におけるエゴのディケーに対する反論を参照されたい。

（39）Cf. M. A. Kaplan, *Justice, Human Nature, and Political Obligation*, 1976 pp. 156f./J. P. Sterba, *op. cit.*, pp. 17ff.

（40）通常、「本質主義（essentialism）」という表現は以上に挙げた存在論的本質主義と認識論的本質主義とを指すものとして使われ、本文で次に挙げる実践的本質主義が明示的に本質主義の一形態として扱われることはあまりないようである。もっとも、存在論的・認識論的本質主義が一定の評価的・規範的要因と結び付き易いことは本質主義の批判者の多くが意識している。本質主義の問題に関しては、cf. K. R. Popper, *The Open Society and Its Enemies*, 5th ed., 1966, vol. I, pp. 31f., vol. II, pp. 9—21. また、本質主義批判の視角から法概念論の問題を扱うものとして、参照、碧海純一『新版　法哲学概論』、全訂第一版、一九七三年、三八—七一頁。

（41）正義と本質主義との関係の問題とは別に、正義判断をめぐる論議の「弁証法的」性格は若干の論者によって強調されている。Cf. Perelman, *op. cit.*, pp. 79—87 *et passim*/J. R. Lucas, *op. cit.*, pp. 35f., 39—42.

（42）人間と動物との差別を正当化する原則の受容の真摯性をテストするためのこの例は、R・ノーズィックに負う。Cf. Nozick, *op. cit.*, pp. 46f.

（43）このアプローチの代表的な例はロールズの「原初状態（the Original Position）」なる理論装置であるが、ロールズ以前に、J・C・ハーサニがこのアプローチを採用し平均的功利主義の正当化を試みている。Cf. Rawls, *op. cit.*, ch. 3/J. C. Harsanyi, 'Cardinal Utility in Welfare Economics and in the Theory of Risk-Taking', in 61 *Journal of Political Economy* (1953), pp. 434—435 (reprinted in *op. cit.*, pp. 3—5); 'Cardinal Welfare, Individualistic Ethics, and Interpersonal Comparisons of Utility', in 63 *J. o. P. E.* (1955), pp. 309—321 (reprinted in *op. cit.*, pp. 6—23).

　このアプローチはその直観的アピールにも拘わらず、統一的な解答を与えるのに成功していない。その理由は第一に、いかなる種類の情報を排除すべきかについて見解が対立すること、第二に、無知の条件の下での合理的決定のルールとして何を採用すべきかという決定的な問題に関して見解の一致が存在しないことである。第一の問題に答えるためには、普遍的に共有されるが故にその情報を排除されない基本善と、情報制約に服する善の構想とがいかにして区別され得るのかとか、正義の概念を「善」の概念から独立に規定し得るのかといった道徳哲学の基本問題に答えなければならない。また、第二の問題に答えるには、合理性概念の解明に加えて、何らかの人間性論を構成する必要がある。これらの基本問題や関連する諸問題について、解答とそれを支持する論拠を明示しない限り、このアプローチによる正義原則の導出は恣意性を免れない。ロールズの正義論にはこの面で批判さるべき点が多い。Cf. T. Nagel, 'Rawls on Justice', in 82 *The Philosophical Review* (1973), pp. 220–234/R. M. Hare, 'Rawls' Theory of Justice', in 23 *The Philosophical Quarterly* (1973), pp. 144–155, 241–252/J. C. Harsanyi, 'Can the Maximin Principle Serve as a Basis for Morality? A Critique of John Rawls's Theory', in 59 *American Political Science Review* (1975), pp. 594–606 (reprinted in *op. cit.*, pp. 37–63)/M. A. Kaplan, *op. cit.*, pp. 107–181. なお、参照、次章一三二—一三六頁。

第三章　現代正義論展望

一　問題状況

様々な道徳的・政治的諸価値のうち、正義ほど法と縁の深いものはない。

第一に、法は自己の正しい適用を要求する。これは法の観念に内在する要求であり、これを欠くものは法ではない。法適用の任にある者が恣意的に例外を設けることが許されているような場合には、法が存在するとは言えない。いかなる法であれ、それが存在する限り、所与の一般準則の公正な適用という意味での正義価値を成立させる。法と道徳が未分化で、伝統的法秩序が一切の道徳的価値を体現するものとして受容されているような社会では、この意味での正義価値が正義の全内容をなす。もっとも、このような社会が果たして実在するかどうかは問題であるが。(1)

第二に、いかなる法秩序も正義の体現者であることを標榜する。自ら不正であることを認めながら人々に服従を強要するような法は存在しない。事実の陳述が「真理要求（Wahrheitsanspruch）」をもつと同様に、法は「正義要求（Gerechtigkeitsanspruch）」をもつとも言える。もちろん、それぞれの法に内在する正義要求が正当化可能か否かは別問題である。偽なる言明も真理要求をもつのと同様、万人が不正と認める法でさえ正義要求をもつ。

多くのヨーロッパ諸国の言語において、「法」を意味する言葉と「正」を意味する言葉が同一である 'Recht',

'droit', 'diritto' など）という事実は法哲学者によって好んで引合いに出されるが、これは確かに単なる偶然ではない。ただ、この事実が反映している法と正義との概念的連関は、しばしば主張されるように、「不正な法は法ではない」という命題を含意するものではない。むしろそれは「正義要求をもたない法は法ではない」という命題によって表現されるような性質のものである。前者の命題を承認すべきか否かは自然法論と法実証主義とを分かつ法哲学の基本問題であり、激しい論争の的となっているが、後者については自然法論者も法実証主義者も一致できるであろう。「不正な法は法ではない」という主張が仮に真であるとしても、それは法を意味する自然言語的諸表現の用法の分析によっては根拠付けられ得ず、別の論拠を必要とする。（念のために言えば、ここで「括弧に入れ」られているのは法自体の正義と法の存在との概念的結合であって、法適用における正義と法の存在とのそれではない。後者は前述のように、肯定されている。）

第三に、自由・平等・公共の福祉など、現存法秩序への批判の根拠とされる価値・目的には様々なものがあるが、正義の見地からの批判はなかでも特権的な地位をもつ。正義以外の価値や目的については、それらを公然と否認する法秩序も存在し得る。個人の自由を無秩序と等置してこれを抑圧する全体主義的法秩序や、個人をその属する階級に応じて差別的に取扱う反平等主義的法秩序、あるいは何らかの宗教的価値の実現のために現世的幸福の犠牲を人々に要求する法秩序などに対して、自由、平等、あるいは福祉の名における批判を加えても、これらの法秩序を支持する人々はかかる批判を的外れとみなすであろう。しかし、正義の名における批判はいかなる法秩序にとっても的外れではあり得ない。いかなる法秩序も「不正」という批判に対しては自己を弁護しなければならない。これは上述の第二の点の裏返しである。法はすべて、客観的に正義に合致しているかどうかに関わりなく、正義という価値には少なくともリップ・サーヴィスを払わなければならないのである。

法と正義とのこのような密接な関係の故に、正義の問題は古来、法哲学の根本問題の一つとして論じ続けられてきた。しかし、この問題の意義はアカデミズムの世界での伝統的トピックの一つであるということには尽くされない。各時代各社会において、正義論議はあるべき政治・経済体制に関する人々の現実的関心と連動して展開されてきた。現代社会においても、正義の問題の現実的意義は増しこそすれ減じることはない。

例えば、現在では、社会主義諸国だけでなく自由主義諸国においても、福祉国家思想が普及して社会保障制度が発展し、大規模な所得の再分配が行なわれている。この状況は配分的正義に関する原理的諸問題に人々の目を向けさせずにはおかない。即ち、適正な分配形態は何か、分配的公正の確保と個人の自由の保障とはいかにして調整さるべきか、そもそも何らかの分配形態を実現するために国家が個人の自由に干渉することが許されるのかといった問題である。世界的な景気後退あるいは低成長化により、先進諸国においても全体のパイが小さく、あるいはさほど増えなくなりつつある現在、これらの問題への関心はさらに高まりを見せている。

他方、先進産業社会の多くの都市を悩ましている犯罪の慢性化は刑罰に関する人々の考え方・態度を動揺させており、匡正的正義の問題に新たな波紋を投げかけている。犯罪の蔓延と兇悪化に悩む合衆国での、死刑の存廃をめぐる最近の世論の対立と動揺などにも、このような事態の一端が現われている。(2)

視野を地球全体に拡げてみても、南北格差の拡大、資源保有国と非保有国との間の不平等、資源の枯渇、人口爆発、食糧危機、エネルギー危機など、困難な問題が山積している状況の下で、国家間、地域間での配分的正義の問題や、現在の人類と将来の人類との間での分配に関わる「世代間正義（intergenerational justice）」の問題が人々の関心を集めている。

このように正義の問題は職業的法哲学者の花園という域を超えて、現実世界の政治・経済体制の根幹に関わっており、重大な実践的意義をもつ。しかし、まさにこの実践的性格の故に、今世紀に入って実証主義的・相対主義的精神が思想界を席巻すると、この問題の理性的論議可能性そのものに疑いがもたれるようになった。その結果、正義観念のイデオロギー分析・言語分析が優位に立ち、正義に関する本格的な規範的論議は久しく影を潜めていたと言ってよい。

このような思想動向に対し、一つの転機をなしたのは一九七一年に出版されたジョン・ロールズの『正義論』(*A Theory of Justice*) である。この著作は正義に関する一つの体系的な規範的理論を提示して多大の反響を呼び、規範的正義論への関心を再燃させた。以後、現在に至るまで多くの論客を巻き込む活発な正義論議が展開され、既に膨大な文献が蓄積されている。勿論、その傾向は一色ではなく様々な立場が厳しく対立しているが、分析哲学の洗礼を受けた後の論議であるだけに、一般に理論構成が著しく精緻化し、議論が従来よりも明晰になっているということは言える。

このような最近の活発な正義論議を全体としてどう評価するかについては見解は分かれるであろう。学としての規範的正義論の可能性を原理的に否定する実証主義的法哲学者は、これを学問の再イデオロギー化として排撃するに違いない。しかし、私見によれば、規範的正義論の領域においてど、こ、ま、で学問的論議が可能かを、何らかの認識論的・学問論的前提に基づいてア・プリオリに決定することは不可能である。端的に言えば、やってみなければ分からない。いかなる認識論的・学問論的立場もそれ自身を証明することはできない。(証明できないどころか、自己を反証してしまう立場さえある。) むしろかかる立場そのものが、対象領域において実際に様々な探求を試行錯誤的に積み重ねていく過程でテストされるのである。その意味で、正義に関し様々な規範的理論が提示され、それらについて活発に議論が闘わされている状況それ自体は望ましいと言うべきである。もちろん、正義論議の現在の状況には批判さるべき点もあるが、このことは論議の重点を移したり方法を修正する理由にはなっても、正義に関する一切の規範的論議を事前に禁止することを正当化するものではない。

このように、規範的論議の対象としての正義の問題は学問上も実際上も、現在大きな関心を集めている。しかし、言うまでもなく、この問題の哲学的重要性はその時局性に依存しない。本章の目的は正義概念の分析を通じて、規範的正義論の可能性を否定する人々が立脚する若干の誤謬・誤解を取除くとともに、この領域で扱わるべき基本問題を明確にすること、および、正義理論の主要な諸類型について、多少問題点を指摘しておくことである。この小論は現在の正義論議の詳細・綿密な紹介・検討への需要に応えることはできないが、自ら正義の問題を考えようとする人々に一つの手掛かりを提供することはできるかもしれない。

二　正義の概念

1　二重の懐疑

先に、法は正義要求を内在させていると言った。これは言い換えると正義は法の本質的理念をなすということである。確かに、これを否定する者はいない。しかし、何を以て正義となすかという点になると、立場は千差万別であり、相互に鋭く対立する。根本的に性格を異にする法秩序が、等しく正義の称号を要求する。いかなる戦争においても、両陣営がともに「正義は我が方にあり」と主張する。ありとあらゆる、しかも、相矛盾する要求や主張が正義の名において正当化されている。

このような事態は正義に対する二重の懐疑を生む。一方で、相異なった立場の間の一見調停不可能とも思える対立を見ると、正義判断は原理的に恣意的・主観的たらざるを得ず、客観的に正しい正義判断なるものは存在しないと考えたくなる。他方では、ありとあらゆる立場が正義を標榜するという事実を考えると、正義概念はその崇高な響きにも拘わらず、融通無碍の操作可能性をもつ完全に無内容な概念なのではないかと疑いたくなる。

第一の懐疑は、先に言及した、学としての規範的正義論の可能性を原理的に否定する立場と直結する。この懐疑は正義判断だけでなく、すべての価値判断・規範的判断に向けられ得るものであるから、その当否の検討は必ずしも正義論固有の主題ではないが、一点だけここで触れておきたい。

この懐疑の基礎にある認識論的前提は、「ある判断の真偽に関し、少なくとも大多数の合理的人間が一致に到達し得るような決定手続が存在しないならば、その判断は客観的に真ではあり得ない」という公準である。(3)（ここで言う「合理的人間」とは普通またはそれ以上の知能をもち、酩酊、精神障害、過度の興奮など、その知能の行使を妨げる状況に置かれていない人という程度の意味である。）

この公準そのものは証明不可能である。のみならず、その適用を徹底するならば、この公準は「自己論駁的（self-defeating）」たらざるを得ない。即ち、この公準の当否については立場が鋭く対立しており、その真理性を少なくとも大多数の合理的人間に承認させるような決定手続は存在しない。そうである以上、この公準はまさにそれ自身の主張するところに従い、客観的に真ではあり得ない。この公準そのものはこの公準の適用から除外さるべきであるという主張は根拠に乏しいが、仮にそれを承認するならば、今度はこの公準以外にも適用除外例が存在する可能性を承認しなければならなくなる。従って、この場合正義判断の原理的主観性を主張する者は、正義判断はこの公準の適用除外例ではないことを、この公準とは別の論拠によって示さなければならない。しかるに、このような論拠を主観主義者・相対主義者は未だ提示していない。（メタ言語と対象言語の区別が、かかる論拠になり得ていないことは、第一章で確認した。）

第一の懐疑に対してはこのように反論が可能であるが、第二の懐疑についてはどうか。

もし正義概念が完全に無内容であるならば、何が正義かをめぐって人々が意見を対立させているという事実が説明できなくなるだろう。Ａがあるものを「正しい（just）」と言い、Ｂが同じものを「不正だ（unjust）」といって反論したとき、無内容説に従えば、両者とも全く無意味な音を発しているだけか、各々自己流の意味を「正」・「不正」に勝手に付して喋っているだけということになる。前者の場合ＡとＢとの間に見解の対立があると言えないのは明らかである。後者の場合も、ＡとＢが対立していないのは、「これは赤い」と言った者と「いや、それは白くない」と言った者が対立していないのと同様である。しかるに、ＡとＢとが意見を対立させているということは誰もが了解する事実である。従って、無内容説は我々が経験している事実と矛盾する。

これに対し、無内容説はかかる事実そのものを錯覚として否定するかもしれない。水につけた割箸が誰の目にも曲がって見えるからといって、割箸は水につけると曲がるということが事実であるわけではないのと同様、ＡとＢが対立していると誰もが思うからといって、両者の対立が事実として存在することにはならない――こういう反論が予想される。しかし、この類比は妥当でない。物理的事実は、少なくともいま問題になっている巨視的対象の次元では、人間の知覚から独立して存在するが、言語の意味に関する事実は言語を使用する人間の実践なくしては存立しない。正義に関する我々の言語実践が、Ａ、Ｂ両者の言明が相互に矛盾しているという了解を成立させるものであるならば、事実はかかる了解と逆だと言うことを可能にする根拠はもはやない。

矛盾・対立する正義判断を行なう人々に共通に理解されている意味内容を正義概念がもつからこそ、かかる矛盾・対立は可能になるのである。もっとも、このことは正義判断の当否を判定するための明確な基準（criterion）もまた共有されていることを意味しない。正義をめぐる対立状況はむしろ共有された判定基準の不在を証明する。しかし、正義の基準に関する共通理解の不在は正義の概念ないし意味に関する共通理解の存在と何ら矛盾しない。「言葉の意味と基準とは区別さるべきである」という一般命題の当否は言語哲学・論理哲学の根本問題であるが(4)、少なくとも正義概念についてこれが妥当することは確かである。

2　形式的正義理念

では、正義の基準と区別された正義概念の意味内容とは何か。正義とは何かを知るには先ず「不正な人」の分析から始めよ、というのがアリストテレスの勧告であるが(5)、我々もこれに従おう。正義の基準について見解を異にする人々が一致して「不正な人」と認める者がいるとすれば、その者をして不正たらしめている行動の特性を探ることにより、人々が共有している正義概念を逆に照らし出すことができるだろう。

しかし、果たしてこのような「絶対的不正者」は存在するか。存在する。エゴイストがそれである。ここで言うエゴイストとは単に自己の利益を計る者という意味ではない。私利を追求すること自体は不正ではない。正義には私利追求者の間のゲームの規則という一面すらある。(但し、ゲームの比喩の限界について、第五章、三、2を参照されたい。)人をしてエゴイストたらしめるのは、私利を追求する一定の仕方である。

例えば、公衆電話で他人の長話に自分が待たされるときはこれを咎めながら、自分の方は他人を待たせても平然と長話をする人、他人のものは何でも借りるくせに自分のものは決して他人に貸さない人、部下の兵士に玉砕を命じながら敵前逃亡する将校、こういう人々は単に自己の利益を追求しているだけでなく、エゴイストとしてそうしているのである。正義の基準についていかなる見解をもつ者も、これらの人々を「不正な人」として非難するだろう。例えば、生命価値は敵前逃亡を正当化するほど重いと信じる人でさえ、先の将校の行動は不正として批判せざるを得まい。（将校と兵卒との身分の差は、敵前逃亡の是非に無関係であることを当然ここでは前提している。この前提を拒否する人々に対しては、先の例を兵卒間、将校間のやり取りとして再構成して提示すればよい。）

かかるエゴイストたちが絶対的不正者であるのはなぜか。それは彼らが自分の場合と他人の場合とを、理由なく差別的に取扱っているからである。言い換えれば、自分が置かれた状況と他人が置かれた状況とが同様である（両者を区別する重要な特徴を差当り挙げることができない）にも拘わらず、一方が自分に関わり他方が他人に関わるが故に、即ち、当事者の個体的同一性における相違の故に、二つの状況において為さるべき行動に差別を設けているからである。

ここから共通の正義概念の内容として次の格率が引き出せよう。即ち、二つの事例を個体的同一性における相違のみに基づいて差別的に取扱ってはならない。二つの事例の差別的取扱いが許されるのは、両者の間に普遍的特徴における重要な相違が存在する場合に限る。（普遍的特徴とは、固有名詞・確定記述・時空座標など、特定の対象や領域のみを指示する表現を使用しないで記述できる特徴である。）

この格率は、複数の事例の取扱いの等・不等は当事者の個体性にではなく、当事者に帰属する普遍的特徴にのみ依存すべきであるとする点で、普遍主義的要請と呼び得る。この普遍主義的要請こそ、「等しきものは等しく扱え（Treat like cases alike.）」という正義の古典的定式の核心をなす。この定式は通常、諸事例を類型化した上で各事例をその属する類型に応じて取扱うことを要求するものと解されているが、「類型」が普遍的特徴のみによって定義できる集合を意味するのであれば、類型化の要求とはまさに、個体的相違に基づく差別を禁止する普遍主義的要請に他ならない。

この定式が表現する普遍主義的要請、あるいは類型化要求という原理が、共通の正義概念を構成しているということは、正義の基準に関する様々な立場を表現する標語的諸公式が、すべてこの定式の具体化として解釈できるということによっても示される。即ち、「各人に同じものを」、「各人の能力に応じて」、「各人の労働に応じて」、「各人の人格的価値に応じて」、「各人の身分・階級に応じて」、「各人の必要に応じて」、「各人の功績に応じて」、「各人の権利に応じて」、「各人の将来性に応じて」、「各人の努力と犠牲に応じて」、「責任に応じて」、「法益侵害に応じて」、「矯正可能性に応じて」、「眼には眼を」、「当事者の合意に応じて」、「市場価格に応じて」等々、多種多様なこれらの公式はすべて、「等しきものは等しく」という定式が表現する類型化の要請を共有し、かつこの定式が前提しながら明示していない類型化の基準、等・不等を決定する「重要」な普遍的特徴を、多かれ少なかれ具体的に規定しているのである。逆に言えば、この定式は正義基準を規定する多種多様な諸原則に共通の構造を、即ち、他でもなくまさに正義の基準を示していると言えるために、これらの原則がもたなければならない構造を示している。この意味で、この定式が表明する共通の正義概念を形式的正義理念と呼ぶことができよう[6]。

（アリストテレス以来、正義を「配分的正義（distributive justice）」と「匡正的正義（retributive or corrective justice）」とに分けるのが慣例である。アリストテレスはさらに匡正的正義を、犯罪や不法行為のような不随意的交渉に関わるものと契約のように随意的交渉に関わるものとに区別したが、後世では特に後者が「交換的正義（commutative justice）」の名で呼ばれることもある。しかし、このような区別は異なった正義理念の間の区別というよりも、正義論が対象とする問題領域の区別である。「等しきものは等しく」という同一の正義理念がこれらの相異なる問題領域を貫いて妥当することは、この定式に包摂されるものとして先に例示した正義基準の諸公式が配分的正義に関わるものだけでなく、匡正的正義・交換的正義に関わるものも含むということからも明らかであろう。

勿論、問題領域の違いに応じて、関連する基準にもタイプの相違がある。幾何学的比例と算術的比例というアリストテレスの粗雑な定式化も、この辺の事情を反映していると思われる。しかし、これを正義理念の相違と混同してはならない。）

共通の正義概念の内容が「等しきものは等しく」という形式的原理にとどまるということは、多くの人々を失望させるに違いない。この原理が要求しているのは単に一般的準則に従って行動せよということにすぎず、いかなる一般的準則が正しいのかという肝心の問題については何も答えていないように見える。従ってまた、この原理は所与の法の公正な適用を要求するだけで、法そのものの評価についてはいかなる指針も与えていないように見える。さらに、形式的正義理念があらゆる準則や法を許容するとすれば、それは結局あらゆる行動・決定を許容してしまうのではないかという疑問も出てこよう。代表的な実証主義法哲学者の一人であるアルフ・ロス――彼も「等しきものは等しく」という定式を正義の概念規定として採用しているが――はこのような見地から、一般的準則の評価において適用される正義の概念は全く無意味・無内容であるとする。さらに進んで彼は、この場合正義に訴えることは「机をバンと叩くことと同じ」で、自己の要求を絶対的公準に変える感情的表現にすぎず、相互理解による理性的論議を不可能にすると主張する。(7)

しかし、このような批判・懐疑は形式的正義理念についての不充分な理解に基づくものである。三つの点がここで注意されなければならない。

第一に、形式的正義理念は何らかの類型化の基準を補われない限り、いかなる行動をも正当化するという主張は偽である。正義の普遍主義的要請は先に見たように、エゴイストの行動様式を不正として排除する。一般的に言えば、この要請は個体的相違に基づく一切の差別を禁止するが、これにあたる行動・決定は人間界では少なくない。

形式的正義理念自体が既に一定の規範内容をもっているのである。

第二に、法に関して形式的正義理念が要求するのは所与の法の公正な適用にすぎないという、しばしばなされる主張も偽である。法自体の評価に関しても、それは特定対象を指示する法規の禁止、とりわけ、特定の個人または団体を名宛人とする法規の禁止という明確な要求をもつ。このような法規も、指示された特定対象以外の諸要素の少なくとも一つが普遍的タームで記述されている限り、一般的準則としての論理的身分をもつが、正義の普遍主義的要請には反する。例えば、「内閣総理大臣はすべての税および公役を免除される」という法規は普遍主義的要請に反しないが、「井上達夫はすべての税および公役を免除される」という法規はこれに反する。前者の名宛人たる「内閣総理大臣」は特定の個人ではなく、一定の条件を満たしさえすればどの個人も保有し得る資格であるのに対し、後者は特定の個人に向けられたものであり、特定個人を資格その他の普遍的特徴によってではなく、その個体性によって、他の個人と差別して取扱っているからである。(因に、名宛人が「天皇」の場合はどうか。「天皇」は一応資格であるが、世襲原理に基づいている以上、その要件規定において特定個人(神武天皇?)への指示を原理上含まざるを得ないから、真の普遍的資格ではないのではないか。もしそうだとしたら、「天皇はすべての税と公役を免除される」という法規は形式的正義理念に反することになるだろうか。これは読者のための練習問題にしておきたい。)

法の「一般性」の要求はしばしば強調される原理であるが、これが単に、法規は一回限りの特定の事例にではなく、複数の事例に規則的に適用され得るものでなければならないという意味しかもたないのであれば、きわめて無力、あるいは内容に乏しい原理と言うしかない。このように解釈された「一般性」要求は、先のような特定主体を名宛人とする法規(これも複数事例への規則的適用が可能である)さえ排除できない。しかし、正義の普遍主義的要請から帰結する法への「一般性」要求は、特定個体への指示を一切禁止するものであり、単なる規則性への要求以上の実質的意義をもつ。それは先ず、国家が特定の個人や団体を理由なく優遇したり不利に扱うことを禁じ、国家をしてすべての国民の国民としての地位を平等に配慮させる。さらにまた、市民生活への国家権力の恣意的介入を抑止し個人の自由を保障する上でも、正義が要求する法の「一般性」は必要不可欠の――充分か否かは別として――条件をなす。(8)

ルソーは彼の「一般意志（la volonté générale）」の概念に意志の対象の「一般性」をも含ませ、そこから一般意志の表明たる法はいかなる個別対象も志向し得ないという「一般性」要求を導出しているが、彼もまたこのような議論において正義の観念――ルソーはこれを「公正（rectitude）」とか「公平の原則（le principe d'équité）」と呼んでいる――に依拠している。(9) 正義概念から帰結する法への「一般性」要求の核心が単なる規則性への要求にではなく、一切の特定対象への指示の排除をめざす普遍性要求にあることを、ルソーも自覚していたと言ってよい。

第三に、特定個体への指示を一切含まない普遍的準則の評価に関しても、正義は何も要求しないわけではない。（このような準則を今「普遍的」と呼んだのは、先に見たように一般的準則は必ずしも個体指示を一切含まないとはかぎらないからである。この意味での「普遍的準則」を「普遍的に妥当する準則」と混同してはならない。）正義は第一次的には個々の行動・決定の普遍的準則による正当化を要求するが、かかる普遍的準則の選択行為自体にも形式的正義理念は適用可能である。

異なった普遍的準則を正義の基準として採用し、相対立している二人が、ともに「この準則は私が選んだのだから正しい」とか、「その準則は私が反対しているから不正だ」と言い張ったとしたら、両者とも正義の普遍主義的要請に反していることになる。なぜなら、このとき両者はともに二つの準則の受容者・反対者をその個体的同一性における相違を理由に差別的に取扱っているからである。準則の自明性を根拠にする場合も同様である。この場合も、二人とも相手にとっての自明性よりも自分にとっての自明性を、両者の個体的相違のみに基づいて優先させているからである。

このように、普遍的準則自体に適用された形式的正義理念は、かかる準則の選択を「実存的決断」や自明性の問題にすることを禁じ、それをより高次の普遍的準則によって正当化することを要求する。このような高次の準則をめぐって対立が生じた場合も同様である。この過程は一致できる原則が発見されるまで続く。従って、正義に対する先のロスの批判、即ち、正義は自己の要求を絶対化するイデオロギーであり、相互理解による理性的論議を不可能にするという批判は的を得ていない。むしろ、正義は論議の各参加者に、相手と共有できる原則に到達できるまで絶えず自己の主張の根拠を問い直すことを要求する理念なのである。

正義概念についての以上の分析から、我々が共有している正義概念の核心が普遍主義的要請にあること、この要請はある意味で形式的な原理であるが、決して無内容ではないこと、さらに、この正義概念は非合理な独断的態度を助長するどころか、むしろそれを禁じ、正義をめぐる論議の理性的遂行を要求するものであることが明らかになったと思われる。

正義概念がこのような性格をもつということから、正義についての規範的理論が取組むべき問題も自ずと確定される。

第一に、形式的正義理念自体の根拠と限界の問題がある。普遍主義的要請自体はそもそも正当化可能か。可能だとすればその根拠は何か。それが他の価値と相剋する場合、いずれが優先さるべきなのか。他の価値がこの要請を覆すことはないのか。あるとすれば、いかなる条件の下でか。

第二に、正義の基準となる普遍的原則が何かを示し、それを正当化することが問題となる。このような原則は単一である必要はない。複数存在するときは、その間の優先順位を決定するルールか、またはそれに代わる何らかの調整手続が示されなければならない。かかるルールや手続も正当化を必要とする。また、正義原則は特定されなくてもよい。正義原則の内容を各時代・各社会固有の諸条件に多かれ少なかれ依存させる立場も考えられる。この場合には、変数となる条件が何であるか、また、この変数の一定の値に一定の正義原則を対応させる関数が何であるかを示し、このような変数および関数を規定する原理を正当化する必要がある。

第一の問題は、第二の問題について異なった立場を取る人々が、共通の前提としている正義理念の根拠と限界に関わっているから、哲学的には後者よりも根源的な問題である。しかし、最近の正義論議の主たる関心は第二の問題に向けられており、第一の問題の重要性は必ずしも正当に評価されているとは言えない。従って、規範的正義理論の主要類型の検討に移る前に、第一の問題の意義について若干考察を加えておきたい。

3　エゴイズムの問題

形式的正義理念の根拠と限界の問題は、エゴイズムの問題と不可分の関係にある。

われわれは先にエゴイストを、正義の普遍主義的要請そのものを否定する「絶対的不正者」として性格付けた。エゴイストをして絶対的不正者たらしめているのは、自己と他者との個体的相違に基づく差別の実践、あるいはそのような実践の是認である。このような個体化された差別は、先に例示したような利己的行動に限定されない。特定の他者や団体を、それが自己の偏愛または同一化の対象であるが故に、他の個人や団体（これらも他の人々にとっての偏愛・同一化の対象である）と差別して優遇する「拡張された利己主義」も狭義の利己主義と並んで正義の要求に反している。それだけではなく、純粋な利他主義でさえ、実は正義の普遍主義的要請に反しているのである。なぜなら、かかる利他主義者も、自分を有利に扱うか他者を有利に扱うかの違いはあっても、利己主義者と同様、自己と他者とを個体的同一性における差異のみに基づいて差別的に扱っているからである。

自己と他者との個体的相違に基づく差別を実践または許容する以上のような立場を統括して、エゴイズムと呼ぶことにしたい。拡張された利己主義者も純粋な利他主義者も、「自己(ego)」という個体への指示なくしては定義できない対象(自分以外の人、私のお気に入り、私の子、我が祖国、我が民族等々)を、被指示項が自分であるが故に、他者にとって同様な仕方で定義される対象よりも有利に扱うからである。このエゴイズムの概念は行動の一定の論理的特性に関わるものであり、倫理的評価は含んでいない。

純粋な利他主義も正義の理念に反しているという主張に対しては、通常かかる利他主義者は「不正」という非難を受けないではないかという反論がなされるかもしれない。しかし、この事実は利他主義が正義理念と矛盾しないということを意味せず、むしろ純粋な利他性が正義と対立する道徳的価値であり、この価値が通常、正義価値に優先しその要求を覆すことを示しているのである。正義概念を純粋な利他性と矛盾しないように定義し直すことは、論理的に異質な要素を正義概念に盛込むことによってこの概念を曖昧にするだけでなく、異質な諸価値・諸理念の間の対立・相剋という我々の道徳世界の実相を見失わせることになろう。

この利他主義の例が示しているように、普遍主義的要請としての正義理念は唯一絶対の価値ではない。それは種々ある道徳的・政治的諸価値のうちの一つにすぎず、他の価値によって覆されることもあり得るという意味では「相対的」な価値である。しかし、これを承認することが価値判断の原理的主観性・恣意性を説く価値相対主義とは無関係であることは言うまでもない。

純粋な利他性以外に正義と対立し得る価値として、例えば、慈悲・愛・自由などがある。これらの価値も、単に特定の正義の基準とではなく、正義理念自体と対立する限り、個体的相違に基づく差別というう特質をエゴイズムと共有するのである。

例えば、ある国の元首が慈悲心からある死刑囚を特赦したが、この死刑囚と全く同じ境遇に生きて同じ罪を犯し、死刑の宣告を受けた別の男を、以前特赦せずに処刑させていたとしよう。二人の死刑囚の条件は境遇と罪状以外の点でも、すべて等しかったと仮定する。この場合、元首の特赦の行為は明らかに正義の普遍主義的要請に反する。二人の死刑囚を彼らの個体的相違のみにより差別することになるからである。しかし、慈悲はそれでもこの特赦を要求するだろう。慈悲の関心はまさに、今ここに存在するその個体を救うことであり、個体をそれが属する普遍的類型に応じて扱うことではないからである。

同様の事態は愛についても生じ得る。愛は慈悲以上に個体性への関心と深く結びつく。例えば、ある病気を治す薬が一人分しか提供できないときに、ともにその病気で死にかけている子供を抱えた二人の母親が、その薬を奪い合うという状況を考えてみればよい。これは拡張された利己主義の例であると同時に、愛の本質である個体性への関心と配慮が正義の普遍主義的要請と対立する例でもある。二組の母子の条件が等しければ、正義はこの場合、折半、くじ等、何らかの平等な扱いを要求するからである。

正義理念と自由との間には、法の一般性の要求に関して述べたように一定の結び付きがあるが、これは両者が予定調和の関係にあることを意味しない。自由の理念自体の内に正義理念と対立する要素が既に含まれている。自由とは本来自己決定の自由あるいは選択の自由である。個人は自己の決定・選択が何らかの普遍的原則に照らして正しいからではなく、それが自己の決定・選択であるが故に、それに従うことを承認される、これが自由の核心である。他者の決定・選択ではなく自分のそれに従うことを自由が承認・要求するのは、両者の決定・選択の間の何らかの普遍的特徴における相違ではなく、まさに決定・選択の主体の個体的同一性における相違、自己と他者との個体的相違を根拠にしている。その限りで、自由はエゴイズムと概念的連関をもち、正義との対立を孕んでいる。正義と自由は双方が互いに譲歩する場合にのみ両立し得るのである。即ち、両立のためには正義の方は、普遍的準則による正当化を必要とせず「自分がこれを選んだから」で済む生活領域を個人に承認し、自由の方は、個人の決定・選択を一定の普遍的準則に一致させるべき領域が存在することを承認しなければならない。

このように、正義理念と対立する諸価値は自己と他者との個体的相違に基づく差別というエゴイズムの構造を有しているか、あるいは、自己と他者との間でなくても何らかの個体的相違による差別に立脚する点でエゴイズムと類似している。(10) 後者の場合も、自己の個体的差別を同じ状況における他者の、これと対立する個体的差別に優先させるときは、エゴイズムそのものとなる。

エゴイズム、あるいは個体的差別は法においても一定の位置を占める。先に、正義は法の本質的理念であるとしたが、あらゆる国家法は正義の普遍主義的要請に対して一定の原理的限界をも同時に有している。国家はその法の適用を基本的には自国民または自国土に限定する以上、国家法は自国民と他国民、自国土に存在する者とそうでない者とを差別的に扱うことになる。(例えば、バングラデシュやエチオピアの飢えた人々に生活保護を支給する法的義務を日本政府はもたない。)しかも、この場合、自国土や自国民を、歴史上一定の時点で存在した特定の人間集団や特定の時空領域に言及することなく、普遍的特徴のみによって定義することは不可能である。このような差別は言わば国家の「自己性」に立脚するエゴイズムであるが、現在の世界ではこれが依然として一定の政治的正当性を承認されている。(11)

エゴイズムをめぐる以上の簡単な考察から、道徳や政治の世界には個体性に立脚する様々な価値が存在し、これらが正義の普遍主義的要請と対立・相剋していることが分かる。正義理念のこのような地位は、この理念の限界の問題の重要性を示すと同時に、この理念から自明性を奪い、その根拠への問いを促さずにはおかない。そもそもなぜ、普遍主義的要請に従わなければならないのか。正義理念と対立する諸価値がエゴイズムと同一の構造をもち得るとすれば、この問いは「なぜエゴイストであってはいけないのか」という形で表現することもできよう。

正義理念の根拠の問題は二重の意味で重要である。第一に、もしこの理念が根本的に誤ったものであるならば、その具体的基準をめぐる一切の論議は無駄になる。我々は普遍的準則を求める必要はなく、利己的にか、または、個体性に基づく価値のみを尊重して生きればよいことになる、従って、この問題は正義論の存在理由に関わっている。第二に、正義理念が一応正当性をもつとしても、他の価値と衝突した場合に、いかなる仕方でその対立が調整さるべきか、即ち、この理念の限界がどのように確定さるべきかは、この理念の根拠を明らかにしない限り答えることができない。

エゴイズムの問題はこのように正義理念の根拠と限界に関わっており、正義論の根本問題であると言える。ただ、念のために付け加えると、エゴイズムが正義理念そのものを否定するからといって、これを倫理的虚無主義や倫理的主観主義と混同してはならない。エゴイストは個体性に基づく倫理的価値を尊重できるし、正義理念に内在する特定の要求を、これより正しいと彼が信じる価値に照らして、客観的に誤ったものとして斥ける立場をとることもできる。従って、虚無主義や主観主義に対する批判を以て、エゴイズムに対する批判に代えることはできない。言い換えれば、エゴイズムの問題は正義論議の認識論的基礎に関わるメタ正義論の問題ではなく、規範的正義論の問題なのである。(12)

三　正義理論の諸類型

正義概念の分析から確定された規範的正義論の諸問題は、いずれもきわめて重要な、しかし困難な問題である。言うまでもなく、これらの問題に万人をして納得せしめる解答を与えた理論は未だ存在しない。しかし、現在大きな影響力をもつ理論的立場はいくつか存在する。ここで簡単に検討しておきたい。

1　功利としての正義

「最大幸福の原理（the principle of the greatest happiness）」に立脚する功利主義は、その単純さと統一性、さらに経験主義的色彩によって、広範な支持を得てきた、そして現在もなお得ている正義理論の一類型である。それは社会に属するすべての個人の幸福の総和（あるいは平均値[13]）の最大化を決定や行動の正しさの唯一の基準とする。功利主義はしばしば、正義理念自体に対立するものとみなされるが、普遍主義的要請を正義理念の核心とみるならば、功利主義もまた一つの正義基準を示すものと言わなければならない。なぜなら、功利主義は社会全体の幸福の算定にあたって、「何人も一人として算入されなければならず、且つ何人も一人以上に算入されてはならない（Everybody is to count for one, nobody for more than one.）」[14]という有名な格言が示す公準——以下、平等算入公準と呼ぶ——に依拠しているからである。この公準の下では、異なった諸個人の幸福もその程度において等しければ、社会全体の幸福に等しい寄与をなすものと認められ、個人の幸福の尊重において個体性の相違による差別が禁じられる。

正義の普遍主義的要請はこのように、功利の原理（最大幸福原理）それ自体のうちにその一要素として既に組込まれている。従って、普遍主義的要請を功利の原理によって正当化することは不可能である。正義のこの要請が従われる場合の方が、そうでない場合よりも社会全体の利益になるということが仮に言えるとしても、功利主義の観点からはこの主張は、平等算入公準に体現された普遍主義的要請を前提しない限りなされ得ない。もっとも、社会全体の幸福を諸個人の幸福に還元し得ないような仕方で規定して、平等算入公準に依拠する必要をなくすならば、功利の原理による正義理念の正当化可能性は論理的には排除できなくなる。しかし、この場合功利主義は諸個人から独立した抽象的実体としての社会の幸福を追求することになり、その本来の形において有する説得力を殆ど失うことになろう。

正義理念の限界の問題に対する功利主義の解答はこの限界の否定である。功利主義は法・道徳・政治等、全実践領域を通じて功利の原理を究極の原理とみなしており、これに矛盾するあらゆる価値の妥当性を否認する。これは功利の原理という形をとった正義基準の万能を意味する。後述するように、功利の原理はときに通常人の正義感覚に反する帰結をもつが、これは功利の原理がそれとは別の、広く受容されている正義基準と対立し得ることを示し、この原理が正義理念自体に反する価値、個体性に立脚する価値を支持することを示すものではない。

正義基準としての功利の原理の妥当性についてはどうか。ベンサムは功利の原理に代わり得る、しかも首尾一貫して従われ得る原理の不在を以て、功利の原理の正当化根拠とした[15]。しかし、この議論は功利主義に対立する整合的な（理論内容において整合的であるだけでなく、人間が首尾一貫して従う動機をもち得るという意味でも整合的な）代替理論を構成することができれば破綻するから、決定的な正当化にはならない。（因に、ロールズの正義論は、成功しているか否かは別として、かかる代替理論を提示してベンサムの挑戦に応えようとする試みである。）

功利主義を正当化するもう一つの有名な古典的議論は、ジョン・スチュアート・ミルによるものである。彼はあるものが「可視的（visible）」であるとか「可聴的（audible）」であるとかの唯一の証明は、人々が実際にそれを見たり聞いたりしていることに存するのと同様に、あるものが「望ましい（desirable）」ことの証明は人々が実際にそれを望んでいることにしかないとした上で、各人は自己の幸福を望んでいるということから、社会の一般的福祉がすべての人々にとっての善であるという功利の原理が導出可能であるとする。(16)

この議論は〈desirable〉という語の特殊性――「望み得る」という形式をもちながら「望まるべし」を意味する――を利用して、事実言明から当為言明を導出する「自然主義的誤謬（the naturalistic fallacy）」を犯すものであるという批判がしばしばなされる。(17) しかし、もし全人類が等しくあるものを他のどれよりも望んでいるとしたら、このことはそのものが人類にとって、特別の理由がない限り実現さるべき価値であることを示す一つの理由になるだろう。「すべての人が一致して最も強く望んでいるものは、可能な限り実現さるべきである」という規範がここで前提されているが、この規範の受容を拒否することは性質上不可能である。拒否者はすべての人が望んでいるものを自分では真に望んでいないことになるが、仮定によりそのような者は存在しないからである。

ミルの議論の最大の弱点はむしろ、各人にとって自己の幸福が望ましいということから、「人々の総体（the aggregate of all persons）」にとって社会全体の幸福が望ましいという結論を導出している点にある。「総体」が諸個人を超えた抽象的人格を意味するならば、この議論は社会を擬人化するものという批判を招くだろう。いずれにせよ、これでは各個人が功利の原理を受容すべき理由を与えたことにならない。他方、「総体」が単にすべての個人を意味するのであれば、この推論は明らかに誤りである。全体の幸福を望まずに、あるいはそれを犠牲にしても、自己の幸福を望む人は少なくない。たとえ社会全体の幸福の増進を計ることが長期的には個人の幸福の増進に資するとしても、限られた一生を生きる特定の個人にとっては、彼自身の幸福と社会全体の幸福とは矛盾し得る。

功利の原理を正当化する古典的議論の欠陥の他に、功利主義はこの原理の適合性に関わる多くの問題を抱えている。いくつかの主な問題に触れておきたい。

第一に、幸福の比較・評価の問題がある。そもそも諸個人の幸福を量的に測定して、そこから社会全体の幸福を算出するなどということが可能であろうか。これが不可能であれば功利主義は破綻する。ベンサムは幸福を快楽の増大または苦痛の減少として規定することによりこの問題に答えようとした。しかし、同一の個人の異なった状態、あるいは異なった個人の間に、共通な心理学的基質としての快苦が存在するという前提は経験的に疑わしい。のみならず、快苦だけに注目するならば人々が現実にもっている願望を一切無視することが可能になる。例えば、それを飲めば生涯無限大の快楽を感じながら眠り続ける植物人間になる薬が発明されたとすると、功利主義はその薬を、望まない人間にも強制的に飲ませることを正当化することになろう。これは人々の欲求・願望を可能な限り最大限に実現するという功利主義本来の趣旨とも矛盾する。

快楽説的功利主義のかかる欠陥に鑑み、現代の功利主義者は人々の「選好（preference）」の実現の最大化という見地から、功利の原理を再解釈している。しかし、この場合でも、単に選好の順位だけでなく、同一個人における複数の選好の強度の比較測定の問題や、選好強度の異個人間比較の問題という厄介な問題がある。これらの問題の困難さは功利主義に対する方法論的懐疑を多くの人に抱かせ、経済学においては一九三〇年代に、これらの問題が解決不可能であるという判断の下に、功利主義を放棄して「パレート最適」の基準に立脚する新厚生経済学が誕生した。しかし、その後、二〇年代に既になされ後になって発見されたフランク・ラムゼイの仕事や、これと独立に四〇年代に、ゲーム理論の創始者ジョン・フォン・ノイマンとオットー・モルゲンシュテルンによってなされた同様の仕事によって基数効用概念が復権すると、上述の問題を解決して功利主義の基礎を再確立する試みが再び行なわれるようになっている[18]。ここではこれらの問題にこれ以上立ち入れないが、異個人間比較の問題は、他人の立場に立った仮設的選択に関わる想像力の問題や、平等算入公準の根底にある人格的平等の要請の解釈の問題など、技術的処理のみでは解決できない哲学的問題を孕んでいることを指摘しておきたい。

第二の問題は我々の知識の限界に関わる。功利主義の企図を完全に実現するには、あらゆる人々の絶えず変化する欲求・願望やあらゆる人間行動のあらゆる帰結を知り得ることが前提となるが、このような全知は人間には不可能である。従って、実現可能な形態の功利主義は既知の欲求・願望を既知の事実に基づいて最大限に実現する措置を提唱することになるが、このような措置はかえって複雑な社会システムの円滑な働きを阻害してしまうのではないか。社会、少なくとも近代以降の大規模な社会は誰もそのわずかな一部しか知らない膨大な情報を動員しつつ、誰もそのごく一部しか知らない多様な不特定多数の欲求・願望の充足を可能にするきわめて複雑なシステムであり、かかるシステムの存続を可能にしているのは、既知の情報に基づく功利主義的考慮によっては正当化できないが、歴史的・伝統的に発展してきた抽象的・一般的な行動準則ではないのか。功利主義は意識されている欲求・願望にとっての効用を明示できない、あるいはときにそれと矛盾さえする準則を否定することにより、かかる準則に依存する知られざる秩序を崩壊させ、かかる秩序の内で調整され活性化されている諸個人の自由をも破壊してしまうのではないか。このような視角から功利主義の問題点を鋭く剔出しているのはF・A・ハイエクである[19]。

ベンサムは個人の目的とその達成のための手段とに関する知識、およびその目的の追求への動機付けを最も多くもつのは当の個人であるから、個人の幸福増進の最善の方法は個人の自由を可能な限り尊重することであることを承認していた[20]。しかし、彼は諸個人の間に散らばる情報の総体を知る者が誰もいないという条件が、社会全体の幸福の増進をめざす功利の原理に対してもつ意義を突き詰めてはいない。この無知の条件に適合するように功利主義を再編成することが可能か、可能とすればいかにしてか、これはすべての功利主義者に課せられた問題である。

第三の問題は功利主義が多くの人々の正義感覚に反し、功利主義者自身もためらわざるを得ないような帰結をもち得ることである。例えば、ある政治運動の指導者を無実の罪で処刑することが内乱を回避して多数の人命を救うのに必要な場合や、人々の一割を他の九割の人々の奴隷にすることが、奴隷が存在しないときよりも社会全体の欲求充足度を高める場合には、功利主義は個人を全体の、少数者を多数者の犠牲にすることを正当化する。功利主義者はこのような場合もよく分析すればかかる措置が社会の長期的利益に反することが判明すると反論するかもしれないが、これは的を失している。このような反論を不可能にするような形で仮設的状況を設定することは常に可能であり、功利主義が多くの人に不正と感じられる帰結をもつ仮設的状況が存在することこそが問題だからである。

功利主義が我々の正義感覚に反する帰結をもつのが、きわめて特殊な例外的状況に限られているのであれば、このことは功利主義にとって致命的な欠陥とは言えないだろう。いかなる規範的理論も我々の個別的直観と完全に一致することはあり得ない。むしろ、それが理論である限り、ときには我々の直観的判断を修正し指導できなければならない。しかし、功利主義と通常の正義感覚との衝突は例外的状況に限定されておらず、もっと根が深い。これは特に、功利主義が個人的選好、即ち、選好主体自身への財・機会等の分配に関する選好だけでなく、R・M・ドゥオーキンが「外的選好（external preference）」と呼んだもの、即ち、他者への財・機会等の分配に関する選好をも算入せざるを得ないという事情に起因している(21)。

外的選好が功利主義的計算において考慮されると、功利主義が正当化する社会体制は多数派の社会的・宗教的・人種的諸偏見を体現したものとなる。従って、人種差別、宗教的差別、思想・信条による差別、出身階級による差別など、多数派が支持するあらゆる差別を功利主義は正当化することになる。また、単に大衆の嫉妬やサディズムを満足させるためにのみ諸個人を犠牲に供することも許容されるだろう。

この帰結を避けるには、功利主義は外的選好を考慮の対象から排除しなければならない。しかし、外的選好もそれが実現されれば個人的選好と同様、選好主体に満足をもたらす。また、人々の欲求・願望を充足される欲求・願望が何であるかに関わりなく、それ自体として善であるとするのが功利主義の根本前提である。[22]従って、外的選好の排除は功利主義の一貫性を損う。それだけではなく、ドゥオーキンが示したように、外的選好は個人的選好と不可分に結びつき相互に依存しているから、純粋な個人的選好のみを考慮し得るような形で両者を識別することは不可能である。[23]

功利主義はこのように、その理論的斉一性に基づく知的魅力にも拘わらず、種々の困難を抱えている。特に最後に挙げた問題は、徹底的な功利主義的立場の受容を人々にためらわせる最も大きな要因である。そこに見られる各個人の別個独立性への配慮の欠如は、功利主義に限らず、集合的目標の実現の最大化を志向するあらゆる目的論的道徳理論・政治理論に共通しているが、功利主義において典型的な表現を得ていると言ってよい。

2　権利としての正義

個人の別個独立性を尊重する立場から、功利主義等の目的論的正義観を斥ける人々が依拠するのは「個人権(individual rights)」の観念である。彼らは正義の核心を個人の権利の尊重に求める。かかる立場を権利志向的正義観と総称したい。「正義とは各人に彼の権利を帰さんとする恒常的にして不断の意思なり（Justitia est constans et perpetua voluntas jus suum cuique tribuendi）」という有名な古典的定式、あるいはその一層ポピュラーな省略形「各人に彼のものを（suum cuique）」は、この正義観の最も一般的な表現と考えられる。

一口に権利志向的正義観と言っても、諸個人がいかなる権利をもつかについては立場は様々に分かれる。しかし、この正義観を受容する人々は諸個人の別個独立性の尊重——各人の生は誰のものでもなく彼自身のものであることの承認——を根本的前提にしている限り、個人権の具体的内容については見解を異にしても、次のような構造をもった個人権概念を共有している。即ち、ある個人があるものに対し権利をもつと言えるためには、その個人の権利行使に対する社会の干渉が、仮にそれが社会の一般的福利など、何らかの集合的目標の達成を促進するとしても、特別の理由がない限り禁じられていなければならない。[24] 換言すれば、個人権は社会が集合的に追求する諸目標の一つではなく、むしろ、かかる目標追求に対する「横からの制約（side constraints）」であり、かかる目標との比較衡量が原則として許されない。[25]

かかる個人権を諸個人に帰する権利志向的正義観は、集合的目標追求のための犠牲要求に対する一定の拒否権を個人に与えるものである。その意味で、この立場はいかなる個人も他者の単なる手段としてではなく目的自体として扱わるべしというカント的理念を体現するものと言える。個人の別個独立性の尊重とは個人の自己目的性の承認に他ならない。

個人の自己目的性と結合した個人権概念が非目的論的、あるいは反目的論的な仕方でしか規定できないものかについては、個人権の基礎付けの問題とも関連して、論議の余地がある。しかし、この問題にどう答えるべきかは、「目的論（teleology）」やそれと関連した「帰結主義（consequentialism）」という言葉で何を意味するかに依存するところが大きい。いずれにせよ、ここで問題にする「反目的論的」個人権理論の基本的な趣旨は明確である。この立場が集合的目標との対比において個人権概念を規定するのは、何らかの集合的目標の達成を促進する限りでしか個人が権利をもち得ないならば、個人はその集合的目標のための単なる手段として扱われることになるからである。従ってまた、諸個人の権利実現の総和の最大化、あるいはその侵害の総和の最小化を集合的目標として設定し、この目標を常に個人の権利に優先させる立場も、この個人権概念の下では許されない。これはロバート・ノーズィックが「権利功利主義（utilitarianism of rights）」と呼んだ立場であるが、[26] この立場もまた、社会における権利実現の全般的実効性をわずかでも高めるために個人の権利を侵害することを正当化する点で、個人を他者、あるいは社会一般のための単なる手段として扱うからである。

権利志向的正義観を採る人々の間には、ここで規定されたような個人権の尊重の要求を以て、単に正義の一基準としてではなく、正義概念の本質的要素とみなす者が少なくない。このような立場からすれば、功利主義のような目的論的正義観は誤まった正義観である以前に、そもそも正義観ではない、換言すれば、正義についての‘misconception’ではなく‘misconcept’である、ということになろう。しかし、正義概念の共通の核心を普遍主義的要請に求める我々の立場からすれば、既述のように、功利主義もまた正義概念を具体化する一構想である。そして権利志向的正義観も功利主義のような目的論的正義観とは異質であるが、やはり正義の基準に関する一構想であり、前者と同一の論理的平面において競合するものとみなされる。確かに、権利志向的正義観を総括する「各人に彼のものを」、あるいは「各人の権利に応じて」という定式は個人権の内容、即ち、何が「彼のもの」かを特定していないという意味では形式的であり、正義概念の抽象的・一般的規定のように見える。しかし、そこで前提されている個人権概念がその構造において反目的論的である限り、かかる定式は「等しきものは等しく扱え」という正義の理念を具体化する一つの観点、即ち、等・不等の実質的基準を構想するための一つの観点を提供していると言える。

正義・権利・功利という三つの概念の関係に関して興味深いのはミルの見解である。彼は「正義の意味するところは、することが正しく、しないことが間違いというだけのものではなく、ある個人が自分の道徳的な権利として我々から要求できるものなのである」[27]とした上で、このような正義は通常、便宜や功利とは異質のものとみなされているが、根本的には一般的功利の見地からの要請として解釈できるとする。道徳的権利の保護が生み出す効用は、彼によれば、「安全（security）」である。安全はあらゆる善の価値を多少とも持続的に保有するのに不可欠のものであるから、何人も安全なしでは済ませられず、何人にとっても安全はあらゆる利益の中で最も重要なものであるとされる。正義と便宜ないし功利とが異質のものに感じられるのは、ミルによれば、正義感情が仕返しという非理性的要素を含むことに加えて、正義に依存する安全という利益の重要性故に、通常の功利の要請よりもはるかに強い感情的色彩と拘束力を正義が付与されているからである。[28]

ここにも、功利の原理の正当化の場合と同様、個人的観点と社会的観点とのミル特有の混同が見られる。権利保護がもたらす安全が個人に、、、とって最重要な利益であるということから、各個人の安全が社会の一般的功利の見地からも最重要な要因であるということは帰結しない。一般的功利の見地に立つ限り、個人の権利の保護がもたらすその個人にとっての安全という利益を、その侵害によって得られる他の多数の人々の安全その他の利益が多少とも上回れば、常にその権利の侵害が許容される。従って、純粋な功利主義の観点からは、個人が自己の、、、道徳的権利として要求できるような正義、即ち、社会の一般的利益のための犠牲要求に対する拒否権を個人に与えるものとしての正義は基礎付けられない。正義と功利主義との調停可能性を示すためには、我々がそうしたように、正義概念の核心をなす普遍主義的要請とそれを具体化する一つの立場としての権利志向的正義観とを区別し、功利の原理の一部をなす平等算入公準が前者のコロラリーであることを示さなければならない。実はミル自身もこの点についての洞察を示すような議論を別に行なっているのである。[29]

権利志向的正義観が個人に帰する反目的論的な個人権は個人にとってきわめて強力な道徳的武器である。それは個人を全体のための犠牲にすることを抑止する反面、ある場合には社会の一般的利益を個人のために犠牲にする。例えば、人々が自家用車を購入して使用する権利をもっているとしたら、もし自家用車の使用を全面的に禁止すれば毎年交通事故で失われる多数の人命のかなりの部分が救われ、大気汚染等の環境への悪影響も著しく減少し、エネルギーの節約にも大いに貢献するなど、きわめて大きな社会的利益がもたらされることが確実に知られており、しかも、それが自家用車の使用禁止によって失われる社会的利益を上回ることが証明できるとしても、特別の理由がない限り自家用車の使用禁止は許されない。

個人権がこのように強力な切札であるだけに、権利志向的正義観を採る人々は個人権の内容と根拠、そして限界があるならばその限界を明らかにしなければならない。限界に関して注釈すれば、「特別の理由がない限り」という限定が示唆しているように、反目的論的個人権は論理的には必ずしも絶対的である必要はない。反目的論的性格をもつためには、個人権は集合的目標達成を少なくともある程度は犠牲にしても保護されるものであればよい。どの程度かかる犠牲を要求できるかが、その権利の「強さ」を決定する。(30) 勿論、集合的目標達成への一定の「閾値(threshold)」を超えた阻害効果以外にも権利の制限要因は考え得る。

近年ロバート・ノーズィックが権利志向的正義観の強力なヴァージョンを提示し(31)、大きな反響を呼んでいる。彼はロック型の自然権思想、即ち、何人も自己の同意なくしてその生命・身体・財産・自由を損われず、侵害者に対しては補償を請求し処罰する権利をもつという立場から出発する。そしてかかる前提の下で正当化可能な国家形態は彼の言う「最小限国家(the Minimal State)」、即ち、市民的権利の保護に機能を限定された所謂「夜警国家」のみであるとされ、それ以上の機能をもつ社会主義国家や現代の福祉国家などの拡大国家は、個人の道徳的権利を侵害するものとして、正当性を否認される。

この立場からすれば、正義の名においてわれわれが国家から何かを要求できるのは、契約の実行や権利侵害に対する処罰・補償などに関する匡正的正義の領域に限られる。人々の活動・交渉の結果としての財の分配状態が何らかの範型（「値（desert）」に応じた配分、完全平等配分など）に合致すべきことを要求する「型志向的（patterned）」な配分的正義の観念は斥けられ、代わって、財の原始取得・承継・権利侵害修復に関する手続的ルールに従って特定の財を獲得した者がその財に対する「権原（entitlement）」を有するとする「権原理論」が提唱される。この理論では社会的分配の正・不正を決定するのは分配結果が全体としてもつ「型」ではなく、個々の財がもつ生産・移転の「歴史」である。現代国家に大規模な所得再分配を実践させている福祉国家思想は型志向的な配分的正義の観念と結合しているが、かかる思想とその実践はノーズィックによれば、個々の財に歴史的に付着している個人の権原を無視するもので、道徳的に不当である。社会的弱者の救済は彼にとって、国家の強制的措置にではなく人々の自発的な慈愛に委ねらるべきものである。(32)

ノーズィックのこのような理論は、一八世紀的個人主義と一九世紀的自由放任主義を復活させるものであるが、きわめて鋭利で想像力に富んだ多面的な議論によって支えられており、単純に時代錯誤として（あるいは逆に、現在のアメリカの保守化傾向に便乗した時代迎合的教説として）片付けられない深さをもつ。彼の理論が批判的ではあるが真剣な多くの反応を英米の思想界で惹起している所以である。(33) 彼の結論を斥けようとする者は彼の議論を反駁するに足る強力な議論を展開しなければならない。これは知的な意味において挑戦的であると同時に、正義についての我々の規範的思考を深める上で大いにやり甲斐のある仕事である。

ノーズィックの議論の批判的吟味にここでは立入れないが、一点だけ指摘しておきたい。彼は個人がロック的自然権をもつことを彼の理論の前提にしており、その道徳的基礎付けの問題には立入っていない。人間が自己の生を全般的計画に従って形成することにより、自己の生に意味を与える能力をもつことが、その権利の道徳的基礎と関わることを示唆するにとどまる。(34) 確かに、ロック的自然権思想は少なからざる人々が受容しており、その政治哲学的帰結を徹底的に追求することはそれ自体としてきわめて重要な仕事である。また、前提たる自然権の道徳的根拠を示していないことから、彼の理論が誤まりであることは帰結しない。しかし、例えば、拡大国家論者は次のように反問できる。なぜ我々はロック的自然権だけでなく、生存権のような社会化された自然権をももたないと言えるのか。ロック的自然権の論理的帰結に関するノーズィックの説明が正しいとしても、社会的自然権を我々が併有するならば、これが前者からの要求を部分的に覆し、拡大国家の再分配機能を正当化する可能性があるのではないか。このような反問に応えるには、我々はいかなる権利をもたない<ruby>の<rt>ヽ</rt></ruby>かという問題に答えなければならないが、そのためには個人権の道徳的基礎を解明する必要がある。

しかし、このような批判は拡大国家論者自身にも送り返されてくるものであることを自覚しなければならない。拡大国家論の依拠する生存権・社会権が、経済成長や生産性向上といった言葉で語られる功利主義的考慮によっては犠牲にされ得ない個人権として設定される限り、その道徳的基礎を示す責任を拡大国家論者も免れないのである。しかも、拡大国家論者は自由権的諸権利と社会権的諸権利という、性格をかなり異にし且つ対立・競合し得る二種の権利群をともに擁護しようとする以上、自己の立場の首尾一貫性を示すためにも、両者を統合的に把握することを可能にするような道徳的基礎の解明を与えなければならない。権利の道徳的基礎に関する哲学的挙証責任――これは法的挙証責任とは違って対立当事者双方が同時に担い得るものである――は拡大国家論においてはノーズィックにおける以上に重いと言うべきである。ノーズィックの権利論から引き出さるべき教訓は、多少とも喧しく実現を要求される利益はすべてこれを権利とするような「権利のインフレ政策」が、個人の権利を真に尊重するものではなく、むしろ、「より声の大きい」集合的利益からの犠牲要求に対する権利の「耐性」を消散させてしまうこと、その名に値する権利は集合的利益に対抗し得る尊厳をもつべきであり、まさにそれ故に、政治的パワー・ゲームにおける取引きの対象になるような利益とは異なった確たる道徳的基礎をもたなければならないということにある。

個人権の内容確定と正当化のための道徳的根拠は何か、あるいは、そもそも存在するのか。これはきわめて困難な、しかし重要な問題である。個人権概念は比較的に理解し易い目的論的議論による権利制限の正当化を多かれ少なかれ抑制させる切札であるから、この問題が解明されない限り、非合理あるいは無意味という批判に常にさらされる。また、個人権の基礎付けは「各人の権利に応じて」という正義基準に具体化されている普遍主義的要請の根拠の解明にもつながっている。個人の諸権利の基礎を解明する重要な試みは、次に触れるロールズの理論をはじめとしていくつか存在するが[35]、なお多くの探究と論議が必要である。

3　公正としての正義

正義の女神ディケーは目隠しをしている。ミルは正義の義務としての「公平（impartiality）」は当面のケースについて考慮すべきものだけを考慮し、それ以外の動機の影響を排除することだとしたが[36]、ディケーの目隠しは排除さるべき考慮の影響を防止するためのものである。公平やそれとほぼ同旨の「公正（fairness）」はこのように、正義についての我々の判断の態様に関わる価値である。しかし、正義判断の内容を確定する実質的基準をそこから導出することはできないであろうか。

現在の正義論議の火付役であるロールズの「公正としての正義（Justice as Fairness）」の理論は、この問題に肯定的な解答を与える試みである。[37] 彼は公正な判断状況としての「原初状態（the original position）」を構成し、そこで全員一致で採択される原理を以て妥当な正義原理とした。そこでは公正の観念が偏頗な判断を排除するだけでなく、一定の実質的正義基準を正当化する役割を果たしている。

原初状態は他人に無関心（嫉妬や利他的配慮をもたない）で自己の利益のみを計る人々が、「無知のヴェイル（the veil of ignorance）」の条件の下で、即ち、自己の才能・性格・理想・趣味・人種・出身階級・富裕度等々、自己の特殊利害を知らせる個別的事実を一切知らず、物理的・心理的・経済的・社会的諸法則のような一般的情報のみをもつという条件の下で、社会的基本善（富・収入・権力・権威・自尊・基本的諸自由）の配分原理を選択する状況である。ロールズによれば、かかる状況における合理的選択原理は最悪の結果が最善なものを選ばせるマクシミン・ルール（maximin rule）であり、これに従って、次のような正義の二原理が全員一致で採択される。第一原理は平等な最大限の基本的諸自由への権利を等しく各人に帰する。第二原理は自由以外の社会的基本善、即ち、社会的・経済的利益の分配の不平等を二つの制約の下で許容する。第一の制約は「格差原理（the difference principle）」と呼ばれ、不平等が最も不利な人々の利益の最大化に資することを要求する。第二の制約は不平等に分配される職務や地位が、機会の公正な平等という条件の下で万人に開かれていることを要求する。第一原理は第二原理に優先し（自由は自由のためにのみ制約される）、第二原理において機会公平の制約は格差原理に優先する。[38]

このようなロールズの正義論に関しては、その社会契約説的手法や、実践的推論についての彼の基本的立場を示す「反省的均衡（reflective equilibrium）」の概念、さらに、社会的基本善と個人的な善の理想との区別などに関する方法論的諸問題や、自我観など形而上学的基礎に関する諸問題、正義の二原理と優先規則の実質的適合性の問題、経済学・政治学等、社会科学との関係の問題、具体的諸問題への応用可能性の問題など、様々な問題が議論され、多面的で突っ込んだ批判的吟味が加えられている。[39] ロールズの正義論をめぐるかかる論議すべてに立入る余裕はここではないので、正義理論の上述の二類型と彼の理論との関係に関わる問題点について簡単に述べるにとどめたい。

ロールズの正義論は功利主義を個人の別個独立性への配慮を欠くものとして斥ける一方で、ノーズィックのように所謂市民的諸自由を絶対化する立場も採らず、個人の自由を尊重しつつも、社会的弱者の地位の最善化という平等主義的な集合的目標を追求しようとする。それは功利主義に並ぶ一つの目的論的正義観と権利志向的正義観との総合の試みである。しかし、この企てに彼が成功しているかどうかはいくつかの点で疑わしい。

第一に、格差原理と第一原理との両立可能性が問題である。第一原理は生産手段以外の個人的財産に対する私的所有権（'the right to hold (personal) property'）を含む基本的諸自由権を個人に帰しているが、[40] 格差原理は最も不利な社会階層の人々の地位を最善化するために、上位の階層の人々の所有権その他の基本的諸自由権に大幅な制約を加える再分配措置を正当化する。ロールズは自由は自由のためにのみ制約され得るとして第一原理を格差原理に優先させているが、このことは格差原理の適用可能性の全面否定にならないか。彼は自由以外の社会的基本善の、格差原理に従った再分配が、上位階層の人々の基本的諸自由を制約することなく行なわれ得ると想定しているようだが、これはきわめて非現実的な想定ではないか。この点を明らかにする上で鍵となるのは彼の自由概念であるが、自由についての彼の論述はハートが指摘しているように、[41] 曖昧かつ混乱している。

第二に、彼の理論は結局は個人権や個人的自由を、格差原理が表現するような平等主義的な集合的目標の追求のために犠牲にする目的論的正義観ではないのかという疑いがある。マクシミン・ルールが格差原理を選択させることは容易に理解できるが、第一原理を他に優先させるという選択に導くことは決して明らかではない。この点についてのロールズの議論の脆弱さはハートによる批判が明らかにしている。[42] しかも、ロールズは個人の才能や勤勉・

努力への傾向性をも個人のものとしてではなく、社会の「集合的資産（a collective asset）」ないし「共有資産（a common asset）」とみなし、それに基づいた活動の成果に対する個人の道徳的請求権を否定しているのである。[43] 彼の理論のこの集合主義的性格が個人的自由の尊重と両立し得るかどうかは問題とされてよい。

第三に、「無知のヴェイル」と相互無関心・私利追求という条件から成る原初状態における合理的選択原理の問題がある。かかる状況での合理的選択原理なるものがそもそも存在するのかという根本問題は別としても、なぜマクシミン・ルールかという問題がある。決定理論においては、確率が知られている場合の合理的選択原理として一般的に承認されているのは期待効用最大化原理であるが、無知の条件の下では選択主体が各選択肢の下でどの個人の地位に置かれる確率も等しいものとみなすという前提に立てば、この原理は原初状態にも適用できる。この等確率想定（equi-probability assumption）は決定理論において一定の合理性を承認されているだけでなく、特定個人に固有の利害の偏重を不可能にする点で公正観念と適合している。ロールズは原初状態では確率分配が不可能であることを主張するが、その議論は説得力に乏しい。等確率想定の下で期待効用最大化原理を適用するならば、原初状態で選択されるのはロールズの二原理ではなく、平均的功利主義の原理である。他方、マクシミン・ルールは選択原理としてはきわめて不合理な帰結をもち得ることが知られている。かかる観点から、若干の功利主義者は公正の観念によって正当化されるのは功利主義の立場であるとして、ロールズを批判しているが、ロールズはこれに対して、マクシミン・ルールの使用を正当化し得るような効果的な反論をなし得ていない。[44]

以上の簡単なコメントはロールズの正義論が抱える多くの難点の一端を示すにすぎない。彼の正義論はその大きな反響にも拘わらず、意外にその基礎は脆く全体的性格も曖昧である。また、正義理念の根拠と限界の問題に関しては彼の理論は殆ど言うべきものをもたない。[45] しかし、公正という強い直観的訴えをもった観念に正義基準の導出・正当化において根本的な役割を果たさせるそのアプローチは興味深く、一層の探究と吟味に値する。

四　論争への招待

正義概念の分析と主要な正義理論の問題点の瞥見を試みた本章は二重性格をもつ。それは一方で正義概念を実証主義的批判から擁護して規範的正義論の信用回復を計ると同時に、他方で、正義理念の根拠と限界という厄介な問題を提起したり、主要な正義理論がいずれも難問を抱えることを示唆することにより、規範的正義論に課せられた仕事の困難さを強調している。その狙いは、「実践哲学の復権」という最近流行しているスローガンがともすれば惹起する安易な期待に水をさすことと、課題の困難さにかえって挑発されるような意欲的な人々を正義の問題の考察へ誘うことである。「意欲的」な人々が既に気付いているように、正義の探究とは何らかの権威的テクストに書かれた正解を確かめることではなく、無謬性を標榜する特権を誰も与えられていない執拗な論争状況の下で、同じ問いを問う他者との相互批判的な対話を倦むことなく営み続けることである。かかる営為に加わる者に要求されるのは、「手堅い」成果よりは探求そのもののスリルを好み、意見の収斂や「了解」よりも対立の中での相互啓発を尊ぶ資質である。彼（彼女）はしなやかでタフでなければならない。

本章で展望した正義理論の主要類型はいずれもリベラリズムの伝統に属している。これは偶然ではない。正義に「用がある」のはリベラリズムだけではないが、リベラリズムにおいて正義は特別の役割を果たしており、それ故に正義の探究に最大の関心とエネルギーを注いできたのはリベラリズムである。従ってまた、リベラリズムの自己理解をめぐる現在の対立・紛糾が正義論における対立の内に集約的に表現されることになる。第五章において、正義とリベラリズムとのこの関係を解明し、併せて、規範的正義論における私自身の立場として、一つのリベラリズム像を提示したい。その前に、次章で、現代正義論が復活させたリベラリズムの伝統的モチーフの一つ、即ち、社会契約説について、その理論的射程を国家の正当化問題に即して再検討しておきたい。

（1） しばしば、未開部族社会がこのような社会の例として挙げられる。その前提にあるのは、未開部族社会では先祖伝来の慣習・タブーが殆ど自動的に、半ば本能的に遵守され、これがかかる社会の唯一の秩序原理であって、法も道徳もすべてそこに吸収されているという見解である。このような見方は今世紀前半まで一般に流布し、現在でもなお根強く残っている。しかし、文化人類学者で法社会学にも重要な貢献をなしたブロニスラフ・K・マリノフスキは、トロブリアンド諸島の未開部族社会に対する現地調査に基づき、このような未開社会観に根本的な修正を加えた。彼によれば、未開部族の社会秩序についても法的側面と非法的側面とが区別され得る。上述の未開社会観は宗教を核とする非法的側面については比較的よくあてはまるが、より実際的な生活関係に関わる法的側面については妥当しない。法的諸準則は必ずしも部族民によって内面的に受容され自発的に服従されているわけではなく、長期的ギブ・アンド・テイクの関係を構成する諸義務の相互的連鎖や、義務履行の公共化・儀式化などの複雑なメカニズムを通じて、個人の私利・野心・虚栄心等に訴えることによって、実効性を保持しているのである。また、法的義務相互間の、あるいは法的義務と個人の利害・感情との衝突・相剋も部族民諸個人によってしばしば強く意識されると言う。Cf. B. K. Malinowski, *Crime and Custom in Savage Society*, Routledge & Kegan Paul, 1926, esp., pp. 63—68, 112—129〔青山道夫訳『未開社会における犯罪と慣習』、ぺりかん社、一九六七年〕. 未開部族社会の中での法の位置に関するマリノフスキの所見が正当であるならば、未開人の正義観念・正義感覚が部族社会の伝統的法秩序の枠内に局限されているという通念も、慎重な再検討を要するであろう。なお、マリノフスキの民族法学が原始「自然状態」説と自動的遵法説という従来の人類学の二つの「虚構」を否定するものであることを指摘し、その方法論的基礎を批判的に検討するものとして、参照、江守五夫「解説」、前掲訳書、二四八—二六八頁、同「民族法学と法社会学——マリノウスキー理論の検討」、潮見俊隆編『法社会学』、学陽書房、一九七三年、二七二—二八八頁。

（2） Cf. K. Ardersen, 'An Eye for an Eye', in *Time*, vol. 121, no. 4: Jan. 24, 1983, pp. 12—20.

（3） ロナルド・M・ドゥオーキンはこの公準とほぼ同様な原則を「実証可能性テーゼ（demonstrability thesis）」と呼び、法実証主義批判の文脈でこれに言及している。彼によれば、このテーゼは法実証主義の認識論的前提をなすが、決して論理的に真であるわけではなく、証明不可能な一つの形而上学ないし存在論に依存している。さらに彼は、これとは違った形而上学的・存在論的想定に立脚する知的実践も支持可能であることを例証している。Cf. R. M. Dworkin, 'No Right Answer ?', in P. M. S. Hacker and J. Raz (eds.), *Law, Morclity and Society : Essays in honour of H. L. A. Hart*, Oxford University Press, 1977, esp., pp. 76—83. 決定手続ないし「基準（criterion）」の不在から真理の相対性・主観性を導出する立場に対し、最も精力的な批判を展開している哲学者はカール・R・ポッパーである。正義に対する認識論的懐疑の問題を考える上で、また上述のドゥオーキンの議論を理解するためにも、ポッパーの議論は参照に値する。Cf. K. R. Popper, *The Open Society and Its Enemies*, vol. II, 5th ed., 1966, pp. 369—396 ; *Conjectures and Refutations : The Growth of Scientific Knowledge*, 2nd ed., 1965, pp. 223—228 ; *Objective Knowledge : An Evolutionary Approach*, 1972, pp. 317f., 321f.

（4）　例えば、痛みに関する一人称命題や「家族的類似（Familienähnlichkeiten）」という意味論的現象についての後期ヴィトゲンシュタインの考察は、この問題の複雑さと奥行きを教えてくれる。Cf. L. v. Wittgenstein, *Philosophische Untersuchungen*, Basil Blackwell, 1958〔藤本隆志訳『哲学探究』、ヴィトゲンシュタイン全集第八巻、大修館書店、一九七六年〕. なお、真理概念について意味と基準を峻別する立場の代表者はK・ポッパーである。前注に掲げた彼の著作を参照されたい。

（5）　参照、『ニコマコス倫理学』、一一二九a。

（6）　特定の正義基準を提示する「正義観（a conception of justice）」とすべての正義観が共有する「形式的正義理念（the formal idea of justice）」とを最初に明確に区別したのはカイム・ペレルマンであるが、彼もかかる形式的正義理念の表現を「等しきものは等しく扱え」という定式に求めている。Cf. Ch. Perelman, 'Concerning Justice', in *The Idea of Justice and the Problem of Argument*, Routledge & Kegan Paul, 1963, pp. 1—60（originally appeared as *De la justice*, Office de Publicité, Brussels, 1945）.

（7）　Cf. A. Ross, *On Law and Justice*, University of California Press, 1958, pp. 274f.

（8）　正義の普遍主義的要請と法および自由との密接な関係は多くの論者が指摘してきたが、近年では、経済学者にして重要な法理論家でもあるフリードリッヒ・A・ハイエクが、この問題を社会秩序の基本構造および人間による社会のコントロール可能性に関する彼独自の理論と結びつけて、深く掘り下げている。Cf. F. A. Hayek, *Law, Legislation and Liberty*, 3 vols., University of Chicago Press, 1973—1979, esp., vol. I, pp. 94—144, vol. II, pp. 1—61, vol. III, pp. 98—104. なお、ハイエクの思想・理論の法哲学的側面を詳細に紹介・検討するものとして、嶋津格『自生的秩序――ハイエクの法理論とその基礎――』、木鐸社、一九八五年がある。

(9) Cf. J. J. Rousseau, *Du contrat social*, liv. II, ch. iv: *Oeuvres complètes* III, Édition Gallimard, 1964 (Texte établi par R. Derathé), pp. 372—375〔井上幸治訳「社会契約論」、平岡昇編『ルソー』、世界の名著三六、中央公論社、一九七八年、二五四―二五七頁〕.

(10)「衡平（equity）」も、その特殊主義的傾向において正義と対立する価値としてしばしば引合いに出される（e. g., cf. Ross, *op. cit.*, pp. 282f.）。しかし、衡平は正義の普遍主義的要請と原理的に対立するものではない。衡平は、所与の準則（特に、法準則）においては考慮されていないがその本来の趣旨からすれば重要なある特徴、あるいは、同様に受容されている別の準則の観点から重要なある特徴を特定の事例がもつ場合に、その特徴に応じてその事例を例外的に扱うことを要求するものであって、個体性による差別を要求するものではない。アリストテレスも喝破しているように、それはある種の正義よりもよい正義の一種であって、正義という類を超えるものではない（参照、『ニコマコス倫理学』、一一三七b―一一三八a）。

(11) 国家の自己同一性に根差す差別が原理的にも一定の正当性を承認さるべきことを主張するものとして、cf. Morton A. Kaplan, *Justice, Human Nature, and Political Obligation*, The Free Press, 1976, pp. 206—208. しかし、我々と他国民との距離の道徳的レレヴァンスを否定して、他国の飢えた人々の救済が恩恵ではなく道徳的義務の問題であることを情熱的に主張する論者も少数派ながら存在する。Cf. Peter Singer, 'Famine, Affluence and Morality', in P. Laslett and J. Fishkin (eds.), *Philosophy, Politics and Society*, 5th Series, Basil Blackwell, 1979, pp. 21—35.

(12) エゴイズムの問題についてのより立入った考察として、参照、本書第二章、四九―八八頁。エゴとディケーの対話が示しているように、普遍主義的要請を自明な公理（「理性の要求」、「合理性の条件」など、言い方は色々あるが）とみなすことによって、正義理念の根拠の問題を簡単に片付けることはできない。なお、「等しきものは等しく」という要請の根拠に関する諸家の見解の略説として、参照、加藤新平『法哲学概論』、有斐閣、一九七六年、四五九―四六一頁。加藤自身はこの定式を無内容とする見解を斥ける一方、これを「各人に彼のものを」とともに、「人間の正常な理性、正常な道徳感情の当然の要請」として位置付けている。参照、同書、四五三―四五九、四六一頁。

(13) 一般に、諸個人の幸福の総和の最大化を志向する立場は「全体的功利主義（total utilitarianism）」、その平均値の最大化を志向する立場は「平均的功利主義（average utilitarianism）」と呼ばれ、区別されている。しかし、人口に関わる問題を除けば、両者の結論に違いはない。なお、「行為功利主義（act-utilitarianism）」と「規則功利主義（rule-utilitarianism）」とが区別されることが多いが、後者は幸福最大化ないし効用最大化を要請する功利の原理から独立した何らかの「義務論的」要請と結合しない限り、前者に還元されるので、この区別を功利主義の異なった形態の区別と見るのは適当ではない。Cf. J. J. C. Smart, 'An Outline of a System of Utilitarian Ethics,' in J. J. C. Smart and B. Williams, *Utilitarianism : For and Against*, Cambridge U. P., 1973, pp. 9—12. さらに、規則功利主義の非功利主義的性格を鋭く指摘するものとして、参照、小林公「刑罰・責任・言語」、長尾龍一・田中成明編『現代法哲学 3 実定法の基礎理論』、東京大学出版会、一九八三年、一〇〇—一〇五頁。

(14) Cf. J. S. Mill, 'Utilitarianism,' in *Collected Works of John Stuart Mill*, Vol. X : *Essays on Ethics, Religion and Society*, ed. by J. M. Robson, University of Toronto Press, 1969, p. 257, quoting Bentham. 平等算入公準を含意するベンサムの論述としては、cf. J. Bentham, 'Plan of Parliamentary Reform,' in *The Works of Jeremy Bentham*, vol. III, ed. by J. Bowring, Russell & Russell, 1962, p. 459.

(15) Cf. J. Bentham, *An Introduction to the Principles of Morals and Legislation*, ch. I, § XIV : The Hafner Library of Classics, no. 6, 1948〔以下 *IPML*, として引用〕, pp. 5—7〔山下重一訳「道徳および立法の諸原理序説」、関嘉彦編『ベンサム、J・S・ミル』、世界の名著四九、中央公論社、一九七九年、八六—八八頁〕.

(16) Cf. J. S. Mill, *op. cit.*, p. 234〔伊原吉之助訳「功利主義論」、関嘉彦編・前掲書、四九六—四九七頁〕.

(17) E. g., cf. G. E. Moore, *Principia Ethica*, 1903, pp. 66 f.

(18) Cf. J. C. Harsanyi, *Essays on Ethics, Social Behavior, and Scientific Method*, D. Reidel Publishing Company, 1976, pp. 1—85/P. Petit, *Judging Justice*, Routledge & Kegan Paul, 1980, pp. 118—128. さらに、戸田正直・中原淳一『ゲーム理論と行動理論』（情報科学講座C・12・1）、共立出版、一九六八年、一四—一六頁、二三—二五頁参照。

(19) Cf. F. A. Hayek, *op. cit.*, vol. I, pp. 55—71, vol. II, pp. 17—23. 参照、嶋津・前掲書、一一八—一四九頁。

(20) Cf. J. Bentham, *IPML*, ch. XVI, § XLIV, pp. 266f.

(21) Cf. R. M. Dworkin, *Taking Rights Seriously*, Harvard University Press, 1977, pp. 234—238, 275—277〔木下毅・小林公・野坂泰司訳『権利論』（抄訳）、木鐸社、一九八六年、三一四—三二〇頁〕.

(22) Cf. J. Bentham, *IPML*, ch. X, § X and fn. 1 thereto, p. 102〔邦訳、一七六—一七七頁〕. ベンサムは敵の苦痛を見て感じる快楽など、悪意・嫉妬・残虐等に発する快楽をもそれ自体としては善とみなしている。

(23) Cf. Dworkin, *loc. cit.*

(24) Cf. Dworkin, *op. cit.*, pp. 90—94, 169—174, 188—193〔邦訳、一一〇—一一五、二二二—二三〇、二四九—二五七頁〕.

(25) Cf. R. Nozick, *Anarchy, State and Utopia*, Basic Books, 1974, pp. 28—33〔嶋津格訳『アナーキー・国家・ユートピア（上）』、木鐸社、一九八五年、四三—五二頁〕.

(26) Cf. *loc. cit.*

(27) Mill, *op. cit.*, p. 247〔邦訳、五一三頁〕.

(28) Cf. *ibid.* pp. 250f., 255—257〔邦訳、五一七—五一八、五二三—五二五頁〕. 正義・功利・権利の関係についてのミルの見解に関する研究として、参照、小谷野勝己「道徳的権利について——J・S・ミルの見解を中心に——」、日本法哲学会編『権利論』（法哲学年報一九八四）、有斐閣、一九八五年、七一—九九頁、川本隆史「功利と正義——J・S・ミル『功利主義』第五章をめぐって——」、小倉志祥編『近代変革期の倫理思想』、以文社、一九八六年、七七—一〇一頁。

(29) Cf. *ibid.*, p. 257〔邦訳、五二五—五二六頁〕.

(30) Cf. Dworkin, *op. cit.*, pp. 169 f.〔邦訳、二二三—二二四頁〕.

(31) Cf. Nozick, *op. cit.*

(32) 再分配的正義観念に対する同様の批判をハイエクも展開している。但し、彼の場合は、道徳的観点だけでなく、社会システムの機能分析の観点や「構成主義」に対する認識論的批判の観点からもこの問題が議論されており、また、市場に介入しない形での国家による最低生活保障（'assured minimum income'）が承認されている。Cf. Hayek, *op. cit.*, vol. II.

(33) Cf. J. Paul (ed), *Reading Nozick: Essays on* Anarchy, State and Utopia, Basil Blackwell, 1982.

(34) Cf. Nozick, *op. cit.*, pp. 48—51〔邦訳七六—八一頁〕. もっとも、ハートは最小限国家の機能を超える政策はすべて功利主義と同じく個人の別個独立性の否認に導くというノーズィックの議論をノーズィック的個人権の基礎付けの試みと解釈し、これを批判している。Cf. H. L. A. Hart, 'Between Utility and Rights,' *Columbia Law Review*, vol. 79, 1979, pp. 831—836. しかし、なぜ社会の集合的利益を犠牲にしても個人の別個独立性が尊重されなければならないか、という肝心の問題は、この議論の射程外にあるから、これを以てノーズィック的個人権の基礎付けの試みと解釈することはできない。

（35）　例えば、アラン・ゲワースは目的的・意図的行動に内在するとされる規範的コミットメントと普遍化可能性原理から、自由と順境（well-being）への権利を各人に帰する「類的整合性の原理（the Principle of Generic Consistency）」の導出を試みている。Cf. A. Gewirth, *Reason and Morality*, The University of Chicago Press, 1978.（参照、本書第二章、七八―八一頁、九七頁註（38）。）また、R・ドゥオーキンは何人も平等な尊敬と配慮への権利（a right to equal respect and concern）をもつという基本原理を採用し、功利主義の平等算入公準をこの原理の具体化と解した上で、この原理の貫徹を阻む功利主義の難点（外的選好算入の既述の不当な帰結）の補正手段としてより具体的な諸権利を導出するという興味深い議論を構成している。Cf. Dworkin, *op. cit.*, pp. 272—278.（このドゥオーキンの議論に対する批判として、cf. Hart, *op. cit.*, pp. 836—846.）個人権に対応する義務を生じさせる抽象的・普遍的ルールへの服従を、功利・便宜等の目的論的考慮に左右させないことが社会の「自生的秩序（spontaneous orber）」を形成・維持するのに不可欠であり、かかる自生的秩序を可能にする社会は集権的計画社会よりも進化論的に大きな生存価値をもつというハイエクの議論も、ア・プリオリな自然権理論とは異なった角度からの個人権の基礎付けの一つの試みであると言える。Cf. Hayek, *op. cit.*, vol. I.（但し、付説二を参照。）さらに、トーマス・スキャンロンは、主観的選好ではなく、諸個人の能力に影響を与える利益や負担の相対的重要度に関する客観的査定を基礎とすることにより、功利主義とは異なる帰結主義的枠組の中で、個人権を導出・相互調整するとともに、かかる権利を具体的な行動選択への帰結主義的干渉に対する制約として位置付ける「二段階説（a two-tier view）」を展開している。Cf. T. M. Scanlon, 'Preference and Urgency,' in 72 *The Journal of Philosophy* (1975), pp. 655—670; 'Rights, Goals and Fairness,' in S. Hampshire (ed.), *Public and Private Morality*, Cambridge U. P., 1978, pp. 93—111. なお、現代権利論の動向の概観として、参照、深田三徳「自然権論と功利主義」、長尾龍一・田中成明編『現代法哲学2　法思想』、東京大学出版会、一九八三年、八五―九〇頁、同「現代権利論の一考察」、日本法哲学会編『権利論』（法哲学年報一九八四）、有斐閣、一九八五年、一〇〇―一二三頁。（現代権利論の文献の蓄積は、重要性の評価を別とすれば、既に膨大である。比較的ポピュラーな最近のアンソロジーを二、三例示すれば、cf. J. Waldron (ed.), *Theories of Rights*, Oxford U. P., 1984/E. F. Paul, F. D. Miller and J. Paul (eds.), *Human Rights*, Basil Blackwell, 1984/R. G. Frey (ed.), *Utility and Rights*, University of Minnesota Press, 1984.）

（36）　Cf. Mill, *op. cit.*, p. 243〔邦訳五〇八頁〕.

（37）　Cf. J. Rawls, *A Theory of Justice*, Harvard University Press, 1971〔矢島鈞次監訳『正義論』紀伊国屋書店、一九七九年〕.

（38）　ロールズの正義論のより詳細な紹介・検討としては、参照、田中成明「ジョン・ロールズの『公正としての正義』論」、日本法哲学会編

『現代自然法の理論と諸問題』（法哲学年報一九七二）、有斐閣、一九七三年、一六一—二〇三頁、同「正義・自由・平等——ジョン・ロールズの『公正としての正義』論再説——」、日本法哲学会編『正義』（法哲学年報一九七四）、有斐閣、一九七五年、六九—一〇二頁、塩野谷祐一『価値理念の構造——効用対権利——』、東洋経済新報社、一九八四年、二三五—二五七頁。（なお、付説二を参照。）

（39） Cf. N. Daniels (ed.), *Reading Rawls : Critical Studies on Rawls'* A Theory of Justice, Basic Books, 1975/H. G. Blocker and E. H. Smith (eds.), *John Rawls' Theory of Social Justice : An Introduction*, Ohio University Press, 1980. ロールズの正義論に関する膨大な文献の解題として、cf. J. H. Wellbank *et al, John Rawls and His Critics : An Annotated Bibliography*, Garland Publishing Co., 1982.

（40） Cf. Rawls, *op. cit*., p. 61〔邦訳、四八頁〕.

（41） Cf. H. L. A. Hart, 'Rawls on Liberty and its Priority', in N. Daniels (ed.), *op. cit*., pp. 233—249.

（42） Cf. *ibid*., pp. 249—252. ロールズはハートのこの批判の正当性を承認して、最近、第1原理の修正を行なうとともに、自由の優先性のための自己の議論を補正・拡充している。Cf. J. Rawls, 'The Basic Liberties and Their Priority', in S. M. McMurrin (ed.), *The Tanner Lectures on Human Values*, Vol. 3, University of Utah Press, 1982, pp. 3—87. なお、この論文の紹介として、参照、川本隆史「哲学展望——J・ロールズ『基本的諸自由とその優先性』」、『理想』、六二二号（一九八五年三月）、二四—二六頁。

（43） Cf. Rawls, *op. cit*., pp. 72—74, 100—105, 179, 310—315〔邦訳、五五—五七、七六—八〇、一三五、二三七—二四一頁〕. ロールズの理論のこの側面に対する鋭利な批判として、cf. Nozick, *op. cit*., pp. 213—229.

（44） Cf. J. C. Harsanyi, *op. cit*., pp. 37—63. 全体的功利主義の立場に立っているが、ほぼ同様な批判を展開するものとして、cf. R. M. Hare, 'Rawls' Theory of Justice', in N. Daniels (ed.), *op. cit*., pp. 81—107.

（45） この問題の意義をロールズが充分理解しているかどうかも疑問である。この点での彼の理論の弱さはエゴイズムの問題の彼の取扱い方において明らかになる。参照、本書第二章、九四頁註（28）。

付説一　内在的制約説について

日本国憲法は第一二条と第一三条において、憲法上保障される個人の諸権利一般を「公共の福祉」の制約の下に置いている。また特殊的には、第二二条第一項と第二九条第二項とで、それぞれ居住・移転・職業選択の自由と財産権とが「公共の福祉」の枠内にあることを明言している。言うまでもなく、憲法のかかる諸規定は戦後憲法の支柱の一つが基本的人権の尊重にあると考え、「権利を真面目に取り」たいと望む人々を当惑させてきた。恐らく、基本的人権と公共の福祉との関係の問題は戦後憲法学基本問題集第一問の地位を第九条問題と争うだろう。この問題に対する一つの標準的解答をなしているのが宮沢俊義の内在的制約説(1)である。宮沢に依れば、人権を制約し得るのは人権でしかない。憲法の先の諸規定に言う「公共の福祉」とは個人の利益ないし価値を超越してこれと対立する社会「全体」の利益ないし価値などではなく、諸個人の人権の間の矛盾・衝突を調整する原理としての実質的公平の要請である。この意味での公共の福祉は人権理念から独立してこれを外から制約する原理ではなく、人権保障の理念の論理必然的帰結であり、人権の本質に内在する制約である。

この宮沢説の注目すべき点は、そこに示された人権理論が制定憲法の明文の解釈としてではなく、かかる法文解釈に先立って措定され、これを制約する法哲学的命題として提示されていることである。宮沢が公共の福祉に言及する憲法の先の諸規定を立法技術的に無用且つ拙劣と批判するのもそのためである。内在的制約説は人権本位派の先の当惑を細かな釈義的操作によってではなく、一つの法哲学的観点を前面に押し出すことにより直截に解消しようとする。従って、この立場の解釈論としての当否とは別に、あるいはそれ以前に、公共の福祉と人権との関係に関するその法哲学的主張そのものの当否が問われなければならない。

近年、法哲学界においては集合的目標追求に対する「横からの制約（side constraints）」あるいは「切り符（trumps）」（拒否権）として個人権を性格付けるR・ノーズィックやR・ドゥオーキンの反目的論的個人権理論[2]が論議の一焦点となっているが、諸個人の人権を超越した「全体」の利益ないし価値として公共の福祉を捉えることを拒否する宮沢説は、これら現代の論客の立論と一脈通じているようにも見える。しかし、宮沢が個と全体との緊張関係の問題を、これらの論客が照明を当てている次元にまで掘下げているかとなると、疑問がないわけではない。

第一に、宮沢は「特定の個人の利益ないし価値を超えた利益ないし価値はあるが、すべての個人に優先する『全体』の利益ないし価値というようなものは存しない[3]」（傍点は井上）とし、またベンサムの功利主義をこの意味での「全体」の利益ないし価値を否定する個人主義の立場として性格付ける尾高朝雄の所説を援用している。ここから推測すれば、公共の福祉の理解における宮沢の個人主義は、社会全体の福祉を諸個人の幸福の総和ないし平均値（すべての個人の幸福）に還元する功利主義の立場と、同じでないにしても親和的であるように見える。しかし、現代の個人権理論は、功利主義のこの個人主義的性格が表面的なものにすぎず、個人の別個独立性を無視する集合主義的要請がその深層に伏在することを明らかにし、まさに功利主義を主たる論敵としている。個の尊厳と全体利益との間には、後者を個人利益の総和に還元しただけでは解消しきれない対立緊張関係が存在するという問題意識は、宮沢には少なくとも明確な形では見られない。

第二に、公共の福祉が人権調整原理であると言う場合の「調整」の意味が問題である。宮沢はすべての個人の人権が公平に尊重される結果、各人の人権が他者の人権によって制約されるという事態をこの言葉によって意味しているが、その際、各人は自己の行為によって他者の権利を侵害することを抑制する義務を相互に負うにとどまるのか、人々の権利実現の全般的実効性を最大化するという政策目的のために自己の権利行使に加えられた制限を受忍する義務をも負うのかについては、曖昧にしたままである。そもそも、彼がこの二つの事態の区別の必要性を自覚していたか否かは不明である。前者は各人が権利をもつことのコロラリーであるが、後者は必ずしもそうではない。後者を承認する立場はノーズィックによって「権利功利主義（utilitarianism of rights）」と呼ばれ、個人権理論と対立する功利主義の一亜型とみなされている。(4) 強固な権利感覚をもつ人々が、権利功利主義的理由付けを権利制限の充分な根拠とはみなさないことの一例として、最近合衆国に見られたピストル所持制限の動きに対する根強い抵抗が挙げられよう。権利功利主義の立場は支持可能かもしれないが、人権理念の論理必然的帰結と言うだけではすまされず、特別の正当化を必要とする。

第三に、宮沢は人権調整原理としての公平は、形式的公平ではなく実質的公平であるとし、財産権的自由権に対する社会権の優位を説く。その際、自由国家から社会国家へという図式を援用するとともに、社会国家理念は自由国家理念の実質化を意味するとして、両者の両立可能性を主張する。これは精神的自由と経済的自由とを区別し、前者の不可侵性（「精神的自由は精神的自由のみによって制約される」）を説く一方で後者の制約可能性を説く所謂二重基準論の考え方とも結び付き得る。しかし、このような主張が依存している進歩的知識人の間のコンセンサスは現在様々な角度から挑戦を受けており、その哲学的基礎の再確立が要請されている。社会的正義の理念そのものに対するハイエクのラディカルな批判(5)や、歴史的権原理論の立場からノーズィックが型志向的正義理論に加えている批判(6)などはかかる挑戦の重要な例である。先のコンセンサス――これが守らるべき多くのものを含んでいることを私は否定しない――を擁護しようとする者は、自由国家から社会国家へという教科書的お題目を二〇世紀の常識として唱えるだけで事足れりとすることはできず、個人の自律と社会的公正の名における強制的再分配とがいかにして両立可能なのかを、自由や平等などの基本概念や政治社会の全体ヴィジョンの洗直しを通じて哲学的に解明する必要がある。自由一般への権利なるものを否定し、個別的諸自由への権利を平等な尊敬と配慮への権利という根源的な人格的権利から導出しようとするドゥオーキンの議論(7)などは、このような試みの重要な一例である。

内在的制約説は、公共の福祉の概念から、個人権を骨抜きにし得るような融通無碍の操作可能性を除去する上で、重要な貢献をなした。今後の課題は権利による権利の制約の意味と根拠の解明である。これは判例における個別的・具体的判断の蓄積に委ねれば済むものではなく、哲学的探究を必要とする。その責任を負うのは誰よりも先ず法哲学者であるが、現代法哲学においては、この問題に関する実り豊かな議論のための種子は既に蒔かれている。

(1) 参照、宮沢俊義『憲法II—基本的人権—』、新版再版、有斐閣、一九七四年、二一八—二四〇頁。
(2) 参照、本書、一二六—一三三頁。
(3) 宮沢・前掲書、二三五頁。
(4) 参照、本書、一二八頁。
(5) Cf. F. A. Hayek, *Law, Legislation and Liberty*, Vol. 2 : *The Mirage of Social Justice*, University of Chicago Press, 1976.
(6) 参照、本書、一三〇—一三一頁。
(7) 参照、本書、一四三頁註(35)、二六五頁註(22)。

付説二　規範経済学の新展開
――塩野谷祐一氏の近著に寄せて――

さきごろ、ある新進気鋭のゲーム理論の研究者と電話で話していたとき、私が「法学者は個人の権利の救済に無関心ではいられないが、経済学者の関心は結局、制度全般の効率でしょう」といったら、「あなたのおっしゃるのは括弧つきの経済学でしょう」とお叱りを受けた。(同様に、ある方面の法学者からは「お前の言ってるのは括弧つきの法学だ」と叱られるかもしれない。)

この会話をしたとき、例えば、フリードリッヒ・ハイエクやアマーティア・センのような経済学者の存在を私は知らなかったわけではない。周知のように、前者は社会主義やもろもろの集権的計画思想をその哲学的基礎をなす構成主義的合理主義の批判を通じてラディカルに否定し、経済学と法理論を再統合する独自の観点から個人の自由を熱っぽく擁護し続けている。(1) また後者は、個人に拒否権を与える全員一致原則の一亜型として解釈され、従ってまた最も個人主義的・自由主義的な効率性原理とみなされているパレート原理でさえ、最小限の自由主義的権利主張と、集団的選択ルールへの要請としては両立不可能であるというリベラル・パラドックスの問題を提起し、このパラドックスを自由主義的権利主張を斥けることによってではなく、他者の権利領域を尊重する「リベラルな個人」(他者の権利領域におけるその他者の選好と両立しない自己の選好には社会的発言権の承認を要求しない個人)の存在を要請することによって解消することを提案している。(2)

しかし、ハイエクは自然権や基本的人権の理念に対して、ベンサムのようにこれを「大袈裟な戯言(nonsense on

stilts)」と罵倒することこそしていないが、普遍的適用可能性をもつ法準則による統治権力の制約の反射的効果以上の意味を認めることを拒否しているし、(3) さらに彼は「自由の体制(the Constitution of Liberty)」を「個の尊厳」のような倫理的・政治哲学的理念によって基礎付けることよりも、むしろ個人の間に分散する情報の最も効率的な利用を可能にするシステムとして正当化することに心を砕いている。(4) また、センは確かに功利主義のみならず効用主義・厚生主義一般を超えた地平に個人権を位置付けているが、行動の帰結主義的評価の枠組に組み込みうるような形式的構造を個人権に付与することに主たる関心を向けており、(5) 個人権の内容・根拠に関する道徳哲学的考察に本格的には立ち入っていない。(6) いずれにせよ、センのように個人権理論と多少とも「本気で付き合う」態度は経済学者の間では例外的だと私には思われた。

塩野谷祐一氏の手になる本書『価値理念の構造——効用対権利——』(7) は、経済学者に関する私の先の断定がラフな一般化としてはなお成立するとしても、現代経済学のダイナミックな展開の把握という観点からすれば不当な偏見にすぎないことを見事に証明している。本書はジョン・ロールズ以降、功利主義と反功利主義との、および反功利主義的諸理論相互の間の論争を軸として展開している英米での規範倫理学再生の成果を、規範経済学の革新とその哲学的基礎付けという問題関心から摂取し再構成する試みである。副題が示すように、その狙いは新古典派経済学のアキレス腱とされる「効率対正義」の問題を「効用対権利」の問題にまで掘り下げ、規範経済学の新たなパラダイムとなるべき一つの権利志向的正義理論を体系的に展開することである。

本書は四編から成る。第一編は価値研究の方法論に捧げられ、規範的推論の一般的枠組として一種の整合主義的立場が展開される。第二編、第三編では、それぞれ功利主義の代表としてシジウィックの理論、反功利主義的権利論の代表としてロールズの理論が第一編で提示された方法論的枠組にあてはめて再解釈される。第四編では、厚生ベースの帰結主義たる効用主義一般（功利主義だけでなくパレート原理や厚生ベースのマキシミン原理を含む）が、正義の善からの独立性を強調し道徳的人格への能力の前提条件としての資源（社会的基本財）を重視する権利論の観点から批判されるとともに、平等主義的再分配を徹底的に拒否するノーズィックのような厳格な反目的論的権利論に対して、非効用主義的帰結主義（厚生と対置された資源をベースとする目的論）として解釈されたロールズ型の権利論が擁護される。さらに、本書の結論として、著者がロールズに依りつつ展開した権利志向的正義理論が、マルクス、シュムペーター、ケインズ等、経済学における反功利主義的伝統を包摂する一層広範な知的パラダイムとしての資源の経済学の一環として位置付けられている。

かかる内容をもつ本書は、経済学者の手によって規範経済学の基礎理論として書かれたものでありながら、語の完全な意味において道徳哲学の書である。モラル・サイエンスとして経済学を再確立することをめざす著者にあっては、この性格付けは決してその意に反するものではあるまい。道徳哲学への本書の最も重要な貢献は、権利論を単に個人への過重な犠牲要求と結び付いた功利主義の反直観的諸帰結の補正として、功利主義に消極的な仕方で依存した状態にとどめておかずに、功利主義に対抗しうる独自の人間像・社会像に立脚した積極的理論体系として展開するための一つの試案をロールズ解釈を通じて提示したことである。その意味で、善と正、具体的帰結状態と社会の基礎構造、幸福と卓越、フローとしての感性的欲求とストックとしての人格、厚生と資源、同感と社会契約、効用の集計としての社会と道徳的人格の連合としての社会など、一連の重要な区別を相互に関連付けることを通じて、効用対権利の対立の人間学的・社会哲学的意義を鮮明に浮かび上がらせているところが本書の真髄であり、最も高く評価さるべき点である。以下に挙げる若干の疑問点はこの重要な貢献をいささかでも損うものではない。

第一に、ロールズ以降の規範倫理学再生の動きの中でしばしば見られる「メタ倫理学は死んだ、規範倫理学万歳！」という軽率な態度に著者は決して同調しない。むしろ、メタ倫理学の成果を批判的に摂取し、これを価値判断の正当化推論のメタ理論として発展させることにより、「標準化され定型化された分析方法を十分に確立していない」が故に「非常に非能率なやり方」で営まれてきたと著者が考える従来の道徳哲学のあり方を改革しようとする。著者が共通の方法論的ルールたるべき規範的推論の枠組として提示しているのが、基礎理論・道徳原理・道徳判断という三項の間のフィード・バックに基づく整合主義的正当化モデルである。このモデルは価値を一つの「構造をもった知識」とみなすものであり、価値の問題を理性的論議の対象にすることを可能にする意図の下に構成されている。しかし、本書を通読するかぎり、このモデルは個々の価値観・規範的理論の内的整合化のための手続を示すにとどまり、対立・競合する異なった価値観・規範的理論の間の比較査定を導く方法論的ルールとしては機能していないという印象を拭えない。この印象は著者がその規範的推論の枠組に従ってシジウィックやロールズの理論を体系的に解釈する際には分析の冴えを見せながら、著者のコミットするロールズ型権利論を対立する他の立場、特にノーズィック的自由主義からの批判に対して擁護し、且つ後者を論駁するための議論が手薄で、独断的なトーンさえもつということによって強められる。

しかし、一層根本的な問題は、著者の方法論の基礎にある道徳哲学のノーマル・サイエンス化への志向である。この志向は標準化され、定型化された決定手続が共有されていないところでは、実りある理性的論議は不可能であるという想定と結び付いており、著者自身が批判している論理実証主義的検証理論の呪縛になお囚われたものであるように思われる。いずれにせよ、ノーマル・サイエンスへの志向は、一つのパラダイム内部での問題解決を超えたパラダイム間の選択が問題になるときには、もはや理性的論議は不可能であるという発想を含意するものであり、内的整合性を備えた複数の対立する価値観の間の選択は原理上恣意的であるという相対主義に対する批判として展開されてきている現代の規範倫理学再生の運動に連なろうとする著者自身の企図とは、両立し難いように思われる。要するに、ロールズ型権利論を単に呈示するだけでなく擁護しようとする本書の実質的プロジェクトと本書の方法論との間には齟齬があると言える。

第二に、第一の論点とも関わっているが、著者はその狙いとするロールズ型権利論の効果的な擁護に本書において成功しているとは言い難い。ロールズの正義理論に向けられる常套的批判、即ち、彼の原初状態モデルからは彼の正義原理は導出できないという批判や、彼の正義の二原理、特に格差原理の実質的正当性に対する批判に対して、著者は、ロールズの基礎理論においては、原初状態モデル以上に、道徳的人格の理念と秩序ある社会の理念とから成る価値前提が決定的な役割を果たすことを指摘することによって応えている。しかし、かかる抽象的価値前提がいかにして問題の正義の二原理を正当化し得るのかについて、本書の議論は必ずしも説得的ではない。特に、人が社会連合を構成する道徳的人格たり得るための前提条件として資源分配の公正を要請する観点に立つならば、下位者の利益を微増させるために上位者を無制限に搾取することを原理上許容する格差原理よりも、むしろ、人々が自尊を失うことなく自己の生の設計を追求し得るための基礎的生活条件を保障する「恥ずことなきミニマム（decent minimum）」の原理の方が、配分的正義の原理としてふさわしいと考えられるが、著者の議論はこの点に関する疑問を氷解させてくれない。自然的資質を人格的同一性の一部とみなすことを否定する才能プーリングの理論を著者は援用しているが、この理論の支持可能性は必ずしも明白ではないし、仮にこれが支持されるとしても、それは社会的弱者のための再分配一般の正当化理由にすぎず、特に格差原理を正当化する理由にはならない。

また、著者は、権利論の陣営内でロールズと鋭く対立するノーズィック的自由主義の主要特性を、価値前提としての私的社会の想定に求め、これをロールズの社会連合ないし秩序ある社会の想定と対比しているが、前者の社会像よりも後者の社会像の方が魅力的であることを示す議論は、先の才能プーリングの理論以上に特に展開していない。私的社会と呼ばれるノーズィックの社会像は、ユートピア論として紹介されているが、実はそれは様々なユートピアの理想を実験的に実践する様々な自発的共同体の共存を可能にするメタユートピアであり(8)、ロールズ的な社会連合のユートピアも自発的共同体による実験の対象として包摂し得るものである。従って、プリマ・ファキエにはノーズィックの社会像の方がロールズのそれよりも魅力的であり、より制限されたロールズの社会像の方を支持するには、かかるメタユートピアの原理的不可能性を示す議論が必要であるが、本書ではかかる議論は展開されていない。

以上のような批判的コメントは、一冊の書物に対する過大な要求に基づくものかもしれない。しかし、本書はかかる過大な要求を抱かせるほどに豊かな内容をもつものであり、大胆で挑発的な主張に富む。本書は否応なく人を議論に巻き込む迫力をもつという意味において真の tour de force である。本書をめぐって今後実りある論争が、学問分野の境界を超えて広範に展開されることを期待したい。

(1) Cf. F. A. Hayek, *Law, Legislation and Liberty*, 3 vols., University of Chicago Press, 1973/76/79.

(2) Cf. A. Sen, *Collective Choice and Social Welfare*, North-Holland Publishing Company, 1970, pp. 78—88; 'Liberty, Unanimity and Rights', in 43 *Economica* (1976), pp. 217—245. リベラル・パラドックスの問題に透徹した分析を加えている邦語文献として、参照、鈴村興太郎『経済計画理論』、筑摩書房、一九八二年、二三五—二八九頁。(さらに、cf. Kotaro Suzumura, *Rational Choice, Collective Decisions, and Social Welfare*, Cambridge U. P., 1983, pp. 180—238.)

(3) Cf. Hayek, *New Studies in Philosophy, Politics, Economics and the History of Ideas*, Routledge and Kegan Paul, 1978, pp. 137f.

(4) Cf. Hayek, *Law, Legislation and Liberty*, Vol.1: *Rules and Order*.

(5) Cf. Sen, 'Rights and Agency', in 11 *Philosophy and Public Affairs* (1982), pp. 3—19, 28—32, 38f. かかる帰結主義的権利システムを

センは「目標権利システム（Goal Rights Systems）」と呼ぶ。これは、構造的にはスキャンロンの二段階説（参照、本書第三章、一四三頁註（35））に近いが、二段階説が権利の非功利主義的な帰結主義的正当化を主たる狙いとしているのに対し、目標権利システムは事態評価の基準たる目標の中に権利を含めることに主眼を置いている。

（6）但し、財や効用から区別された「能力（capabilities）」への権利を積極的自由概念の基礎に据えるセンの見解には、きわめてコントロヴァーシャルな、しかしそれだけに重要な道徳哲学的洞察が含まれており、今後の展開が期待される。Cf. Sen, 'Rights and Agency', pp. 16—19; 'Rights and Capabilities', in T. Honderich (ed.), *Morality and Objectivity: A Tribute to J. L. Mackie*, Routledge and Kegan Paul, 1985, pp. 130—148; *Commodities and Capabilities*, North-Holland Publishing Company, 1985. センのこの「倫理学」を指摘するものとして、参照、川本隆史「哲学展望——A・セン『権利と能力』」、『理想』、六三〇号（一九八五年一一月）、二〇二—二〇四頁。

（7）塩野谷祐一『価値理念の構造——効用対権利——』、東洋経済新報社、一九八四年。

（8）Cf. R. Nozick, *Anarchy, State and Utopia*, Basic Books, 1974, pp. 297—334 (esp. p. 312).

第四章　リベラリズムと国家

——社会契約説の可能性と限界——

一　国家論と正義論の接点

社会契約説が答えようとしている問い、即ち、政治社会ないし国家の正当化根拠への問いは、決して国家の存在するところでは常に問われざるを得ないという意味で必然的な問いではない。一つの「善の理想」、あるいは人間的生の完成態に関する一つの特定の倫理的ないし宗教的観念が社会的に共有され、国家がかかる「善」の実現のために国民を嚮導する機構とみなされているところでは、「単に生きるのではなく善く生きることが人間の務めである」という命題に付与されるのと同一の自明性を以て国家の存在が受容される。

国家が統合しようとする社会が、単一の「善」の理想によって結ばれた倫理的・宗教的共同体としての純血性を失い、人間的卓越性についての異なった、対立・競合する諸理想を追求する諸個人・諸集団を包摂するに至ったところで初めて、国家は自明性を失い、正当化を求められることになる。そこではもはや国家は異議にさらされることなく「善」への嚮導者としての地位に安らうことはできない。かかる地位を占めることは対立・競合する「善」の諸理想のうちのいずれかへの加担と他の迫害を意味し、従ってまた、他の諸理想に帰依する諸個人・諸集団による国家の正当性の否認を招かざるを得ない。この状況は特定の「善」の理想による国家の正当化だけでなく、およそ何らかの「善」の理想による国家の正当化一般に対する障害をなす。しかし、相異なった「善」の諸理想を追求する諸主体が等しく承認し得るような国家の正当化理由、彼らの誰もが自己の「善」の理想に従って自己の生を形成する自由を不当に抑圧されていると感じることなく、自己の自由に対する国家の制約を受容し得るような国家の正当化理由が果たして存在するだろうか。まさにここに社会契約説が答えようとする問題がある。

このような正当化理由はもし存在するならば、「善」と区別された固有の意味での「正義」に究極的には関わるはずである。この意味での「正義」は「善」についての様々な特殊観念から独立し、各主体による自己の「善」を追求する活動に対する制約原理をなす価値に他ならないからである。近代の国家論における社会契約説の問題はこの点で正義論の問題と重なっており、従ってまた、狭義の政治哲学の問題であるにとどまらず法哲学の問題でもある。既に周知のように、近年、ジョン・ロールズは古典的社会契約説を「一般化し、一層高度の抽象性の次元にまでおし上げる[(1)]」ことにより、国家の正当化問題には直接答えずに、むしろ、一定の正義原理の導出・正当化の問題に答えることを試みている。彼の試みは一見、社会契約説の手法のみを借用して、問題をすり変えているように思われるかもしれないが、社会契約説の問題状況と正義論の問題状況との右のような連関を見るならば、この試みはその問題意識に関しても、社会契約説の伝統からの全き逸脱であるとは言えない。（本章第五節で示されるように、伝統からの逸脱があるとするならばむしろ「手法」に関してである。）国家論と正義論とを交錯させる社会契約説のこの問題こそ、次章に見るように、リベラリズムの根幹をなす。勿論、このことは、社会契約説がリベラリズムの問題に対する唯一可能な接近であるということを意味しているわけではない。

リベラリズムの伝統に属する他の思想形態から社会契約説を際立たせているのは、それがこの問題に答えるために用いる方法である。自然状態モデルと契約モデルが社会契約説の方法の二大構成要素をなす。勿論、両モデルの具体的構成に関しては等しく社会契約説の名で呼ばれている諸理論の間にも相違が見られ、この相違が国家の正当化問題に対するそれらの解答の相違を規定しているわけであるが、何らかの形での自然状態モデルと契約モデルの使用が社会契約説に共通の方法的特色をなすことに変わりはない。方法としての社会契約説はヒュームの先駆的批判、一九世紀における功利主義・実証主義の台頭、今世紀における実践哲学全般に対する懐疑の広がり等を経て、一旦は過去のものとなったかに見えた。しかし、近時、ロールズが既述の仕事において契約モデルを、またロバート・ノーズィック(2)が自然状態モデルをそれぞれ復活させる精力的な試みを展開するに至って、リベラリズムの方法としての社会契約説の理論的可能性に対する新たな関心が生まれてきている。

本章の関心も社会契約説のこの方法的・理論的側面にある。この小論の目的は社会契約説一般の論理構造を分析して、自然状態モデルと契約モデルとの関係および両者の機能を解明することにより、社会契約説の理論的価値を再検討することである。従って、ホッブズ、ロック、ルソー等、近代社会契約説を代表する論客に関する思想史的研究は本章の意図するところではない。しかし、ここでの考察は彼らの思想から抽象された一定のパタンを対象としており、彼らの思想の理論的意義を理解し評価する上でも無用ではないと思われる。

二　自然状態モデルの構造

「社会契約説」の名は言うまでもなく契約モデルの使用に由来するわけであるが、本章で問題にする固有の意味での社会契約説、即ち、ホッブズ、ロック、ルソー等、近代社会契約説の提唱者たちの思想と結び付けて観念される社会契約説を特徴付けているのは契約モデルの使用それ自体ではない。政治的責務、遵法義務、抵抗の正当化等の問題の考察において契約モデルを採用するというだけのことなら、既に古代および中世において少なからざる先例がある。(3) 固有の意味の社会契約説を際立たせているのは、それが契約モデルを他のモデルと結合させて使用するその仕方である。この「他の」モデルとは自然状態のモデルに他ならない。従って、方法としての社会契約説を理解するには、先ず自然状態モデルの一般的構造を解明する必要がある。

「自然状態」はその最も広い形式的な意義においては、端的に政治社会ないし国家の不在を意味する。かかる自然状態の観念は社会契約の観念に並ぶものというよりは、むしろその構成要素である。社会契約の観念は政治社会(国家)を人間の協定による構成物とみなすわけであるから、その形式的意味における自然状態を政治社会に並ぶもう一つの可能なオールターナティヴとして、実在的にであれ仮設的にであれ措定せざるを得ない。社会契約はこのオールターナティヴを斥ける人間の選択としてのみ意味をもつ。

しかし、社会契約説が伝統的に契約モデルと結合させて用いてきた自然状態モデルは、このような形式的な自然状態の観念に尽くされない。それは政治社会の不在という消極的規定だけではなく、積極的規定をも含む。積極的規定を与える記述は二つの主要部分から構成されている。一つは自然状態における規範状況の記述であり、いま一つは自然状態における問題状況の記述である。便宜上、前者を規範記述、後者を問題記述と呼ぶことにする。

規範記述は各個人が他者に対して道徳的に為してよいことと為してはならないこととの、あるいは各個人が他者から道徳的に要求できることとできないこととの限界を、即ち、諸個人の「道徳的境界(moral boundaries)」(4)を示す。近代社会契約説においては規範記述の中心をなすのは自然権の概念である。道徳的境界としての自然権の概念が典型的な形で見られるのは、他人に干渉されることなく自己の身体・財産を自由に使用・処分する権利や、自己の生命の保全への権利を各人に帰したロックである。[5] ホッブズにおいては、自然権は自己保存のためには何事をもなし得る無差別の自由であり、規範的制約としての道徳的境界を設定するのはむしろ「可能な限り平和を求むべし」を最高原理とする自然法の体系である。[6] しかし、かかる自然法の諸規範は各人の根本的な自己保存の権利の理性的保障として導出されている以上、ホッブズにおいても道徳的境界を確定する究極原理は自然権であると言えよう。ルソーにおいては自然権の位置は微妙な問題を孕んでいる。しかし、ルソーにあっても、自然権の観念を脅かすような一般意志の絶対的主権性が問題になる国家状態以前の自然状態においては、各個人が自由への平等な権利をもつこと、何人もこの権利を自己の同意によらずしては奪われないことが前提されている。[7]

いずれにせよ、自然権を核とする規範記述においては、諸個人の道徳的境界は彼らの自然権の限界と一致する。即ち、各個人の自然権に対する侵犯がとりもなおさずその者の道徳的境界への侵犯である。各個人は他者の自然権を侵犯しない限り何事をも自由になし得、他の誰の自然権も侵害していない個人の行動に他者が干渉するならば、今度はその他者の方がその個人の自然権を、従ってまた、彼の道徳的境界を侵犯したことになる。本章ではこのような自然権原理に立脚する規範記述を考察の対象とする。

問題記述は統一的な政治的権威の不在という条件の下で諸個人が陥らざるを得ないと想定された、特殊な困難さをもつ問題状況を示す。それが「特殊な困難さ」をもつというのは、各人が個人の次元で最大限合理的に振舞ってもなお、あるいは、そうするが故にかえって、それを解決し得ないという意味である。例えば、ゲーム理論で取り上げられる「囚人のディレンマ」に、このような困難さの一面を示すモデルを求めることができる。[8] かかる問題状況として伝統的に論じられてきたのは、絶えざる権利侵害・生命侵害の脅威、侵害行為に対する制裁・補償などの是正措置の非実効性・不確実性、侵害者の同定および侵害行為の有無や制裁・補償の適正な量・態様等をめぐる論争・対立の不可避性とその実効的調停の不可能性などである。このような問題状況そのものが合理的に自己の利害を守ろうとする者にとっては他者の権利に対する侵害への誘因となり、その結果、この問題状況がこの問題状況自体を再生産するという事態がそこには含意されている。

規範記述と問題記述とを一応区別したが、このことは勿論、両者の間に密接な関係があることを否定するものではない。問題記述において呈示される問題状況が、規範記述において呈示される道徳的境界の侵犯をめぐって生起するという一般的な関係は指摘するまでもないが、両者の間にはそれ以上の密接な関係がある。

第一に、問題記述において描かれる問題状況を生起させる一つの要因は、規範記述が示す自然状態の規範状況が、一定の不確定性、あるいは少なくとも、認識論的不確実性を免れないことにある。このような不確定性ないし不確実性は規範記述によって各個人がもつ基本的自然権が何であるかが確定されたとしても排除できない。しかも、このことは関連事実について争いがあることを想定した場合に限定されるわけではない。事実に関する一致が仮定される場合でも、一定の限界的諸問題については不確定性ないし不確実性が避けられない。例えば、権利侵害による直接・間接の損害のうちの補償さるべき範囲、正当防衛と過剰防衛との境界、緊急避難状況の下での責任のない第三者に対する権利侵害の正当化可能性ないし許容範囲、同一対象に複数の原始取得行為あるいは譲渡行為が競合した場合のその対象に対する所有権の帰属、などといった問題は自然権原理と関連事実とに訴えて異論なく解決し得るような性質の問題ではない。この事態は規範的判断の対立を不可避にし、自然状態においては公共的な立法・裁定システムを欠くが故にこの対立は力による闘争に導く。あらゆる不確定性・不確実性を排除した「完全」な規範記述を与えることが仮に論理的に可能だとしても、自然状態モデルを構成する規範記述がこの意味での「完全性」をもたず、規範状況の不確定性・不確実性に大きな余地を残していることが、このモデルのもう一つの構成部分で

ある問題記述が描く問題状況に不可避性を与える一つの要因となっているのである。(9)

第二に、問題記述から規範記述への言わばフィードバックが存在する。即ち、問題記述は規範記述が呈示する規範的諸制約の遵守が合理的な個人にとっては不可能になるような問題状況が自然状態において存在することを示し、そのことによって、自然状態においては第一次的な規範的諸制約の個人に対する拘束力が制限緩和さるべきことを含意する。例えば、ホッブズにとって、「契約は守らるべし」という規範は自然状態においても妥当し（そうでなければ社会契約の効力を説明できない）、既に履行された契約の効力を後で勝手に否認することは許されないが、両当事者が履行する前の契約に関しては、いずれの当事者の履行義務も、相手方による反対給付義務の履行について公共の力による強制という保障が存在しない自然状態においては免除されることになる。(10)この種の事態を比喩的に表現すれば、まわりの者がみな狼であるとき、誰も、ひとり羊になることを強制されないということである。問題記述は規範記述が呈示する本来的な規範的諸制約の限界条件を明らかにするとも言えよう。

規範記述と問題記述とはこのように密接に連関しており、いずれも他から切離されては完結し得ない。即ち、自然状態の問題状況はその規範状況に依存しており、その逆もまた真である。しかし、それにも拘わらず、両者を区別することは自然状態モデルの構造を理解するために必要である。また、この区別はこのモデルの根底にある国家の正当化についての一つの前提を明らかにするのに資する。その前提とは次のようなものである。〝国家はその存在の正当化可能性とその適正な形態とが何らかの道徳的原理から論理的に演繹し得るような制度ではない。国家がおよそ正当化可能であるとするならば、それは国家が人間の生の現実的諸条件が提起する一群の問題を解決し得ている場合のみである。しかしまた、国家は単にそれがかかる問題を解決しているということのみによっては正当化されない。国家が正当化されるためには、それがかかる問題を道徳的制約に反することなく解決し得ていることが示されなければならない。即ち、国家の正当化は moral な考慮と prudential な考慮とを共に必要とする。〃問題記述は国家が解決すべき問題を、規範記述はその解決に課される道徳的制約を示すものに他ならない。

三　自然状態モデルと契約モデルとの関係

自然状態モデルが規範記述と問題記述との複合体としての構造をもち、この構造が国家の正当化に関する一つの前提と結び付いていることを前節で見た。契約モデルもまた国家の正当化に関して一つの固有の主張を含んでいる。即ち、このモデルが適用される国家はその支配に服する者の契約によって創設された、あるいはそのようにみなし得るが故に、正当性を有するという主張である。この主張は自然状態モデルの前提とは一応異なる。従って、両モデルの論理的関係を検討しておく必要がある。これについては差当り三つの問題を挙げることができよう。即ち、(1)契約モデルは自然状態モデルを含意するか。(2)自然状態モデルは契約モデルを含意するか。(3)契約モデルと自然モデルは両立可能か。以下、順次考察したい。

(1)　社会契約の観念が政治社会の不在という形式的な自然状態の観念を包含していることは既に見た通りであるが、ここで問題にしている実質的な自然状態の観念、即ち一定タイプの問題記述と規範記述とから成る自然状態モデルをそれは含意していない。論議の対象となっているある国家が、その全成員の契約によって創設された、あるいはそのようにみなし得るが故に、正当性を有するという主張は、自然状態における「契約は守らるべし」という規範の妥当を前提しているという点を除けば、自然状態の規範状況について何事も語っておらず、またその問題状況に関しても何も含意していない。

もっとも、この点については一つの異論が考えられる。ロナルド・ドゥオーキンによれば、契約モデルはすべての可能的当事者に政治社会設立契約条項に対する「拒否権（veto）」を与えるものであるから、諸種の規範的理論のうちでも、功利主義のような「目標志向型理論（goal-based theory）」や、義務観念に根本的な役割を果たさせる「義務志向型理論（duty-based theory）」とは調和し得ず、「権利志向型理論（right-based theory）」とのみ、しかも立法やコンヴェンションから独立しているという意味で「自然的（natural）」な権利を個人に帰する理論とのみ適合し得る。(11) ドゥオーキンのこの主張に依拠する人々は契約モデルは自然状態モデルを含意しないという主張に対して次のように反論するかもしれない。契約モデルはそこに内在する拒否権の概念を通じて、すべての個人が一定の同じ自然権をもつという想定にコミットしている。従って、自然状態の問題記述は別としても、少なくとも規範記述は契約モデルによって含意されるのではないか。この反論は興味深い論点を含んではいるが成功していない。

先ず、仮にこの反論が依拠しているドゥオーキンの主張が正しいとしても、この観点から契約モデルが含意すると主張できる規範記述はきわめて内容に乏しいものである。第一に、誰が自然権をもつのかについてそこからは何の答えも出てこない。この答えは社会契約の可能的当事者たり得るのは誰か、即ち、拒否権をもつのは誰かという問いへの答えに依存するが、この決定的な問いに対して契約モデルは何も答えていない。契約モデルそのものは拒否権をもつ社会契約の可能的当事者たる地位を、契約の趣旨を理解する能力をもつすべての人間に承認する自然状態モデルだけでなく、もっと不平等なモデル、例えば、奴隷と半人前の道徳的人格しか認められていない家族とを各々が率いる家長たる自由人にのみ、このような地位を承認するモデルとも両立できる。（後者の場合、奴隷や家族は契約によって設立された国家の正式の成員ではないことになる。）第二に、社会契約の可能的当事者の拒否権から彼らが何らかの自然権をもつことが導出できるとしても、どのような内容の自然権をもつのかはそれだけでは確定できない。ドゥオーキンは契約モデルの中でもロールズが構成したようなモデルは、その「深層理論（deep theory）」として、各人が平等な尊敬と配慮への権利をもつという原理を前提していると主張する。[12] しかし、このような深層理論が仮に含意されるとしても、それは契約モデル一般に内在する拒否権の観念によってではなく、ロールズの特殊な「原初状態（the original position）」のモデルによって含意されるものである。[13]

以上は契約モデルが自然権を承認する権利志向型理論とのみ適合し得るというドゥオーキンの主張を一応前提した上での議論であるが、実はこの主張そのものが支持し難い。契約モデルは確かに契約上の義務に関して可能的当事者に拒否権を与える。ある契約条項について交渉した複数の個人のうち一人でもそれに同意しなかったならば、他の全員がそれに同意したという理由で、その条項をそれに同意しなかった個人に契約の名において強制することはできない。しかし、この拒否権は飽くまで契約という理由に基づく義務のみに関わる限定的な拒否権である。同一の行為が契約によって義務付けられると同時に契約以外の理由によっても義務付けられるという事態は可能だが、この場合契約観念が含意する拒否権は前者の義務付けにのみ関わり、後者のそれには及ばない。例えば、ある人Xが病に臥している親友YからYの子の扶養を引受ける契約を結ぶように頼まれたとしよう。もしXが契約関係は友情関係と調和しないと考えてYとのこの契約を拒否したならば、XはYの子を扶養する契約上の義務を負わない。しかし、その場合でも、ある条件――例えば、Yの子にはY以外に身寄りがない、等々――の下ではXは依然人道上の理由でYの子を扶養する義務を負うことがある。契約上の義務に関するXの拒否権の発動は後者の義務をも無効にするものではない。ドゥオーキンが考えているような自然権を論理的に含意し得るのは、契約上の義務にのみ関わるこのような限定的な拒否権ではなく、契約以外の理由のうち少なくとも一定タイプのもの、特に功利主義等に見られるような集合的・目的論的なタイプの理由――社会全体の福祉の総和ないし平均値の最大化、等々――による義務付けに対しても行使し得るような強い拒否権である。[14] 国家の正当化を試みるある理論がこのような強い拒否権を、従ってまた、自然権を個人に帰しているか否かは、その理論が契約モデルを使用しているということだけでは決し得ず、その理論が契約モデルをいかなる規範的文脈に置いているか、即ち、その理論がいかなる規範記述を採用しているかに依存する。契約モデルそのものは、このような強い拒否権と結び付いた自然権を承認しない規範記述とも両立し得る。

契約モデルが自然状態モデル、特にその規範記述を含意しないことを以上において確認したが、この確認は、契約モデルの使用が古代および中世に既に先例をもつにも拘わらず、なぜ近代社会契約説が固有の意味の社会契約説として際立たせられるのかを真に理解するために必要である。近代社会契約説の特異性はそれが契約モデルを固有の自然状態モデルと結合させた点にあるということを既に述べたが、この主張は実は、自然状態モデルの規範記述が契約モデルに論理的に還元し切れない内容（即ち、自然権原理）をもつことを前提にして初めて意味をもつのである。

(2)　契約モデルは自然状態モデルを含意しないことを見たが、その逆はどうか。自然状態モデルは契約モデルを含意するか。国家の正当化可能性を示すために自然状態モデルを採用した者は、論理的矛盾を犯すことなしには、契約モデルの使用を拒否し得ないのか。自然権を核とする規範記述と問題記述とによって描かれた自然状態を、政治社会に対するオールターナティヴとして想定する限り、政治社会を正当化する論理的に可能な方法は契約モデルによる正当化しかないのか。

社会契約説は単に、国家はその全成員の契約によって設立されたとき、あるいはそのようにみなし得るとき正当性をもつと主張するだけではない。それはまた、国家はこのようなときに**のみ**正当性をもつ、即ち、国家の唯一可能な正当化根拠はその全成員による契約であると主張する。後者の主張は契約モデルの使用の必然的帰結ではなく、むしろ自然状態モデルの使用と関連している。後者の主張をした社会契約説の提唱者たちは、彼らが採用している自然状態モデルの規範記述が個人に帰している自然権を侵害することなく、その問題記述が呈示する問題状況を解決し得るような国家は、成員の契約によって設立された、あるいは、そうみなし得る国家しかないという想定、即ち、自然状態モデルは契約モデルを論理的に含意するという想定に立っているのである。しかし、この想定は果たして妥当か。

答えは否である。この解答を確認するには、国家を正当化するための契約モデルとは異なった(それを含意しない)モデルと自然状態モデルとの論理的に整合的な——あるいは少なくとも、自然状態モデルと契約モデルとの結合が避け得るような不整合性はもたない——結合の例を一つ挙げればよい。R・ノーズィックがその著『無政府・国家・ユートピア(*Anarchy, State, and Utopia*)』(15)(一九七四年)で展開した「最小限国家(the Minimal State)」の正当化の試みはこのような結合例を提供している。

ノーズィックは、自己の同意なくしては自己の生命・身体・財産を侵害されないというロック的自然権を各個人に帰する規範記述と、本章で示したような問題記述とから成る自然状態モデルを採用し、かかる自然状態から、自己の権利を保障しようとする諸個人の努力の「意図されざる結果」として、最小限国家が誰の権利をも侵害することなく現出(emerge)し得ることを一種の思考実験によって示そうと試みている。(16)彼の理論においても、自然権侵害に対して諸個人がもつ刑罰権・補償請求権や、他者による信頼可能性のない権利実現手続の適用に対する諸個人の差止め請求権などを委託されることにより、諸個人の権利保障を請負う「保護協会(protective associations)」と、その顧客たる個人との契約が導入されているが、かかる保護協会は差当り非国家的な企業体に過ぎない。国家(最小限国家）そのものは契約によって意図的に設立されたものとして正当化されるのではなく、これらの企業体の間の競争から市場メカニズムによって、支配的・独占的な保護協会が人々の意図とは独立に現出する過程に関する一種の「見えざる手説明（invisible-hand explanation）」（および一定の補償原理）によって正当化される。それは自然状態モデルを採用しながらも、国家が誰の自然権をも侵害せずに現出し得ることを、国家設立契約の想定ないし擬制によらずに説明しようとする試みである。ノーズィックの理論がときに「社会契約なき自然状態論」[17]と評される所以である。

ノーズィックのこのような試みが成功しているか否かは確かに論議の余地がある。[18]しかし、彼の試みが仮に失敗しているとしても、それは彼の「見えざる手説明」のモデルが契約モデルには見られないような仕方で自然状態モデルと不整合であるからではない。失敗の可能な理由として考えられるのは彼の自然状態モデルが想定する自然権が最小限国家さえ許容し得ないほどに強いことか、あるいは国家の生成過程の仮設的再構成が国家の正当化問題にとってイレレヴァントであることとである。後者の理由がもし妥当するならば、それは「見えざる手説明」だけではなく、あるいはそれ以上に、契約モデルをも無効化する。前者の理由に関して問題になるのは、最小限国家の地位を獲得することになる支配的保護協会の勢力圏内に居住しながら、それに加入していない「独立人（independents）」である。最小限国家も領域支配を行なう以上、独立人から自力救済権を剝奪すると同時に、独立人を非独立人と同様に保護する。もし前者の理由が妥当するならば、このことは独立人の自然権の不当な侵害であると同時に、非独立人たちの財産を彼らが必ずしも同意しない独立人の保護という目的のために強制的に再分配していると いう点で、非独立人の自然権の侵害であるということになる。しかし、自然権がこのような主張を支持するほど強いものであるならば、これは契約モデルによる国家の正当化にとっても同様に障害となる。このような強い自然権が想定されたとき、国家の領域内における独立人の存在が提起する自然権侵害の問題を契約モデルが解決できないことは、この問題に関してロックが、国家の領土内に単に存在するということ――一週間の滞在や公道を勝手に旅行している場合も含めて！――だけで、服従への暗黙の同意が成立するというかなり無理な議論に訴えざるを得なかったことからも明らかである。(19)

いずれにせよ、ノーズィックの「見えざる手説明」のモデルは契約モデルと少なくとも同程度の plausibility を有する。自然状態モデルと契約モデルを結合させる伝統的社会契約説が、成功しているか否かは別として、国家の正当化問題に対する一つの「可能」な解答であると言えるならば、ノーズィック流の「見えざる手説明」と自然状態モデルとの結合も同じ意味において一つの「可能」な解答と言える。従って、自然状態モデルに立脚して国家の正当化可能性を示そうとする者にとって、契約モデルは唯一の可能な選択肢ではない。その意味で自然状態モデルは契約モデルを含意しない。

(3)　これまでの考察から分かるように、自然状態モデルと契約モデルとの間には何ら論理必然的な結合関係はない。それだけではなく、契約モデルの中心をなす思想、即ち、自由になされた合意を政治権力の正当化のための充分条件とみなす思想と自然状態モデルの規範記述、即ち自然権原理との矛盾さえ問題になる。合意原理が多数決原理にまで薄められたとき、これが自然権原理と衝突する可能性を孕むことは言うまでもないが、国家設立契約におけるように全員一致の原則が貫かれている場合でさえ、このような矛盾衝突は問題になり得る。例えば、設立さるべきある政治社会のすべての可能的成員が一人の可能的統治者の人格を信頼して、この者に契約、即ち全員一致の合意により、無制限・無留保の絶対的な政治権力を与えたが、彼は一旦統治者の地位を獲得すると、この権力を全く恣意的に行使して諸個人の自然権を際限なく侵害したとする。かかる事態は経験的に与えられた人間心理を前提する限り充分ありそうなことであるし、少なくともその可能性は論理的には排除できない。この場合、合意が欺罔・強制などによらず自由になされたものである限り、契約モデルはこのような政治権力およびその行使にも正当性を与えるが、自然権を規範記述の核に据える自然状態モデルはその正当性を否認するであろう。自然権を完全放棄する自由をも含み得るように自然権概念を解釈することにより、このような矛盾・衝突の可能性を排除することはできるかもしれない。しかし、自然権がまさに自然権であるのはその存在が人間の意志による創造に依存しないからである以上、人間意志によって自然権が自由に破棄され得ることを認めるような自然権原理はその内的整合性が当然問題とされよう。実際、自然権の全面放棄の不可能性は近代社会契約説の論客のうちルソーは別としても、自然権を真面目に取る論者の間では一つの公準となっている。例えば、ロックが抵抗権を承認しているのは、単に彼が社会契約を自然権の本質的な部分を留保した上での信託として解釈しているからではなく、彼にとって個人は自己の意志によって自由に自己の自然権を全面放棄するような権利をそもそも有していないからである。[20] また社会契約によって設立された主権の絶対性を説くホッブズにおいてさえ、自然権の放棄の可能性については一定の留保——それがホッブズに抵抗権思想を帰するような解釈説を確証するものか否かは別として——が設けられている。[21] いずれにせよ、自然権が国家状態に移行する前の束の間の大いなる栄光以上の役割を果たすような自然状態モデルと契約モデルとの間では、矛盾・衝突の可能性を完全に排除することはできない。（なお社会選択理論の領域でA・センが証明した不可能性定理、即ち、全員一致原則の一ヴァーションとしてのパレート原理が最小限の自由主義的権利主張と両立不可能であるという「リベラル・パラドックス」（前章付説二、一四九頁、一五四頁註(2)を参照）は、ここでの論点の補強証拠として援用できる。）

自然状態モデルと契約モデルとがこのように互いに他を論理的には要請せず、しかも場合によっては矛盾し得るという事態は、両モデルを結合させる社会契約説の方法に対する一つの疑問を喚起する。なぜこの結合が必要なのか。この疑問は以下に述べるような考慮の下で、契約モデルの理論的有用性への疑問に連なる。

四　契約モデルは無用か

政治社会ないし国家の正当化問題を考えるとき、国家が正当性をもつためにはそれに反してはならないような価値原理が果たして存在するか、存在するとすればそれは何か、という問題と、もし国家を成立させる統一的な政治権力が存在しなかったとしたら、どのような困難な問題が生じるであろうか、という問題を考えるのは当然の成行である。即ち、規範記述と問題記述とから成る自然状態モデルの構成は、規範記述として自然権原理を採用するのが適切か否か、問題記述の前提をなす人間性論が充分に現実的であるか否か、といった問題はあるにせよ、国家の正当化問題を考察する際の思考経路、思考手続としては「自然」である。勿論、この自然さは、自然状態モデルの根底にある「もし国家がなかったら」という問いのもつ哲学的根源性、即ち、国家の存在を自明視する日常的意識にゆさぶりをかけ、国家が正当化を要する存在であることを自覚させるその根源性と矛盾しない。

これに対して、契約モデルの導入にはこのような自然さはない。むしろ、原始契約や黙示的合意の観念が不可避的にもつ擬制的性格など、反契約論者の批判の格好のえじきとなった重大な難点をこのモデルが抱えていることから示されるように、そこには「無理」、あるいは「不自然さ」がある。それは問題を解決する以上に問題を生み出している。原始契約がそもそも存在するか。現存する殆どすべての国家の成立は暴力によるものではないのか。原始契約が存在するとしてもその存在と内容をいかにして証明するのか。なぜ遠い祖先の契約に現在の世代が拘束されるのか。国家の領土内にただ居住しているというだけで、国家の支配に対する黙示的合意が成立するならば、眠っている間に船内に運び込まれた者も、大洋に飛び込んで死ぬことを選ばずに船内に留まっているというだけで、船長の支配に自由な同意を与えたことになってしまうのではないか――等々。(22)

契約モデルにこのように無理があるとしても、もしそれが国家の正当化問題の考察の自然な手続きである自然状態モデルと論理的に不可分一体のものであるならば、その導入は一応理解できると言えるかもしれない。しかし、両モデルの間にこのような論理必然的結合関係がないこと、それぱかりか矛盾・衝突の可能性さえあることは既に見たとおりである。

しかも問題を虚心に眺める限り、自然状態モデルだけで充分なように見える。ある形態の国家が自然状態モデルの規範記述に適合しており、しかも、それがこのモデルの問題記述によって示された問題状況に対する一つの remedy であること、即ち、その問題を解決できていることを示すことができれば、それだけで既にこの国家の正当化の試みは完結しているのではないか。要するに、問題の国家がその起源は何であれ、現時点で諸個人の自然権を体系的に侵害しておらず、むしろそれに実効的保障（その国家が存在しなかったとしたならば得られない保障）を与えていることを示せば済むのではないか。国家が今何をしているかよりも、それが如何にして設立されたかに関わるような契約モデル、しかも自然権原理と矛盾する可能性を孕んだ契約モデルによる正当化をそれに付加することは、自然状態モデルによる国家の正当化を補強するよりもむしろ、その一貫性を失わせ、無用の難点と混乱をそこにもち込むだけではないのか。(23)

契約モデルへの懐疑を促すもう一つの要因は、社会契約説におけるこのモデルの通常の「用法」に従う限り、このモデルは結局、自然状態モデルが提供する国家の正当化のための論拠とは別個独立の論拠を与えるものではなく、それを単に異なった外装の下に反復しているにすぎないことである。社会契約説においては、社会契約の当事者は一定の政治社会を次の理由で、即ち、それが自然状態モデルが設定する規範的制約条件の下での、このモデルが提出する問題に対する最適解を与えるという理由で選択するという構成が通常とられる。ところで、契約が現実に締結された場合には、その内容をなす権利義務は契約締結の理由——例えば、その契約が双方の当事者に一定の経済的利益を保証するとか、一定の道徳的義務を果たすために必要であるというような理由——によって正当化されるだけでなく、あるいはそれによって正当化されなくても、契約締結の事実自体によって正当化される。現実に締結された契約は契約締結の理由とは独立の正当化理由である。しかし、社会契約説においては契約は黙示的合意の名の下に許容可能な範囲を超えて擬制されるか、あるいはその理念的・仮設的性格が意識的に強調される。社会契約説における契約モデルが擬制的・仮設的なものならば、それは社会契約を締結すべき理由とは異なった独立の国家正当化理由を提供できない。社会契約を締結（国家を設立）すべき理由は既述のように自然状態モデルが提供している。従って、契約モデルは自然状態モデルに求め得る国家の正当化理由以上の理由を提供できない。(24)

以上のような考慮は契約モデルの理論的価値あるいは有用性を疑わせずにはおかない。政治社会あるいは国家の正当性を、「道徳性（morality）」と「賢慮（prudence）」との両面において考察しようとする自然状態モデルは、近代社会契約説の貴重な思想遺産であるが、契約モデルは理論的に「余計（redundant）」な、しかも有害な粉飾ではないのか。中世封建社会の構成原理をなす主たるイデオロギーの一つが契約原理であるという事情を考えるならば、近代社会契約説が契約による政治社会の設立というモデルを使用したのは、中世的思考習慣に惰性的に追従したからにすぎないか、あるいはせいぜい、その使用が論敵の好むシンボルを逆用して論敵を説得するという戦略的意義をもつと考えられたからにすぎないのではないか。いずれにせよ積極的な理論的意義を認めることは不可能ではないのか。

しかし、このような懐疑にも拘わらず、一つの知的伝統の理論的意義を全面否認することにはやはりためらいがある。「数世代の人間の観念を支配するほどに強力なアナロジーが、全くうわべだけの真実性しかもたなかったということはありえない」[25]のではないか。契約モデルに関して言えば、このモデルそのものは理論的有用性をもたないとしても、その前提をなす発想、即ち、政治社会の正当化において合意の要素――自然状態モデルが含む「権利」と「功利」のモティーフに対する「意志」のモティーフ――が何らかの仕方で redundant ではない役割を果たし得るという発想にはなお重要な真理が含まれてはいないか。

この問題を考えるには、国家の正当化には自然状態モデルだけで充分であるという主張を再吟味する必要がある。自然権を規範記述の核とする自然状態モデルについてこの主張の妥当性を再検討するならば、次の二つの問題が考えられる。

第一に、自然状態モデルを超越的な観点から見るとき提起される問題がある。即ち、自然権原理はこの自然状態モデルの公準ないし公理であって、このモデルそのものはこの原理を正当化できない。従って、功利主義のように、政治道徳の問題にとっての自然権概念の無用性・有害性を主張する立場からの批判に対してこの原理を擁護するには、自然状態モデルの他に何か
が必要である。

第二に、自然状態モデルを内在的な観点から見るとき提起される問題がある。即ち、自然権原理が承認されたとしても、自然権を個人の別個独立性・自己目的性の観念と結び付けて、集合的目標追求の見地からの犠牲要求に対する個人の拒否権を含意するものとして理解する限り、国家を、それが人々の自然権の全般的な保護の実効的手段

であるという理由だけで直截に正当化することはできない。ノーズィックが示したように、国家はその最小限の形態においてさえ、一定の領域内での実力行使を独占し、また最小限の強制的再分配機能、即ち、その領域内のすべての者に税金を払うと否とに関わらず保護を与えるという機能を果たす。従って、いかなる国家も個人の自然権、特に自力救済権と所有権を制約する。(26) ところで、個人は自分が他人の自然権を侵害したときは、制裁・補償などの形で自己の自然権を制約されることを受忍しなければならない。しかし、自分が誰の自然権も侵害しておらず、そのつもりもないのに、自分にとって関心のない人が大部分を占める集団一般の権利保護の実効化のために自己の自然権を制約されることに対しては、自然権を上述のように厳格に解する限り、拒否できる。このような制約を承認するのはノーズィックが「権利功利主義（utilitarianism of rights）」と呼ぶ立場であるが、この立場も個人を彼が必ずしも同意するわけではない集合的目標（集団内の自然権侵害の総量の最小化等）のための手段として扱うものであり、上述のような厳格な自然権原理に抵触する。(27) 従って、かかる自然権原理に立脚する限り、国家が人々の自然権の全般的保護の最も実効的な手段であることを示すだけでは、当該国家の領域内で自力救済権の全面留保を主張し、納税を拒否する個人、国家による保護と国家への服従とをともに拒否する独立人に対して、国家による彼の自然権の制約を正当化することはできない。(28)

自然状態モデルのみによる国家の正当化の試みが孕む以上二つの問題——言わば、「超越的」問題と「内在的」問題——を、合意のモデルを従来の契約モデルとは違った解釈に従って再構成することにより、解決することはできないか。契約モデルが「強力なアナロジー」として何らかの真理を含むとするならば、それはこのような問題の存在とこのような解決の可能性とを示唆する点にあるのではないか。

五　合意モデルの再構成
――ロールズとノーズィックの場合――

自然状態モデルのみによる国家の正当化の限界を合意モデルの再構成により克服する試みを、既に言及したロールズとノーズィックの仕事に求めることができる。即ち、ロールズの仕事は「超越的」問題に関して、またノーズィックの仕事は「内在的」問題に関して、それぞれこの課題を遂行する試みとして理解できる。以下簡単に彼らの仕事を検討しておきたい。

ロールズの理論は周知のように、公正な判断状況としての「原初状態（the original position）」における全員一致の合意というモデルによって、基本的諸自由と社会的・経済的利益との分配を律する一定の正義原理を導出し正当化しようとするものである。それは伝統的自然権理論と必ずしも同一ではないが、個人の別個独立性・自己目的性を尊重する立場から功利主義を批判するとともに、平等な最大限の基本的諸自由を各人に帰する第一原理を社会的・経済的利益の分配に関する「格差原理（the difference principle）」に優先させており、少なくともその意図においては、功利主義に対抗し得る体系性を備えた理論を構築して、自然権原理を合理的に解明し正当化する試みである。(29) 従って、これを合意モデルの再構成により上述の超越的問題を解決する試みとして性格付けることが許されよう。なお、ロールズの原初状態のモデルは自然状態モデルの一種とみなされることがままあるが、これは誤解である。原初状態モデルは何よりも先ず問題記述を欠く。原初状態の当事者の問題は正義原則の選択である。自然状態における人間的生のディレンマを描く問題記述を原初状態モデルは含んでいない。かかる問題記述はロールズにおいては国家の存在理由というよりも正義原則の存在理由を示す「正義の情況（the circumstances of justice）」（本書第一章、八―九頁、二五頁註(6)、第五章、二〇五頁を参照）の記述によって代用されていると言えるかもしれない。また原初状態モデルは自然権原理の一ヴァーションたり得るような規範的諸原理を正当化するための装置である以上、自然状態モデルのように明示的な形では規範記述を含んでいない。原初状態モデルは本来の自然状態モデルとは無関係であり、むしろロールズの合意モデル自体の本質的な構成要素をなす。それは言わば、個人の prudential な選択が moral force をもち得るための制約条件――「無知のヴェイル（the veil of ignorance）」[30]がそのうちの主要な条件であることは言うまでもない――を示すものに他ならず、どちらかと言えば、特殊利害を志向し得ぬが故に道徳的普遍性を獲得できるルソーの一般意志の概念[31]の再構成とみなすべきものである。従って、「社会契約なき自然状態論」と呼ばれるノーズィックの理論と対比して、ロールズの理論を「自然状態なき社会契約説」と呼ぶことができるかもしれない[32]。

このようなロールズの理論は様々な問題を抱えているが、ここでは合意モデルの再構成による自然権の正当化という側面に関わる二つの問題に簡単に触れるにとどめる。

第一に、ロールズは原初状態における正義原理の選択が全員一致の合意によることを強調するが、実は原初状態における合意は本来の意味での合意、即ち複数の異なった意志の合致ではない。実際、彼が原初状態における合理的選択のモデルとして使用しているのは、複数プレイヤーのゲームに関するゲーム理論的モデルではなく、単独プレイヤーのゲームに関するそれ、即ち、狭義の決定理論のモデルである。確かに、原初状態における選択の当事者は複数存在することになっているが、「無知のヴェイル」によって各当事者は自己の特殊性に関する一切の情報を剝奪されている以上、すべての当事者は選択主体として相互に何ら変わるところがない。彼らのうちの一人がある選択をすることが示されたならば、まさにそのことによって（*ipso facto*）、他の当事者も同じ選択をすることになる。従って、原初状態における選択主体の複数性の想定は言わば理論的に「空転」しており、実際は選択主体が一人しか存在しないのと変わらない[33]。このことは幾つかの重要な問題を提起するが、ここでは次の点にだけ触れておきたい。ロールズは功利主義に対して、それが個人的選択原理を社会全体に拡張して社会全体を一人の個人であるかのように扱うことにより、社会を構成する諸個人の多元性・別個独立性を無視していると批判する[34]。しかし、原初状態における選択が右のような性格をもつならば、この批判はそのままロールズ自身の理論にもあてはまるであろう。ロールズに対して、功利主義の陣営から、彼の原初状態の発想を真に生かすならば平均的功利主義が正当化されるという批判が、また反功利主義の陣営から、彼の理論は功利主義と同様個人権を否認する集合的・目的論的正義観を示しているという批判がなされている[35]が、このような批判を可能にする根本的要因の一つは今述べた点にあると思われる。

第二に、ロールズは一方で彼の原初状態のモデルが「純粋な手続的正義（pure procedural justice）」の観念を体現しているとし、他方でそこにおける「合意」が仮説的なものであることを強調するが、ここには明らかな矛盾がある。「純粋な」手続的正義は結果の正しさについて手続から独立した基準が存在せず、当の手続を経て達せられた結果ならばいかなるものであれ、その手続を経たということのみによって道徳的に正当化される場合に成立する。それはかかる独立の基準が存在し、ある手続がその基準に合致する結果をもたらす確実な、または不確実な手段として評価される場合に成立する「完全（perfect）」または「不完全（imperfect）」な手続的正義から区別される[36]。ロールズによれば公正な判断状況としての原初状態は、そこで選択された原理はそれが何であれ、まさにそこで選択されたことによって正当化されるが故に、「純粋」な手続的正義の性格をもつ[37]。ロールズがかかる性格付けを行なう主観的意図は何であれ、この性格付けは彼の原初状態モデルが正当化さるべき正義原理を先取りしているという批判、即ち、原初状態モデルは予めそれとは独立に彼が受容している正義原理を導出し得るように構成されているが故に「公正」なものとして採用されている以上、前者によって後者を正当化することは不可能であるという批判をかわすために重要な役割を果たす。これは一つには黙示的合意の擬制など伝統的契約モデルが孕む困難を回避するためであるが、より根本的な理由は、原初状態において選択される正義原理と個人の「自然的義務（natural duty）」の諸原理（これは前者から派生すると同時に、それ自体原初状態における選択の対象である）とが、規律される人々の現実の意志行為に依存しない定言的・無条件的妥当性をもつことを示すことにある。[38] 以上の事態を合意モデルの再構成による自然権原理の正当化という観点から見れば次のようになる。即ち、ロールズの原初状態モデルが自然権原理を正当化していると言えるためには、このモデルが「純粋」な手続的正義の性格をもつという彼の主張が単なる衒学的形容以上の「文字通りの意味」において理解されなければならず、このモデルが自然権原理を正当化している、即ち、正当化対象が人間の意志による創造から独立した妥当性をもつ自然権原理であると言うためには、原初状態における合意の仮設性についての彼の主張が不可欠の前提をなす。

しかし、この二つの主張は論理的に両立不可能である。なぜなら、ロールズ自身が明示的に承認しているように、「純粋」な手続的正義においてはまさに手続とは独立に結果の正しさを決める基準がない故に、与えられた正当化対象はそれが現実に遂行された手続の結果である場合にのみ正当化され得るのである。「純粋な手続的正義の一つの特徴は正しい結果を決めるための手続が現実に（actually）遂行されなければならないことである。……公正な手続に従えばある特定の事態に到達し得るであろうからといって、その事態が正しい（just）とは言えないのは明らかである。……公正な手続がその公正さを結果に移す(translate)のはそれが現実に遂行されたときのみである。[39]」従って、原初状態モデルが「純粋」な手続的正義の表現であるならば、それが設定する条件がいかに公正なものであっても、その条件の下での合意が仮設的なものである限り、このモデルによる正当化は成功しない。即ち、ロールズは先の二つの主張のうちいずれか一方を放棄しなければならない。これに対して、ロールズは原初状態における仮設的合意は単に「そのように合意され得るであろう(could)」という可能性・蓋然性にとどまらず、「そのように合意されざるを得ない(must)」という必然性を有するから現実の合意と同じ効果をもつと反論するかもしれない。[40]しかし、この反論は的を失している。「純粋」な手続的正義にとっては、もし手続が遂行されたならばある結果が可能的・蓋然的に生起するか必然的に生起するかが問題なのではなく、この条件節が現実に充足されているか否かが問題なのである。もし先の反論が妥当するならば、ある男が「明日雨が降ることに一万円賭ける」と友人に言いながらその場で賭けを取消したが、次の日雨が降ったという場合、決定論的世界像が前提されるとすると、その友人は「もし昨日の賭けを実行していたならば僕が勝つことは必然的である」と主張することにより、その男に対し自分が一万円の請求権をもつことを正当化できるということになってしまうであろう。

このように、原初状態モデルを「純粋」な手続的正義として性格付けることと原初状態における合意の仮設性の主張とは両立できない。原初状態における合意の現実性を主張するのは不可能であろうから、放棄さるべきは前者である。しかし、前者を放棄するならば、原初状態モデルによる正当化が結論先取りの誤謬を犯しているという批判に対して、ロールズは改めて応答しなければならない。考えられる一つの応答は、ロールズの正義原理の正当化にとって決定的な役割を果たしているのは原初状態モデルそのものではなく、むしろ、このモデルが前提し「形象化」している基本的価値原理と正義の二原理と我々の直観的道徳的判断との間のロールズの言う「反省的均衡

（reflective equilibrium）[41]であり、原初状態モデルは、この反省的均衡に到達するための我々の熟慮を媒介する補助表象にすぎない、というものである。この応答は確かに傾聴に値する重要な示唆を含んでいる。しかし、それが意味しているのは、合意の要素が結局、正当化において本質的重要性をもたないということである。

以上、「超越的」問題に関するロールズの解決の試みを瞥見したが、ここで「内在的」問題に関するノーズィックの解決の試みに目を転じたい。既述のように、ノーズィックは自然状態モデルを採用しながらも契約モデルを斥け、これに代えて一種の見えざる手説明を導入している。そこでは国家は契約によって設立されるのではなく、非国家的企業体たる複数の保護協会の間の競争から市場メカニズムに基づき、意図されざる結果として現出するという構成がとられている。しかし、それにも拘わらず、各保護協会とその顧客たる個人との保護契約という形で合意の要素がそこでも不可欠の役割を果たしている。これはノーズィックが、個人権概念を厳格に解する限り「権利功利主義」的な見地からの国家の直截な正当化が不可能であることを自覚していたからである。従って、ノーズィックの理論は合意モデルを国家の非意図的現出と両立し得るように再構成することにより、自然状態モデルのみによる国家の正当化が孕む「内在的」問題を解決する試みと評してよい。多くの問題がこれに関して提起され得るが、ここでは二点だけ触れておきたい。

第一に、ノーズィックにおいて最小限国家の正当化は実は保護契約と市場メカニズムとを結合する「見えざる手説明」だけで完結しているわけではない。既述のように、最小限国家はその領域内の実力行使を独占する機能と領域内のすべての者に保護を与える最小限の再分配機能を果たすが、前者のみを果たし後者を欠く支配的保護協会をノーズィックは「超最小限国家（ultraminimal state）」[42]と呼んで最小限国家と区別している。この超最小限国家から最小限国家への移行は「見えざる手説明」に適合する自生的過程ではなく、補償を条件としてのみ独立人の自力救済権に対する制約を許容する道徳原理によって要請されるものである。[43] 超最小限国家は独立人の自力救済権の制約に対する補償として、顧客たる非独立人による権利侵害から独立人を保護することを要請され、このような保護を与えたとき最小限国家の身分を獲得する。この補償原理は合意モデルの再構成としての「見えざる手説明」の限界を示すと同時に、それと矛盾する可能性を孕んでいる。なぜなら後者は少なくとも超最小限国家が何人の権利も侵害せずに現出することを示そうとしているが、前者は補償を要求するというまさにそのことによって、超最小限国家が独立人の権利を侵害していることを前提しているように思われるからである。この点に関して次のような問題が提起されている。超最小限国家は独立人の権利を侵害しているか否かのいずれかであり、前者ならば、超最小限国家でさえ正当化できない以上、最小限国家の正当化は不可能であり、後者ならば、独立人に補償する必要はないどころか、そうすることは非独立人の権利の侵害であって許されない以上、超最小限国家から最小限国家への移行は正当化できないのではないか。このディレンマを避けるために想定される、「権利の侵害ではないが補償を要する行為」の範疇は個人権理論の枠内においては承認できないのではないか。[44] さらに、多数派をなす非独立人の権利の保護のために少数の独立人の権利の制約を許容する補償原理は結局、「権利功利主義」的見地からしか正当化できないのではないかという疑いがあるが、この疑いが確証されるならば、権利功利主義の拒否を前提とする「見えざる手説明」と補償原理とはより深い次元で矛盾することになろう。

第二に、「見えざる手説明」と補償原理とによる最小限国家の正当化の基本的特色は「仮想史（hypothetical history）」の方法であるが、ノーズィックの個人権理論を前提する限り、この方法には原理的な限界がある。ノーズィックは少なくとも、最小限国家に関してはそれが何人の道徳的権利をも侵害することなく現出し得るような一つの仮構的な歴史を構成することができれば、それは正当化されたとみなし得るという前提に立っている。[45] しかし、国家の正当性に対する道徳的制約として個人権を設定する限り、このような仮想史は抽象的に捉えられた国家ではなく、現実に存在する国家の正当化を問題にする場合にはイレレヴァントである。このことは次の点を考えれば明らかである。即ち、ノーズィックの言う最小限国家と同一の形態をもつ国家が彼の仮想史が描く自生的過程によってではなく、人々の道徳的権利を侵害する何らかの強制的措置を伴う仕方で実現された場合（例えば、ノーズィック的自由主義に心酔した男が私兵を率いてある地域を征服し、そこの先住民に最小限国家の形態をもつ統治機構を押しつけたような場合）、この現実に存在する国家はそれがノーズィックの仮想史――これは権利侵害を一切伴わないものとここでは仮定する――が描くような仕方で成立することも可能であったからといって正当化されることにはならない。個人権理論の観点からは、現実に存在する国家に関して正当な仮想史と不正な現実史とが競合する場合、その国家の正当性にとって決定的なのは後者である。仮想史が最小限国家の正当化に関してなし得ることは、高々、最小限国家が正当化され得るであろうような状況が存在することを示すことであって、あらゆる最小限国家がまさに最小限国家としての資格において正当化されていることを示すことはできない。

少なくともノーズィックは配分的正義に関する彼の「歴史的権原理論（historical entitlement theory）」[46]に忠実である限り、このことを認めざるを得ない。この理論は財の分配の公正さを決定するのは分配の型ではなく、その分配状態をもたらした財の移転の現実の歴史の公正さであるとするもので、ロールズの言う「純粋」な手続的正義の観念を典型的に表現している。この理論に従えば、略奪やその他の不正な移転過程を現実に経て到達された分配状態は、それと同じ状態に導く公正な仮想移転史、しかも、当の分配状態がすべての個人が合理的に自己の（あるいは社会全体の）利益を追求したならば達したであろう結果であることを示す仮想史が構成されたとしても正当化され得ない。ノーズィックが拡大国家批判の論拠としているこの理論と、最小限国家の正当化において彼が使用している仮想史の方法とは一見、ともに「歴史的」である点で似ているように思われるが、実はその発想において根本的に対立している。歴史的権原理論は「純粋」な手続的正義の理念に立脚しているが故に過程の現実性・事実性に本質的な役割を果たさせており、本来、仮想史の方法とは相容れないのである。[47] ノーズィックの個人権理論の立場に忠実なのは歴史的権原理論の方であり、その観点に従う限り、彼は最小限国家の正当化に関して仮想史の方法が上述のような原理的限界をもつことを承認しなければならない。逆に仮想史の方法にこの限界を超えた役割を果たさせようとするならば、彼の個人権理論が、従ってまた彼の国家理論全体が修正を迫られることになる。即ち、ノーズィックが単に可能的な最小限国家ではなく、現実の最小限国家を仮想史が正当化し得ることを主張するならば、まさにそのことによって彼は現実の拡大国家を正当化できる仮想史の存在も承認せざるを得なくなる。

六　自律と他律

以上の考察の結論として次の二点を挙げることができよう。

第一に、国家の正当化問題の考察において自然状態モデルには一定の理論的意義を承認できるが、契約モデルはそのままの形では理論的有用性が疑われて然るべきである。両モデルに対するこのような反対方向の評価が可能であること、即ち、両モデルは運命共同体をなさないことを理解するには、従来半ば無意識に一対のものとして扱われてきたこれら二つのモデルの間に論理必然的結合関係がない（いずれも他を論理的に要請してはいない）こと、むしろ矛盾の可能性さえあることを自覚する必要がある。

第二に、両モデルに対してこのような反対方向の評価ができるとしても、自然状態モデルのみによる国家の正当化の試みには、道徳的基礎の問題と内的整合性の問題という二つの限界がある。契約モデルの根底にある合意のモデルを契約モデルとは違った解釈に基づいて再構成することにより、このような限界を克服することが一つの可能性として考えられる。社会契約説的諸表象を現代において復活させたロールズとノーズィックの理論は、それぞれ基礎問題（超越的問題）と整合性問題（内在的問題）に関してこの可能性を追求する試みとして理解できるが、彼らの試みもかなり根本的な次元で困難を抱えている。

社会契約説の困難は結局、それが、他者との社会関係から独立に個人がア・プリオリに保有する「道徳的なわばり」としての自然権の概念に依拠していることに由来すると思われる。この意味での自然権概念は個人がその気になれば他者との社会的結合を拒否して誇り高き孤立を選ぶ主権的自由をもつことを想定している。かかる自然権概念に立脚しながら正当化可能な国家を構想するのは、主権国家を前提にしたまま世界国家を正当化するのと同様、本来不可能な試みであろう。これに代わる道は、個人の自律と他律を、社会的結合からの独立とそれへの依存としてではなく、二つの異なった社会的結合の様態として捉え直すことにある。孤立した個人には本来自律も他律もない。（孤立した個人が既に、他者と社会的に結合すべきか否かを自由且つ理性的に選択し得る能力を有しているという想定は幻想である。かかる人間的能力そのものが社会の中でのみ陶冶され、維持されるのである。）即ち、自律的個人と社会的連帯とではなく、自律を可能にする社会的結合様式と他律的結合様式とが対比さるべきなのである。このような人と人との自律的結合様式の可能性を次章で探求したい。

（1） J. Rawls, *A Theory of Justice*, 1971, p. 11〔矢島鈞次監訳『正義論』、紀伊国屋書店、一九七九年、九頁〕.（訳文は井上。）

（2） Cf. R. Nozick, *Anarchy, State, and Utopia*, 1974〔嶋津格訳『アナーキー・国家・ユートピア（上）』、木鐸社、一九八五年〕.

（3） 幾多の名が挙げられようが、ここではプラトンにだけ言及しておきたい。彼がその対話篇において一度ならず契約説的議論に場を与えていること、例えば、『クリトン』、五一d—五三aにおいてソクラテスにアテーナイの国法への服従義務を正当化する一つの論拠としてこの議論を使用させ、『国家』、三五八e—三五九bにおいてグラウコンに正義の起源の説明としてこの議論を紹介させていること（その他、契約説的発想を示唆する箇所として、『プロタゴラス』、三二二bなど）、しかも、前者においては比較的常識的な人物で世間的な倫理観の持主であるクリトンを説得する手段として（彼にとって分かり易い論法として）この議論が使われ、後者においては反駁さるべき俗説（「人々」の主張）としてこの議論が紹介されていることは、プラトンの同時代人の間で契約説的議論が既にある程度のポピュラリティーを獲得していたことを示唆するように思われる。

（4）この概念はノーズィックから借用したものである。Cf. R. Nozick, *op, cit,* pp. 57—59 *et passim*〔邦訳、八九—九一頁〕.

（5）Cf. J. Locke, *Two Treatises of Government,* ed. by P. Laslett, 2nd ed., Cambridge U. P., Book II, chs. i—v, pp. 285—320〔宮川透訳「統治論」、大槻春彦編『ロック・ヒューム』、世界の名著二七、中央公論社、一九七六年、一九三—二二四頁〕.

（6）Cf. T. Hobbes, *Leviathan,* in W. Molesworth (ed.), *The English Works of Thomas Hobbes,* Vol. III, 1839, chs. xiv—xv, pp. 116—147〔永井道雄・宗片邦義訳「リヴァイアサン」、永井道雄編『ホッブズ』、世界の名著二三、中央公論社、一九七六年、一五九—一八六頁〕.

（7）Cf. J.-J. Rousseau, *Du contrat social,* texte établi par R. Derathé, in *Oeuvres complètes,* tome III, Éditions Gallimard, 1964, liv. I, chs. i—iii, pp. 351—355〔井上幸治訳「社会契約論」、平岡昇『ルソー』、世界の名著三六、中央公論社、一九七八年、二三一—二三六頁〕.

（8）Cf. D. P. Gauthier, *The Logic of Leviathan : The Moral and Political Theory of Thomas Hobbes,* 1969, pp. 76—89/E. Ullmann-Margalit, *The Emergence of Norms,* 1977, pp. 18—73. 参照、本書第二章、六四—六六頁。

（9）ロックは自然状態における規範認識の不一致・対立の原因は自然法の不明確さにあるのではなく（自然法はすべての理性的被造物にとっては明白で分かり易い（plain and intelligible to all rational Creatures）ものとされる）、人々の無知と利害関係に基づく偏見とにあるとする。Cf. J. Locke, *op. cit.,* Bk. II, ch ix, § 124, p. 369〔邦訳、二七一頁〕. しかし、ロックも所有権に関して、対象への労働投下と所有者にとっての利用可能性を所有権取得の条件とする自然法規範だけでは所有権の帰属が決し得ず、法律や契約・合意による確定を要するようになる状況が成立し得ることを認めている。Cf. J. Locke, *op. cit.,* Bk. II, ch. v, § 45, p. 317〔邦訳、二二一頁〕.

（10）Cf. T. Hobbes, *op. cit.,* ch. xiv, pp. 124f.〔邦訳、一六六—一六七頁〕

（11）Cf. R. Dworkin, *Taking Rights Seriously,* 2nd imp., 1978, pp. 169—177〔木下毅・他訳『権利論』、木鐸社、一九八六年、二二二—二

三四頁〕.

(12) Cf. *ibid.*, pp. 177—183〔邦訳、二三四—二四一頁〕.

(13) 参照、本章第五節、一七七—一八二頁。

(14) Cf. R. Dworkin, *op. cit.*, pp. 169—173〔邦訳、二二二—二二九頁〕. さらに、参照、本書第三章、一二六—一三三頁。

(15) 本書の手短かな書評として、参照、嶋津格、「学界展望——R. Nozick, *Anarchy, State, and Utopia*」、『国家学会雑誌』、第九四巻第一・二号、一五〇—一五二頁。

(16) Cf. R. Nozick, *op. cit.*, Part I, pp. 3—146. ノーズィックは本書の第二部においては最小限国家以上の国家は正当化され得ないことを論証しようと試みているが、本章の問題との関連では彼の議論のこの部分は一応捨象してよい。但し、参照、本章、一八四—一八五頁。

(17) Cf. B. Williams, 'The Minimal State', in J. Paul (ed.), *Reading Nozick*, 1981, p. 29.

(18) Cf. R. J. Holmes, 'Nozick on Anarchism', in J. Paul (ed.), *op. cit.*, pp. 57—67/J. Paul, 'The Withering of Nozick's Minimal State', in J. Paul (ed.), *op. cit.*, pp. 68—76/R. P. Wolff, 'Robert Nozick's Derivation of the Minimal State', in J. Paul (ed.), *op. cit.*, pp. 77—104.

(19) Cf. J. Locke, *op. cit.*, Bk. II, ch viii, § 119, pp. 365f.〔邦訳、二六八頁〕.

(20) Cf. *ibid.*, Bk. II, ch. iv, §§ 23—24, pp. 302f.; ch. xi, § 135, pp. 375f.〔邦訳、二〇六—二〇七、二七六—二七八頁〕.

(21) Cf. Th. Hobbes, *op. cit.*, ch. xiv, pp. 119f.; ch. xxi, pp. 204—206〔邦訳、一六二—一六三、二三六—二三八頁〕.

(22) Cf. D. Hume, 'Of the Original Contract', H. D. Aiken (ed.), *Hume's Moral and Political Philosophy*, 1948, esp. pp. 360f., 362f.〔小西嘉四郎訳、「原始契約について」、大槻春彦編・前掲書(註(5))、五四一、五四四—五四六頁〕

(23) エレン・F・ポールは同様な観点から、国家の正当化問題にとっては現時点において国家が自然権を体系的に侵害しているか否か、自然権を実効的に保障しているか否かのみがレレヴァントな問いであり、契約モデルあるいは合意原理一般は正当性問題にとって「無縁(extraneous)」であるとしている。Cf. E. F. Paul, 'The Time-Frame Theory of Governmental Legitimacy', in J. Paul (ed.), *op. cit.*, pp. 271—278. 国家の正当性問題にとって国家の起源・生成史はイレレヴァントであり、現時点における国家のパフォーマンスのみが重要性をもつという観点は、評価基準として自然権原理の代わりに功利の原理(人間社会の明白な利益と必要)を採用しているという相違はあるものの、既にヒュームにおいて明確な形で現われ、彼の契約説批判の基礎をなしていることがここで想起されてよい。Cf. D. Hume, *op. cit.*, p. 368〔邦訳、五五二―五五三頁〕. なお、念のために付言すれば、国家の現在の機能のみを問題にするという観点は自然状態モデルと矛盾しない。それどころか、国家の現在の機能を理解するには国家の存在がいかなる問題を解決しているのかを理解しなければならず、そのために国家の不在を仮設して生ずべき問題状況を思考実験的に構成する自然状態モデルは重要な役割を果たし得る。この種の仮設的・思弁的方法と機能分析との結合は近年盛んなゲーム理論の生物学・社会科学への応用の試みのうちにしばしば見られる。例えば、社会規範の機能的類型化の問題に関するゲーム理論のこの種の応用例として、cf. E. Ullmann-Margalit, *op. cit.*（註（8））

（24）仮設的契約が独立の正当化理由たり得ないことについては、cf. R. Dworkin, *op. cti.*, pp. 151f〔邦訳、一九八―二〇〇頁〕. なお、ハンナ・ピトキンは社会契約説における契約モデルを仮設的合意として再構成した上で、この仮設的合意を国家ないし政府の正当化理由としてではなく、国家ないし政府の「正当（正統）性（legitimacy）」の概念要素、あるいはその意味の説明項として扱っている。Cf. H. Pitkin, 'Obligation and Consent', in P. Laslett, W. G. Runciman, and Q. Skinner (eds.), *Philosophy, Politics and Society*, 4th Series, 1972, pp. 45―62. しかし、legitimacy の概念の説明項としてさえ、仮設的合意の概念がどの程度の価値をもち得るのかは疑問である。少なくとも、legitimate な国家・政府とはその成員が現実に合意したか否かに関わりなく合意すべき国家・政府、かかる合意に値する国家・政府であるというピトキンの「理論」は、その説明項が被説明項と殆ど同程度に説明を要するものであり、解明力に乏しいように思われる。

（25）I. Berlin, 'Does Political Theory Still Exist?', in P. Laslett and W. G. Runciman (eds.), *Philosophy, Politics ana Society*, 2nd Series, 1962, p. 18〔生松敬三訳「政治理論はまだ存在するか」、I・バーリン著、小川晃一・他共訳『自由論』、みすず書房、一九七一年、四八五頁〕.

（26）Cf. R. Nozick, *op. cit.*, pp. 22―28〔邦訳、三五―四三頁〕.

（27）Cf. *ibid.*, pp. 28―35〔邦訳、四三―五六頁〕.

（28）E・F・ポールの前掲論文（註（23））はこの問題を自覚していないように見える。少なくともこの問題にその重要性に見合った考察を与えていない。

（29）Cf. J. Rawls, *op. cit.*, esp. pp. 22―33, 183―192, 243―251, 541―548〔邦訳、一七―二四、一三九―一四四、一八八―一九四、四二三―四二八頁〕. 実際、ロールズ自身が「公正としての正義は自然権理論の特有の諸徴表を有する」と明言している（cf. *op. cit.*, p. 506 footnote (continued from p. 505)〔邦訳、四〇二頁〕)。公正としての正義と自然権概念との密接な関係に言及する他の箇所として、cf. *op. cit.*, pp. 28, 32〔邦訳、二〇、二三頁〕.

（30） Cf. J. Rawls, *op. cit.*, pp. 136—142〔邦訳、一〇五—一一〇頁〕.

（31） Cf. J.-J. Rousseau, *op. cit.*, pp. 373—375〔邦訳、二五四—二五六頁〕.

（32） ブルース・アッカーマンの次の評言がこの点に関して示唆的である。「ロールズは自然状態の諸誤謬から契約を解放しようと試みているが、これに対してノーズィックは契約から自然状態を救出することによって返礼している。」(B. A. Ackerman, *Social Justice in the Liberal State* 1980, p. 6 fn. 3.) アッカーマン自身は両モデルをともに斥ける立場に立つ。

（33） 「無知のヴェイル」の下では選択主体の複数性想定が意味をもたないことを示すものとして、cf. M. J. Sandel, *Liberalism and the Limits of Justice*, 1982, pp. 128—132. サンデルはこのことをロールズにおける主意主義の不徹底・主知主義の伏在と結び付けている。

（34） Cf. J. Rawls, *op. cit.*, pp. 28f〔邦訳、二二頁〕.

（35） 参照、本書第三章、一三五—一三六頁。

（36） Cf. J. Rawls, *op. cit.*, pp. 85f〔邦訳、六六—六七頁〕.

（37） Cf. *ibid.*, pp. 120, 136〔邦訳、九四、一〇五頁〕. なお、ロールズはまた彼の正義原理が分配問題における「純粋」な手続的正義の観念と適合するという、論議の余地のある主張をも行なっている (cf. *op. cit.*, pp. 87f.〔邦訳、六七—六八頁〕) が、ここでは立入らない。いずれにせよ、この主張は、原初状態モデルが「純粋」な手続的正義の観念を体現しているという主張とは区別さるべきである。

（38） Cf. J. Rawls, *op. cit.*, pp. 114—116〔邦訳、八六—八八頁〕.

（39） *ibid.*, p. 86〔邦訳、六七頁〕.（訳文は井上。）

（40） ロールズは「厳密に演繹的 (strictly deductive)」な議論によって原初状態の諸条件から彼の正義の諸原理を導出すること、即ち、彼の正義原理の選択がこれらの諸条件と論理的に両立可能な唯一の選択であることを示すことを理想として表明している。但し、現実に彼が展開した議論がこの理想から程遠いことを承認している。Cf. J. Rawls, *op. cit.*, p. 121〔邦訳、九五頁〕.

（41） Cf. *ibid.*, pp. 48—51〔邦訳、三四—三六頁〕.

（42） Cf. R. Nozick, *op. cit.*, pp. 26f〔邦訳、四一—四三頁〕.

（43）Cf. *ibid.*, p. 115〔邦訳、一八一頁〕.

（44）Cf. R. L. Holmes, *op. cit.*, pp. 61—65/J. Paul, *op. cit.*, pp. 70—75.

（45）仮想史の方法についてのノーズィックの「暫定的所見（tentative remarks）」を示す箇所として、cf. R. Nozick, *op. cit.*, pp. 293f. この所見は仮想史の方法を擁護するというよりもむしろ、この方法についてのノーズィック自身の不安を吐露しているように思われる。

（46）Cf. R. Nozick, *op. cit.*, pp. 149—182, 198—204 *et passim*.

（47）B・ウィリアムズも「ある事態が現実に（*actually*）いかに生起したかがその事態の受容可能性にとって決定的（crucial）である」という思想がノーズィックの歴史的権原理論の基本理念であるとし、この観点からは最小限国家現出の仮想史がいかなる現存国家も正当化しないことを承認せざるを得ないことを示唆している。Cf. B. Williams, *op. cit.*, p. 33.

第五章　会話としての正義
――リベラリズム再考――

一　「正義嫌い」と「リベラル好き」

倫理一般の代名詞としてではなく、他から区別された一つの特徴的な価値としての正義を理解しようとする者は、「リベラリズムとは何か」という問題に行き当たらざるを得ない。愛でも善でもなく、まさに特殊価値としての正義に社会構成原理を求める思想伝統としてリベラリズムは位置付けられ得るからである。近年の正義論議は一九世紀以来個人の自由を擁護する開明的知識人たちのヴォキャビュラリーを支配してきた功利主義と、近代社会契約説・自然権理論の伝統を復活させようとする諸理論との間の論争、およびそれぞれの陣営内部の論争を軸として展開してきているが、これはまさにリベラリズムについての相異なった諸解釈の間の論争である。一九七〇年代以降、西側先進産業社会の思想界において、それまでアリストテレスその他の古典的テクストからの衒学的引用でお茶を濁す程度の論じ方が決して珍しくなかった規範的正義論の問題が、現代的なホットな論題として真剣に議論されるようになったのは、西側世界の政治・経済的な構造転換と危機の進行につれて、「広く拡散したエートス」[1]・「知的空気」・「あたりまえの事柄」等々としてこの世界の人々の態度を支配してきたとされる暗黙のリベラルな諸前提を明示化し、再吟味・再構成しようとする知的気運[2]が高まってきたことと一体の関係にある。本章ではリベラリズムと正義との内在的関係の解明を通じて両者についての理解を深めることを試みたい。

しかし、リベラリズムと正義の理念とが内在的に結合しているということを奇異なこと、理解し難いことと感じる人々は現在の日本において少なくない。リベラリズムは自由・寛容・開放性・多様性・進取等々のプラス・シンボルと結び付けられるのに対し、正義の方は束縛・独善・偏狭・狂信・迫害等々のマイナス・シンボルと結び付けられることが多い。その結果、しばしば同一人物の内に「リベラル好き」と「正義嫌い」とが共存する。リベラリズムと正義とを対立的に捉える発想法は特に知識人たちの世界において根強い支配力を有している。(「リベラリズム」という古色蒼然たる表現を敢えて使うほど流行に無頓着な知識人を捜し出すのは今や難しいが、上述のプラス・シンボルが体現する諸価値を受容し、正義観念がそれらと両立し難い含蓄をもつと考える知識人は依然多く、むしろ増えつつあると言えるかもしれない。)従って、リベラリズムを正義との関連において一層深く理解しようとする場合、両者を相互に背反的なものとみなす見方を先ず批判的に検討しておく必要がある。

この「背反説」の基礎には二つの誤解がある。一つはリベラリズムについての誤解であり、もう一つは正義についての誤解である。前者はリベラリズムの相対主義的理解に、後者は正義と善との混同に存する。

1　相対主義、再び

リベラリズムの実践を指導する哲学は相対主義であるという考え方は既にかなりポピュラーなものになっている。この考え方によれば、価値判断の客観性を信じる者は自己の価値観を独善的に絶対化し、その結果、他の異なった価値観に対する不寛容と迫害に行き着かざるを得ない。これに対し、対立・競合する異なった諸価値観はいずれも原理上主観的・恣意的である点でそれらの間に優劣の差はないと考える相対主義の立場が受容されるならば、人々は他者が自己と異なった価値観を選び取る自由を互いに承認し合うことができ、多様な価値観の多元的共存を可能にするリベラルな文化を発展させることができる。正義観念はまさに相対主義と相容れないが故に、リベラリズムとも相容れない。

この考え方に対する常套的批判は次のようなものである。〝リベラリズムはあらゆる価値観に対して中立的であるわけではなく、自由や寛容を積極的価値として受容している以上、あらゆる価値観は主観的・恣意的であるとする相対主義は、かかるリベラルな諸価値をも相対化することにより、リベラリズムの基礎を破壊してしまう。〟しかし、この批判はリベラリズムの相対主義的理解者にとってそれほど「痛く」ない。彼らは次のように反論するだろう。〝我々は相対主義がリベラリズムの「客観的妥当性」を証明するなどと主張しているわけではない。そんな主張は嗤うべき自己矛盾である。我々はリベラルな諸価値を既に選び取っている人々に対して、もしあなた方がこれらの価値を選び続けるならば、これらの価値に適合する事態の実現へ人々を最も実効的に動機付ける哲学として相対主義を採択しなければならない、と言っているにすぎない。即ち、我々が主張しているのはリベラリズムという一つの価値体系内部での相対主義のプラグマティックな正当化可能性であり、それ以上でもなければそれ以下でもない。リベラリズムは他の立場からの客観的妥当性へのクレイムを斥けるだけでなく自らもこのようなクレイムを放棄することによって、自己の企図を最も良く実現することができる。〟

相対主義的リベラリズム論の趣旨がこの反論の主張するところにあるとすれば、真の問題は相対主義は本当に人々をリベラルな実践へ動機付け得るかという点にある。この問題は心理学者の問題であるとして、その哲学的レレヴァンスを否定する論者もいるが(3)、これは些か皮相な見解である。単に、相対主義者は非相対主義者よりもリベラルであり寛容である心理的傾向性をもつということが経験則上言えるかどうかが問題なのではない。相対主義はリベラルな諸価値の妥当性を論理的に証明しないとしても、相対主義の受容はこれらの価値に結果的に適合する行動をとる理由をその受容者に与えるということが果たして言えるか、即ち、相対主義は実践的推論に関して如何なる含蓄をもつかという、哲学的分析を要する重要な問題がここに関わっているのである。

先ず指摘さるべきことは、相対主義がおよそ何らかのリベラルな動機付けの力をもち得るとするならば、相対主義はそれを正義の理念に負うという逆説的な事態である。相対主義がリベラリズムの実践へ人を動機付けるという議論が一応のもっともらしさをもつのは、「もしあらゆる価値観が原理上主観的・恣意的である点で同じであるとするならば、自分が他者と異なる価値観を選び取る自由をもつのと同様に他者も自分と異なる価値観を選び取る自由をもつことを否定できない」という仮言命題が多くの人々に対して強い説得力をもつことを我々が承認しているからである。しかし、この仮言命題が人々にアピールするのは、人々が既に「等しきものは等しく扱うべし」という正義の普遍主義的要請(4)を受容している場合であり、且つその場合に限る。この要請が受容されているからこそ、「自己の価値観と他者の価値観との間に優劣の差がないならば、自己の価値観が単に自己の価値観であるという理由だけで、それと異なる価値観を選ぶ他者の自由を排除するような特権的地位をそれのために要求することは公平ではない」という感覚——まさに正義感覚——が成立する。逆に、正義の普遍主義的要請が受容されていないエゴイストの世界では、相対主義の受容はリベラルな動機付けの力を何らもち得ない。「客観的価値など存在しない。私が価値を創造する。私の価値観はそれが客観的に妥当するからではなく、まさに私が選び取ったものであるが故に他を排除する絶対的特権をもつ」という主張をこの世界の相対主義者たちは互いに突き付け合うだろう。従って、仮に相対主義が幸運にも我々の世界においてリベラルな動機付けの力を享受できるとしても、このことを理由にリベラリズムと正義との対立を主張することはできない。相対主義はこの「幸運」を正義の根本的要請が受容されているという事態に負うているのであり、このことを見ないのは無邪気な誤解というよりも忘恩である。さらに、相対主義が「便利な嘘」としてではなく真摯に受容されるならば、正義の普遍主義的要請もひとり尊重さるべき特権的地位を要求できなくなるから、相対主義のリベラルな動機付けの力はその受容の真摯性の高まりに反比例して低下することになろう。

相対主義は正義理念の助けを借りずにそれだけでリベラルな動機付けの力をもつことができないことを右に見た。しかし、さらに分析を進めるならば、相対主義にはむしろリベラリズムへの背反を動機付ける要因が内在していることが分かる。相対主義はリベラリズムの主要徳目である寛容精神の基礎を破壊する。しかも、単に寛容という価値の客観的妥当性を否定するという次元においてではなく、もっと深い次元においてそうするのである。

この点を理解するには、先ず寛容精神とは何かを把握しておく必要がある。加藤新平は寛容の原理は相対主義と論理的には結び付かず、両者の間には単に一定の心理的な関係があるにすぎないとした上で、心理的にも寛容の最も確かな保証は相対主義にではなく「人間尊重の精神を核として保持した上での人間的共感」（強調は加藤）であるとする。[5] 加藤説の趣旨を充分理解していると言う自信はないので、あるいは揚げ足取りになるかもしれないが、人間的共感を寛容精神の基礎に置く考え方には賛成できない。人間的共感を抱き得ない相手に対してなお寛容であることが寛容精神の核心であると思えるからである。「同じ人間ではないか」という感覚を共に抱き合えるような相手に対して寛容であることは比較的容易である。人が真に寛容精神の持ち主であるかどうかの決定的テストは、いくら努めてもこのような共感を抱き得ない相手――「殺してやりたい程憎い奴ら」、「得体の知れない不気味な連中」、「魂を悪魔に売り渡した者ども」、「人間の名に値しない人間」等々――に対してなお寛容であり得るかである。全人類が互いに人間的共感をもち合えるようになれば、寛容精神は確固と基礎付けられるのではなく、むしろ不要となる。徳としての寛容が要請されるのは人間的共感が普遍化され得ず、諸国家・諸民族・諸宗教・諸イデオロギー等の間に深い溝があり、血腥い闘争の危険が常に存在するような状況においてである。宗教戦争の歴史の中から政治道徳上の価値としての寛容が浮上してくるための動因となったのは、人間的共感の拡大への希望よりも、むしろかかる共感の杜絶の不可避性に対処しようとするペシミスティックな叡智であろう。端的に言えば、共感が寛容を基礎付けるのではなく、共感の限界が寛容の存在理由をなす。

それでは、共感の不在においてなお寛容を可能にするものは何か。人を驚かせる斬新な解答は残念ながらもち合わせていない。私は答えをジョン・スチュアート・ミルとともに[6]、「我々は誤りを犯し得る存在である」という自覚、特に自己の価値判断の可謬性の自覚に求めたい。この自覚があって初めて、自己と対立する価値観の持ち主が何ら共感し得ない存在であっても、「あるいは彼が少なくとも部分的に正しく、私が少なくとも部分的に間違っているのかもしれない」という論理的可能性を承認することができる。このとき初めて、かかる他者からの批判に対しても虚心に耳を傾け、その批判者が納得しないとしても少なくとも理解できるような議論によってその批判に応えようと努める態度を取ることが可能になる。勿論、相互理解の成功の確実な保証はどこにもない。自他の立場はあるいは「通約不可能（incommensurable）」かもしれない。（もっとも、完全に「通約不可能」な二つの立場はそもそも対立することさえ不可能である。二つの価値体系が対立する、即ち、両立不可能な行動規範を帰結として有し得るためには、両者は少なくとも部分的に通約可能でなければならない。）しかし、ここでは自己の信念の可謬性の自覚は他者との相互理解の成功を保証するが故に寛容を基礎付ける、などと主張しているわけではない。このような主張は共感の杜絶が寛容の存在理由をなすという観点と両立不可能でさえある。ここで主張されているのは、自己の信念または自己の帰属集団の共通信念の可謬性の自覚が人々をして、対立者・対立集団を殲滅しようとする狂信と独善から身を引かせ、議論を交換し合う会話的関係を彼らとの間に維持することにより共存を図る試みへ導くということである。共感し難いものに対してなお我々が自己の精神を開き得るのは、我々が我々の信念体系の可謬性・有限性を自覚し、異質な他者との対話がたとえ充全な相互理解をもたらさないとしても、我々自身の信念体系を再組織化しその地平を拡げる貴重な契機を与えてくれるものであることを承認するときである。

このような寛容観は不可謬性・確実性の標榜をいかなる価値観にも許さない点において相対主義の認識論と一見似ている。しかし、実は両者の間には根本的対立が存在するのである。なぜなら、価値判断の可謬性の主張は評価主体の恣意から独立した客観的妥当性を価値判断がもち得るという前提――これは所与の価値判断がかかる客観的妥当性をもつか否かを我々が知るための確実な手続が存在するという前提とは全く異なる――の下でのみ意味をもつが、相対主義はまさにこの前提を否定するからである。絶対的認識としての真知（エピステーメー）を得たという標榜を正当化するためではなく、むしろそれを斥けるために、即ち、誤謬および可謬性の概念を救うために我々は客観的真理の理念を必要とするというカール・ポッパーの洞察[7]は、決定的反証を可能にする方法論的ルールなるものが科学にとって存在するかという比較的マイナーな問題をめぐる科学哲学的論争[8]を超えた平面に存立しており、方法論としての厳格な反証可能性理論の破綻を生き延び得る形而上学的根源性を備えている。この洞察は価値判断の可謬性と客観的妥当性との関係にも妥当する。相対主義者は価値判断が客観的妥当性をもち得ることを否定するというまさにそのことによって、我々の価値判断が可謬的であるという観念をも破壊してしまう。実際、相対主義者たちは我々の価値観が証明不可能である――実は反相対主義者もこれには同意できる――だけでなく、それが内的整合性さえ有していれば反駁も不可能であることを強調する。相対主義の観点を徹底するならば、「検証（verification）」の裏返しとしての決定的反証が価値判断について不可能である――これにも反相対主義者は同意できるだろう――だけでなく、整合化された価値観もなお可謬的であるという主張がそもそも意味をもたないのである。従って、我々は首尾一貫した価値観に従っている限り、「あるいは私は間違っているのかもしれない」という不安をもつのはナンセンスであり、他者からの批判に耳を貸す必要はなく、ましてや共感できない対立者に自己の精神を開放する必要などないということになる。相対主義者が好む劇的な表現を使えば、価値の選びは批判不可能な「実存的決断」であり、「認識（Erkenntnis）」と対置された――実は真知の理想に消極的に依存している点で同根の――「帰依（Bekenntnis）」である。相対主義者にとって究極的価値の選択は誤り得ない実存的決断の問題であるが故に、異なった価値観の間の対立を相互批判的な論議によって解決しようとするのは無駄な試みであり、初めから断念されなければならない。実存主義者（あるいはその一類型）が「神を殺害する」ことにより自ら神に成り代わったように、相対主義者は客観的価値を否認することにより個人（または彼が自己を同一化する集団）を一切の価値の主権的創造者の地位に祭り上げ、我々の有限なる判断能力を超えた客観的価値の想定から生まれる謙虚さと、それに根差した対立者との対話を求める寛容精神を、しばしばそれとは知らずに、腐蝕させるのである。

相対主義的リベラリズム論に対する以上の批判に対しては次のような反論が予想される。〃相対主義が我々をリベラルにするのは「様々な価値観は等しく恣意的なのだから等しく尊重さるべきだ」という正義感覚の媒介によるのではない。相対主義は「あらゆる価値観は原理上恣意的である以上、そのために闘って死ななければならないほど重要な価値などどこにも存在しない」ということを我々に教えることによって、対立する価値観との妥協による共存へ我々を導くのである。共感の不在において寛容を可能にするのは可謬性の自覚などではなく、この相対主義的妥協の精神である。〃相対主義者の中でも自己の立場を虚無主義やシニシズムから慎重に区別しようと努める人人はこの議論への同意をためらうかもしれない。しかし、外見に反してそれは相対主義に一つのきわめて強い価値的コミットメントを負わせているのである。即ち、相対主義者にとって自己の「生存」という価値が他のあらゆる価値に絶対的に優越するという前提にそれは立脚している。従って、相対主義を虚無主義やシニシズムと混同しているからではなく、逆に相対主義を単一の特殊な価値の絶対化と混同しているが故に、この議論は破綻している。

もっとも、相対主義と生存優先主義との混同ではなく、「価値の相対性を承認するならば、自分がいかに熱烈に帰依している価値でも自己の生存に優位させることはできなくなるように、我々の人間性は作られている」という人間学的理論に立脚するものとして右の議論を再構成することはできる。自ら信奉する価値の相対性を自覚しながらそのために闘って死ねることを文明人の美徳とみなすような、些か倒錯した観念に陶酔できる人々も少なくないことを考えると、かかる人間性論の真偽のほどは怪しい。しかし、仮に人間性がそのようなものであるとしても、その場合成立するとされる相対主義的妥協の精神を寛容精神と同視することはできない。相対主義的妥協の精神が人々を共存の追求へ向かわせるのは、戦略的合理性の見地からそれが望ましいと思える場合、即ち、できれば殲滅したい対立者、あるいは禁圧したい価値観が、共倒れの危険を冒さずしては、あるいは重大な損害を受けずしては闘争できない程度に強力な場合に限る。対立者がさしたるコストなしに簡単にひねり潰せる場合には妥協などする必要はない。しかし、まさに簡単にひねり潰せるエクセントリックな少数者にも思想・言論の自由を保障し、多数の専制から彼らを守ろうとするのがリベラリズムの寛容精神である。多数派が数に傲ることなく自らの可謬性を謙虚に自覚していてこそ、共感不能な少数の異端に対するリベラルな寛容が可能になる。

相対主義的妥協論の一亜型としての相対主義的民主制論——あらゆる価値観は恣意的である以上、国政の支配権を決定するのは価値観の内容ではなく、その支持者の数であるという議論——も、多数決原理を制約する原理としてのリベラルな寛容を基礎付けることはできない。「少数派も多数派に変わる可能性があるから」という理由付けは、将来の報復を恐れる戦略的考慮である限り、「蓄のうちに摘み取る」理由にはなっても、寛容を支持する理由にはならない。この理由付けが戦略的考慮を超えるものであるとするならば、それは「多数派も自らが少数派のときは多数の専制を拒否するのだから、多数派でいる間だけそれを是認するのは公平でない」という正義感覚に再び依存しているか、あるいは多数派の可謬性と少数派によるその誤謬の是正可能性とを承認しているのである。勿論、正義感覚と可謬性の自覚は相互排除的関係にはない。むしろ両者は相互に依存し合いながら結合している。正義感覚は他者に帰した可謬性を自分だけに免除するという不公平な態度を排除し、可謬性の自覚は被害者として抱く正義感覚を加害者の立場では忘却してしまう精神の倨傲を抑制する。要するに、価値の選びを実存的決断に帰する相対主義的前提に立脚するが故に、異なった価値観の間の実りある相互批判的論議の可能性を初めから断念して闘争する人々が、ときに幸運にも実現できるような、勢力均衡が続く限りでしか存続しない移ろい易い戦略的妥協としての「寛容」ではなく、異質な価値観を抱く他者との間で、相互理解の困難さ故に緊張を孕んだ対話を粘り強く営むことを通じて、自己の思想の地平を絶えず拡げてゆこうと努める人々の、永続的な探究の情熱から生まれる自己批判的な謙抑としての寛容こそが、リベラリズムの基底に脈打つ精神なのである。(9)

リベラリズムを相対主義にひきつけることによりこれを正義の観念と対立させる誤解を以上において立入って検討した。この誤解はリベラリズムに対する誤解であると同時に相対主義に対する幻想でもあることが明らかになったと思われる。相対主義は無謬性を僭称する独断的絶対主義を否定する点でリベラルな外観をもつが、これは外観にすぎない。相対主義は客観的価値に関する絶対的認識の標榜を斥けるだけでなく、客観的に妥当する価値の存在そのものを否定することにより、自己の価値の選びを不可謬のものとみなす権利を再び人間に与えてしまったのである。絶対主義と相対主義との間には、根拠を所有していると標榜するか、「根拠など無くてよい、我が意思こそ根拠である」と嘯くかの違いしかない。絶対主義が己れの恣意性を隠蔽する独断であるとするならば、相対主義は己れの恣意性に開き直った独断であり、いずれも対立する他者との果てしのない対話的緊張関係から退却して、自己の快適な独断の城に引き籠ろうとする衝動を内包している点で同じ穴のムジナである。いずれも探究の一時的な停泊港ではなく終着地を求めているのであり、この終着地を「認識」の名で呼ぶか「意志」（あるいは「情動」）の名で呼ぶかは大した違いではない。これに対し、リベラリズムとは探究の非終局性を承認するが故に他者との終わりなき対話を引き受ける一つの覚悟のことである。

2　正義と善

リベラリズムの相対主義的誤解と並んで、リベラリズムと正義との対立図式に人々を導くもう一つの要因は、正義の道徳主義的誤解とでも呼ぶべきものである。この誤解によれば、〝正義とは「人生いかに生くべきか」という問いに、人々が異なった生き方によって異なった解答を与えることを許容できない偏狭な人間が抱く人生の規格化への衝動のことである。正義の支配とは「善き生」・「人間的卓越性」・「幸福」等の内容に関する単一の正しいと信じられた解釈に、人々の生を画一的に適合させることによる社会の統合である。正義の観念は「人間にとって善く生きるとはどういうことか」という問いに唯一の自明な解答が予め与えられているという信念に人々を導くが故に、善き生の追求を諸個人の試行錯誤を通じた自由な探究に委ねることを不可能にする。この観念の下では、公共の権力の目的・任務は単一の善き生の範型に沿うように人々の思想・感性・行動を、「アメ」によってであれ「ムチ」によってであれ、嚮導することである。しかし、公定された人間の倫理的完成態への権力的強制・誘導を要請することの「道徳主義的（moralistic）」発想ほどリベラリズムと相容れないものはない。〟

正義に対するこの道徳主義的誤解——ここで想定されている誤解者の立場に注目するならば、反道徳主義的誤解と言った方が適切かもしれないが、道徳主義的確信をもつ反リベラリストも同じ誤解を共有し得る——を生み出しているのは、人生の意味や目的を示す善の理念と正義との混同である。正義について語るということは、己れの生をいかに形成すべきか迷い悩む青年に道を示してやることではない。ポルノ雑誌や漫画はやめて法哲学の論文を読みなさいと学生に説き勧めることではないし、男の愛すべきは女であって男ではないとサンフランシスコへ行ってお説教することでもない。正義の追求とは求道の情熱を満たしたり、迷える羊を強引に群れへ引き戻したりすることではなく、例えば、小学生の視野にも割り込んでくるような街角に氾濫するセックス産業の広告は寛大に放置しておきながら、一人楽しむために買ってきた外国のポルノ雑誌を税関で厳しくチェックするのは正当な権力の行使と言えるだろうかとか、同じ国土に定住して税金も納めていながら、外国人であるという理由だけで指紋押捺と登録証の携帯を義務付けるのは公平かとか、そういったような問題について考え、議論することである。即ち、正義とは人々が強制によってでもその実現へと嚮導さるべき「善き生」についての唯一の正しい理想のことではなく、善き生についての自己の解釈を生きることにより自己の生を意味あらしめようと努める各人の自由が、他者の同様な自由を侵害することなく実現され得るための条件を構成する価値である。この意味における正義は人生の意味・目的としての善から概念的に区別されなければならない。勿論、「正義」という言葉を強要されて然るべき正しい人生理想という意味に定義する論理的自由を否定するのは馬鹿げている。正義の道徳主義的誤解が誤解であるのはこの自由を主張しているからではなく、道徳的価値としての正義はこの道徳主義的意味合いにおいてしか理解できないものと前提しているからである。しかし、正義を先のように善から区別された特殊な価値として理解する可能性に我々の目を開くならば、正義とリベラリズムとの内在的結合が明らかになる。

端的に言えば、リベラリズムとは善から区別された社会構成原理としての正義に関する探究の歴史と、未来におけるその可能性の総体である。善き生についての単一の理想が特権的自明性を享受でき、その実現に捧げられた目的共同体としての社会に「手足（members）」として組込まれることに、諸個人が自己の生の充実を見出し得るような幸福な善の王国は、リベラリズムに対立するというよりも、リベラリズムが解決しようとする問題を提起していないのである。かかる善の王国から追放され、己れに誠実であろうとする限り善き生についての他者と異なった解釈を生きざるを得ない人々が直面する問い、即ち、善き生を自らの構想の下に追求する自由を不当に掣肘されることなく、諸個人が共に結合することを可能にするような社会構成原理としての正義への問いこそ、リベラリズムの主題をなす。ジョン・ロールズは正義に基づく社会的協働が可能であり且つ必要であるための条件をなす「正義の情況（the circumstances of justice）」として、資源の相対的希少性・人間の物理的脆弱性等の「客観的情況」とは別に、人々が他者とは異なった自己固有の「生の設計（plans of life）」ないし「善の構想（conceptions of the good）」をもつという「主観的情況」を挙げ[10]、後者との関連においてリベラリズムの課題を次のように規定する。「政治上の主義としてのリベラリズムの一つの課題は次の問いに答えることである。即ち、単一の合理的な善についての公共の合意が成立し得ず、対立し通約不可能でもある諸構想の多元性が所与として認められざるを得ないとするならば、社会的統一はいかにして理解され得るのか。さらに、社会的統一がある一定の仕方で理解され得るとするならば、いかなる条件の下でそれは実際に可能なのか[11]。」リベラリズムの「一つの課題」としてやや控え目に提示されたこの問いが、ロールズの正義論が答えようとする根本問題であることは言うまでもない。善から区別された固有の価値としての正義を問題化させる「正義の情況」は、同時に「リベラリズムの情況」でもある。

リベラリズムと相対主義との区別がリベラリズムが何でないかに関わっているのに対し、正義と善との区別はリベラリズムが何であるかに関わっている。勿論、前者の区別もリベラルな寛容の性格についての相対主義的理解と異なる一つの代替的解釈と結び付けられている限りで、リベラリズムの積極的規定に関し少なからざる含意を有しているが、リベラリズムについての理解を一層深め、その基礎を明らかにするためには、正義と善との区別の正確な意味とその可能根拠を解明する必要がある。次節以下ではこの問題を考察するが、この作業がリベラリズム理解の深化と同時に、正義についての我々の理解の深化をもめざすものであることは言うまでもない。

二　リベラリズムにおける正義の基底性

1　リベラリズムの同一性危機

リベラリズム理解の深化を求めるということは、「リベラリズム」という言葉が発見を待つ一つの確たる意味を、その現実の使用において与えられているという幻想に浸ることではない。むしろ、この言葉の曖昧性と多義性、そしてその背景にある思想の錯綜・混乱を事実として認識するときに、リベラリズムとは何かを問い直す必要が自覚される。リベラリズム概念をめぐる紛糾には次の三つの側面がある。

第一に、現実政治の文脈ではリベラリズムは通常、保守主義との対比で問題にされるが、このリベラル対保守の対立図式の「あてはめ方」は周知のように歴史的に変遷している。単純化の謗りを恐れずに言えば、一七、一八世紀に政治理論の領域で花開き、一九世紀から第一次世界大戦前まで西欧の現実政治において支配的影響力を享受した古典的リベラリズムは、アンシャン・レジームの絶対主義や、身分的諸特権擁護・宗教的不寛容・保護貿易等と結び付いたトーリー的保守主義のような古き保守主義に対抗して市民の政治的・経済的諸自由を擁護する「解放的

(liberating)」な思想運動の地位を嘗ては占めていた。しかし、世界恐慌がもたらした政治的・経済的破局とそれに対するニュー・ディール的対応の結果成立した現代リベラリズムは、経済の安定・成長の確保と社会的・経済的不平等の是正のために国家が市場経済や市民生活に積極的に介入することを要請し、その結果、私的所有権と契約の自由の擁護を個人の自律にとって不可欠の条件とみなす視点からこのような介入に反対する古典的リベラリズムが、今度は「保守」として現代リベラリズムに対立することになる。

リベラル対保守という対立図式のこの二つの適用形態の交錯がリベラリズム概念に一定の両義性を与えていることは否定できない。社会主義・共産主義が政治勢力としての重要性をもたないが故に、リベラリズムが左翼的役割を果たしている現代の合衆国においては、社会的・経済的不平等の是正のために国家に積極的役割を期待する現代リベラリズムがリベラリズムの名をほぼ独占しており、古典的リベラリズムに近い立場から現代リベラリズムを批判する論客でさえ、自らの立場を'libertarian'と形容し、伝統的な'liberal'という形容詞は論敵に譲っている[12]。しかし、ヨーロッパ、特に英国では、古典的リベラリズムを代表した嘗ての支配的政党が左右の政治勢力の狭間で劇的な没落を見せたにも拘わらず、あるいはそれ故にこそ、リベラリズムの批判者もその再興を唱道する者もリベラリズム概念を古典的リベラリズムにひきつけて理解し、現代リベラリズムを、本来のリベラリズムから逸脱して社会主義ないし社会民主主義に接近したものとみなす傾向が依然強い[13]。

第二に、便宜上一括して語った古典的リベラリズムそのものが、既に思想的・哲学的に一枚岩としては扱えない複雑性を有している。古典的リベラリズムのこの多面性は様々な角度から照明を当てられている。消極的自由と積極的自由、あるいは「からの自由」と「への自由」とのアイザイア・バーリンによる既に古典的となった区別[14]は、古典的リベラリズムが内包する相異なった可能性——ロック的伝統とルソー的伝統——を識別・同定するための一つの標準的な概念装置としての地位を依然占めている。オールド・ホイッグのリベラリズムを新たな理論的基礎の上に再興しようとする視点からフリードリッヒ・ハイエクが提示している「進化論的（evolutionary）」リベラリズムと「構成主義的（constructivistic）」リベラリズムとの区別も注目に値する。[15] 進化論的リベラリズムは個人の自由を飽くまで他者による恣意的強制からの自由としてネガティヴに捉え、このような自由の保障を理性的に設計されたユートピアにではなく、自生的秩序を可能にするような歴史的に生成したルールの体系に求めるのに対し、構成主義的なリベラリズムは理性的設計に基づいた社会全体の意図的な再構築を要請し、その核心は前者のような一つの明確な政治的立場にではなく、偏見や理性的に正当化されない一切の権威からの解放を求める一般的な精神態度にある。ハイエクによれば、前者は主として英国のホイッグの伝統に体現され、モンテスキュー、コンスタン、ギゾーと彼の率いる「純理派（Doctrinaires）」、トクヴィルなど、一八・一九世紀フランスの自由主義者にもその影響が見られるのに対し、後者は主としてデカルト以来の大陸合理論とフランス啓蒙思想の伝統に体現され、英国でもベンサム的功利主義を奉じホイッグとともに自由党を結成した哲学的急進派にその表現を見出している。ハイエクは古典的リベラリズムにおけるこの二つの思考形態の共存を「不安な提携（an uneasy partnership）」――E・バークの保守主義は進化論的リベラリズムの側からの構成主義的リベラリズムに対する絶縁宣言とみなされる――と呼んで、リベラリズムの展開を理解する上での両者の区別の必要性を強調している。

他方、ラリー・サイデントップはハイエクが英国型進化論的リベラリズムの「フレンチ・コネクション」として位置付けた「純理派」やトクヴィルその他の思想家を含むフランスのリベラリズムの伝統を、ロックからミルに至る英国の古典的リベラリズムの伝統全体と対比している。[16] サイデントップによれば、フランスのリベラリズムはその「社会学的論議様式（the sociological mode of argument）」を最大の特長としている。即ち、この伝統においては人間存在の社会的本性が強調され、個人がルール行動を習得する社会化の過程が重視されるが故に、抽象的理念としての自由を論ずるのではなく、自由を可能にする具体的な社会的諸条件が歴史的視野の下に考察され、政治制度の問題が現実の社会構造と関連付けて考察される。これに対し、英国型リベラリズムは認識論的志向と方法論的個体主義をその哲学的基礎としているが故に、自由の問題も、専ら個人の権利の問題として制度的・規範原理的平面で抽象的に論じられるにとどまり、論理的な精緻さはもつが、歴史的・社会学的洞察に乏しい。サイデントップはリベラリズムのフランス的伝統を英国的伝統よりも実り豊かなものとみなし、リベラリズムが社会学的にナイーヴであるというマルクシストの批判は後者にのみあてはまるものにすぎず、むしろマルクシストは前者が導入した社会学的論議様式に多くのものを負うていることを認めなければならないとする。

以上、古典的リベラリズムに潜む相互に異質な諸傾向を分離・抽出する視角を二、三例示したが、この例示によるだけでも既に、古典的リベラリズムの多面性は明らかであろう。これらの視角から引かれる分割線は必ずしも一致しておらず、また、それぞれの分割線の引き方について異論も提出されようが、このような相違・異論の存在そのものが古典的リベラリズムにおける多様なモチーフの錯綜を証明する。

第三に、現代リベラリズムは社会的・経済的不平等を是正するために福祉国家的諸政策を導入したが、伝統的な自由主義的諸価値を放棄したわけではない。思想・言論の自由、政教分離、法の下の平等、被疑者や刑事被告人の人権の手続的保障、被害者なき犯罪の脱犯罪化あるいは刑法の脱道徳主義化、等々は現代リベラリズムにおいても依然重要な大義である。また私的所有権や契約の自由も個人の自律的幸福追求の基礎として基本的には尊重されており、市場経済の規制要求は市場経済の廃止を要求するものではなく、むしろその存続を前提している。現代リベラリズムにおけるこの平等主義的・福祉国家的要因と自由主義的要因とはこれまで比較的平穏裡に提携してきたが、近年両者の関係が改めて問題にされつつある。

その背景にはインフレと不況・高度失業との同時共存という、ニュー・ディール以降の経済政策家の常識を覆すような事態の出現や、福祉国家における官僚制の肥大化と中央集権化の進行が個人の自律性の基盤を侵食しつつあるという危惧の高まりなどがあるが、経済の低成長化により人々が負担と利益の配分(「誰が誰のために支払うのか」)に過敏になってきたこと、またその結果として、混合経済体制下におけるパイの分配ゲームそのものに対して、これを個人の自己決定権の侵害とする批判から、社会的・経済的弱者の救済としては手ぬるすぎるという批判まで、様々な見直しの動きが出てきていることも基本的な要因として存在する。合衆国の共和党の中の「新保守派」と民主党の中の「ネオ・リベラル」とが共に「小さな政府」と私的領域の活性化を唱道して、ニュー・ディール的精神態度を批判するというような、党派政治における地図の変更も以上の諸事情と連動している。

このような背景の下で、現代リベラリズムの自由主義的側面と平等主義的(福祉国家志向的)側面との関係がリベラルな思想家やリベラリズムに批判的関心をもつ論客によって改めて哲学的に反省されつつある。そもそも両者は両立可能なのか。両立可能だとすれば、両者を統合する原理があるのか。あるとすればそれは何か。これらの問題をめぐって現在多様な立場が対立・競合しており[17]、現代リベラリズムは同一性危機を迎えていると言ってもよい。功利主義は政治的・経済的諸自由と福祉国家的諸施策を統一的に基礎付け調整する原理を与えるものとして、開明的リベラルにとって大きな魅力を嘗て有していたが、近年、功利主義に対しては、それが分配的公正の理念やリベラリズムが伝統的にコミットしている市民的諸権利と両立し難い含蓄をもつとして手厳しい批判が加えられている[18]。しかし、反功利主義的リベラリズムの内部にも厳しい対立が存在する。一方には、ハイエク[19]やロバート・ノーズィック[20]のように、伝統的な自由主義的諸価値に深くコミットし、功利主義だけでなく福祉国家的な配分的正義の観念全般をこれらの価値と両立不可能とみなしてラディカルに批判する立場があり、他方には選好充足の最大化という功利主義の観点とは違った観点から現代リベラリズムの二側面を哲学的に再統合しようとする試みがある。後者のうちにもさらに、最弱者の地位の最善化を要求する格差原理を才能の共産主義とも言うべき発想と結び付けて提出しながら、最大限の平等な自由の原理をこれに優先させ、両原理とその間の優先ルールを、公平観念を体現する仮設的選択状況における合理的選択として導出しようとするロールズの理論[21]、自由一般への権利なるものを否定して平等をリベラリズムの根本価値とし、これを「平等な尊敬と配慮への権利（the right to equal respect and concern）」という抽象的な人格権として捉え、具体的な政治的・経済的諸自由や配分的正義の原則をともにそこから導出しようとするロナルド・ドゥオーキンの理論[22]、さらに、中立性をリベラリズムの根本原理とみなし、それに制約された対話を通じて、世代内および世代間の出発点の平等を保障する配分的正義の原理を導出し、私的所有権の絶対化を排して、中立性テストをパスしない社会的・経済的な不平等・搾取の解消のための国家の積極的活動を擁護するブルース・アッカーマンの理論[23]など、相競合する様々な立場が存在する。

リベラリズム理解のこのような対立・競合はリベラリズムの同一性危機をもたらしているが、これはリベラリズムにとって決して悲しむべき事態ではない。最近、マルサス的思想の影響を受けた新貧民法に見られるような一九世紀のリベラルな経済思想の苛酷さ、勤労大衆に対するブルジョア的恐怖や民主制への反感、私的所有への貪婪な執着、マッカーシズムに見られるような反共ファナティシズムなど、リベラリズムの「暗黒面」に焦点を当ててリベラリズムの歴史的展開を批判的に描写したアンソニー・アーブラスターは、リベラリズムが人間の解放に一定の歴史的役割を果たしたことは認めながらも、現在のリベラリズムが西側世界において「曖昧な語られざるコンセンサス」の地位を得て「平凡な自明性（banality）」を享受しているがために自己満足に陥り、その結果新たな着想とエネルギーを切らして腐食・衰退し、「死せるドグマ」へと変質しつつあるという厳しい診断を下している。[24] しかし、リベラリズムの哲学的自己理解をめぐる現在の活発な論争は、この診断が「イデオロギーの終焉」がまことしやかに語られた六〇年代初頭はともかく、七〇年代以降の思想状況に関しては公平とは言えないことを示している。現在のリベラリズムの同一性危機は「自己満足」とは程遠い状態であり、[25] むしろ政治社会の構成原理をめぐる哲学的論議が再活性化する契機をなしている。しかも、自己満足的なコンセンサスとしてではなく原理的・哲学的な論争主題としてのリベラリズムの復活は、反リベラリズムの立場、特に長く思想的低迷を続けてきたマルクシズムの内部改革運動としてのネオ・マルクシズムの陣営や、アリストテレスあるいはヘーゲル的伝統に連なって共同体の徳を強調する「共同体論者（communitarians）」などをも触発あるいは挑発し、[26] 多様な思想的立場を巻き込んだ実践哲学的論議全般の再生を促す動因となっているのである。

異なってはいるが相互に関連している三つの角度から、リベラリズム理解をめぐる思想的紛糾を概観した。既に示唆したように、この紛糾はリベラリズムにとって必ずしも不名誉なことではない。むしろ、それはリベラリズムの多産性と発展的ダイナミズムを示していると見てよい。さらに、リベラリズムとは何かについて、意見の統一が無く百家争鳴の状態が続くことが、まさにリベラリズムの美質であるとも言える。しかし、混沌は創造だけでなく懐疑をも生む。他から区別された一つの独自の思想伝統としてのリベラリズムなるものはそもそも存在しないのではないか。リベラリズムとは結局、同時代人または後世の人々からその名で呼ばれた、様々な時代における政策の様々な組合せの総体としてしか定義できないのではないか。これらの様々な組合せを、何らかの核心的な哲学的原理あるいは観点の、多様な展開として説明することは不可能ではないのか、可能なことはせいぜい、これらの組合わせの変遷を、様々な利害の対立・妥協・提携・分裂と、それを促した可変的な諸要因とについての歴史的な分析によって説明することぐらいではないのか。[27]

この懐疑はリベラリズムを擁護する立場にとっても批判する立場にとっても重大な問題を投げかけている。擁護者は単に党派政治の力学やその他の偶然的諸事情によって左右されるそのときどきの政策パッケージを擁護しているのではなく、一つの重要な思想伝統についての自己の解釈を擁護しようとしているのであり、批判者も単に新貧民法やマッカーシズム、ベトナム戦争といった個々の立法や政策、個々の政治家の決定・行動等を批判しているのではなく、それらの基底にあり、それらに対する責任を帰せらるべき一つの思想伝統を批判しようとしているのである。両者とも、特にそれについて語ることが無意味ではないような、リベラリズムなるものが存在することを共通の前提としているが、先の懐疑はまさにこの前提に疑いを向けている。従って、リベラリズムが批判的にせよ共鳴的にせよ、論ずるに値する哲学的主題であることを承認する者は、リベラリズムとは何かを改めて問い直し、先の懐疑に応えなければならない。

リベラリズムの再同定のための一つの方法は、リベラリズムの標準的政策パッケージと考えられるもの——例えば、ニュー・ディール的政策パッケージ——を初めに措定して、それを包括的に正当化し得る最も単純で、実際にも広く支持されている原理、しかも競合する他の政策パッケージ——例えば、ニュー・ディール諸立法に反対した「保守派」の政策パッケージ——とは両立不可能な原理を求めることであろう。[28] しかし、このやり方は最初の政策パッケージの選択の仕方が恣意的であるという批判をリベラルを自任しながら別のパッケージを受容する人々から突き付けられるであろうし、いずれにせよ結論先取りの批判は免れ難い。もう一つのやり方はこれまでリベラリズムの名で呼ばれてきたすべての政治的立場を網羅的に正当化し得るような原理を求めることである。しかし、このやり方は初めから破綻を宣告されている。かかる政治的立場のうちには対立・競合し、同時に正当化することが不可能な立場――例えば、ニュー・ディール的リベラルと「小さな政府」の再興を支持するネオ・リベラル――が含まれていることが、まさに、リベラリズムの再同定を要請する問題状況をなしているからである。

それではどうすればよいのか。進むべき道は次の問いを問うことにあると思われる。即ち、リベラリズムは一体何を企てたのか。それはいかなる課題を自らに課したのか。言い換えれば、リベラリズムを最も良く同定させるのはそれが解こうとした問題であって、その問題に対して出された様々な解答ではない。リベラリズムをその問題によって同定することにより、リベラリズムの名を争う対立・競合する様々な立場がなぜ同じ思想伝統に属すると言えるのかが理解できるようになる。これらの競合する立場は同じ問題に対する異なった解答の試みであり、解答の相違にも拘わらず、リベラリズムの外では無視されるか拒絶されるような問いを敢えて問うことにおいて、一つの独自な思想伝統を形成しているのである。

リベラリズムの自同性の根をなす問いとは何か。前節で既に触れた問い、即ち、善から区別された社会構成原理としての固有の意味における正義への問いがそれである。ルネサンスと宗教改革以来、「善の王国」が解体し、ロールズの言う正義の「主観的情況」が成立してゆく過程において、善き生を解釈し追求する自由と責任が個人にあることに人々が目醒め、他方、対立・競合する善の諸構想を追求する諸セクトが、飽くまでそれぞれの構想の下における善の王国として社会を統轄しようとする限り、血で血を洗う悲惨な闘争が避けられないことを宗教戦争が人々に教えたとき、善から独立した社会構成原理としての正義を探究するリベラリズムの企てが始まる。「善の諸構想の多元性を所与として承認せざるを得ない状況において、社会的結合はいかにして可能か」と問い、その可能根拠としての正義、即ち、相競合する善の諸構想を追求する人々がいずれも自己の構想を追求する自由を不当に抑圧されることなく社会的に結合することを可能にするような条件としての正義の存在を信じ、それを模索することがリベラリズムの企てであり、リベラリズムが自らに負わせた課題である。この企ては決して、市民的諸自由の擁護の枠内にとどまった古典的リベラリズムに特有のものではない。福祉国家的諸施策を導入した現代リベラリズムも、善き生を自ら解釈し追求する規範的自由だけでなく、その現実的基礎をなす経済的・社会的諸条件を各人に保障することが、人々の多様な生の設計を公平に尊重して社会的結合を維持するために不可欠の条件であるという観点に立つものであり、リベラリズムの企てを続行しているのである。

善から区別された正義へのこの問いは、勿論、リベラリズムの名で呼ばれてきた諸思想が提起した唯一の問いではない。また、それはかかる諸思想が提起した諸問題のうち最も興味深い、あるいは最も重要な問いでさえないかもしれない。しかし、ある思想がいかに自由・平等・自律・解放・民主主義等を声高に叫ぼうとも、この問いを無視あるいは拒絶するならば、それはリベラルであることをやめるという意味において、この問いはリベラリズムの根幹をなす。この主張はすべてのリベラルな思想が同一の価値前提に立脚しているという主張と区別されなければならない。善き生の諸構想から区別された社会構成原理としての正義への問いを有意味な問いとして成立させるとともに、それへの解答の試みを規定するような価値前提には、様々なものがあり得る。ある人は個の自由を根本価値とする立場から、他の人は人格の平等から出発して、それぞれこの問いを問い、これに答えようとするであろう。かかる価値前提としての自由や平等についても様々な解釈があり得る。また、生の多様性そのものを自己目的とするが故に、この問いに取組む立場も考えられる。要するに、単一のリベラルな価値前提があるというよりも、一群の競合する価値前提についてリベラルな展開というものが存在するのである。この展開の結節点をなしているのが、リベラリズムの課題としてここに示した問いである。[29] 勿論、このような見方は異なった価値前提からこの問いに対して提示される異なった解答の間には、何ら選ぶところがないとする相対主義的主張を含意していない。異なった諸解答の間の倫理的支持可能性における優劣を問題にすることは意味のあることであり、また、支持可能性のより強い解答をリベラリズムのより良き理解とみなすことは、この見方と決して矛盾しない。リベラリズムの「企て」とは、実相に則して言えば、様々な前提から同じ問いを問い、解答の優劣を競い合う諸思想の「共同投企（joint venture）」である。あらゆる joint venture がそうであるように、それは分裂解体の危険と相互批判による生産的な協力関係の可能性とを併せもつ。

2 正義の基底性

善から区別された社会構成原理としての正義への問いをリベラリズムの課題として捉えるとき、先ず明らかにされなければならないのは、この問いが前提する、あるいは要請する正義と善との区別の意味である。これは次の三つの命題によって定式化され得よう。

(1)正義は社会の構成原理であり、社会における公私の力の行使を規制するとともに、公権力によって強行され得るものである。

(2)正義の問題に関する決定は、「善き生」についてのいかなる特殊な解釈にも依存することなく正当化可能でなければならない。

(3)「善き生」についてのいかなる特殊な解釈に基づいた行動であっても、正義の要求に抵触することは許されない。

この三つの命題はリベラリズムの問いに対する解答そのものではなく、解答が満たすべき条件を示している。正義と善との区別が要請される根本的な理由は(1)にあるが、正義と善との区別そのものの意味に関して決定的な重要性をもつのは(2)と(3)である。ここでは(2)を独立性の要請、(3)を制約性の要請と呼ぶことにする。リベラリズムを特色付ける正義と善との区別に関するこれと類似した見解は、近年ロールズによって正義の善に対する「優位（priority or primacy）」として提唱され(30)、この点に焦点を置いてリベラリズムを批判するマイケル・サンデル(31)によって立入った検討を加えられている。また、他者に対する力の行使の正当化をめぐる対話に対する制約条件としての「中立性（neutrality）」によってリベラリズムを性格付けるアッカーマンなどにも基本的に似た区別が見られる(32)。しかし、正義と善とのリベラルな区別に関する私の見解は彼らの見解と完全に一致しているわけではなく、また彼らの見解も相互に一致しているわけではない。特に、サンデルがこの区別に加えている解釈は、リベラリズムに対する重要な批判と結合しており、リベラリズムはその批判に応え得る対抗解釈を提示することを迫られている。従って、この区別の趣旨・含蓄に関して、ここでもう少し立入った考察を加えておくことが必要である。リベラリズムに対する多くの素朴な批判が、この区別の趣旨に関する無理解から生じていることを考えれば、この作業の必要性は大きい。なお、ロールズやサンデルは、上述の独立性と制約性に示される正義と善との関係を、正義の善に対する「優位」と呼ぶが、この表現は善よりも正義の方が人間にとって重要な価値であるという考え方に、リベラリズムがコミットしているかのような印象を与える点で、ミスリーディングである。後に見るように、この印象は根本的に誤っている。従って、ここでは問題となっている関係を、あまり練れた表現ではないが、正義の善に対する「基底性」と呼ぶことにする。以下では正義の基底性に関する二、三の重要な問題を検討し、正義と善とのリベラルな区別の意義を明らかにしたい。

(1)　逞しき中立　正義の基底性は様々な善の諸構想に対する政治権力の中立性を含意するが、この中立性は政治的決定ないし権力行使そのものの中立性ではなくその正当化の中立性を意味している。例えば、理由なく人を殺害したり虐待することに生の充実を見出すような、殺人賛美教団の信念と行動を「善き生」の一構想と呼ぶことは既に概念的暴力を犯すものではないかと思われるが、[33] 仮にこれが「善き生」の構想とみなし得るとしても、公権力がこのような教団に対してもなお中立寛容の姿勢を取るべきことを、正義の基底性は要請しているわけではない。このような教団の禁圧の根拠となる生命・身体の保護規範は善き生についてのいかなる特殊構想の追求にとっても必要不可欠の条件である。（かの殺人教団でさえ他の人々がこの規範を遵守し、教団員の寝首を掻くことをしないという事態に寄生することによって、その目的を追求できるのである。自殺クラブのメンバーも自殺を目的とする以上、「決行の日」以前に自己の意に反して加えられる他者の恣意的な攻撃から、自己の生命・身体を保護されることを必要とする。）即ち、この規範はいかなる特殊な善き生の構想にも依存することなく正当化可能であり、独立性の要請を満たしている。従って、殺人教団の禁圧は正義の基底性に反しない。それればかりか、かかる殺人教団の暴力行使の黙認は、犠牲にされる人々の善き生の追求がこの教団のそれに比べて取るに足らないものであるという前提に依拠せずには正当化不可能であるから、かかる教団の公権力による禁圧を正義の基底性はむしろ積極的に要請する。

この例が示すように、正義の基底性が表現するリベラルな中立性は、多様な善き生の諸構想に対する公権力による一切の差別的取扱いの禁止ではなく、このような差別の、特殊な善の諸構想から独立した正当化への要請を意味する。リベラリズムとは決して「何をしてもよい（Anything goes.）」、という放縦の無責任な礼賛の謂ではない。それは独立性の要請を満たす行動規則については、制約性の要請が示すように断固たる貫徹を要求するのである。従ってリベラリズムの中立性は価値中立性とは無縁である。むしろ、価値という言葉が力に対比された正当性を意味するとするならば、リベラリズムほど価値への強いコミットメントをもつ立場は考えにくい。それは善の構想を異にする人々が等しく受容せざるを得ない理由による正当化という、きわめて厳しい正当化のテストを力の行使に課しているからである。「八方美人」、「優柔不断」といったリベラリズムに対する否定的なイメージや、何事も禁止しない秩序など不可能である以上、中立性を標榜するリベラリズムは自己矛盾あるいは自己欺瞞に陥らざるを得ないといった批判は、リベラルな中立性の基本的な意味に関する誤解に発している。

リベラルな中立性の可能性に関して、もう少し立入った批判も考えられる。一つの批判は善き生の構想と政治的選好との結合に着目する。この批判によれば、人々の善き生の構想は純粋に個人的な生活の枠内にとどまるものではなく、社会の一定の政治構造への選好と密接に結合している。例えば、多数の奴隷を統率するプランテイションの主人として生きることに生き甲斐を見出す者にとっては、奴隷制を承認する政治構造への選好がその善き生の構想の本質的な部分をなす。他方、これと対立する奴隷解放への政治的選好が、「自由な労働力」を駆使する産業資本家として企業経営を行なうことに情熱を燃やす者の善き生の構想と不可分に結合している。このように善き生についての異なった諸構想が相対立する政治的選好と結合している以上、社会の政治構造を規定する正義の諸規範は、政治的に中立であり得ないというまさにそのことによって、善き生の諸構想に対しても中立ではあり得ない。

この批判もリベラルな中立性が異なった善の諸構想の平等な取扱いという次元での中立性ではなく、差別的な取扱いの正当化の中立性を意味していることを看過している。リベラルな中立性は大農園主の善き生の構想と産業資本家のそれとを、平等に満足させるという不可能なことを政治的決定に要請しているのではない。それが要請しているのは、奴隷制を廃止する政治的決定は、産業資本家としての人生の方が農園主としてのそれよりも善い生き方であるというような理由とは異なった理由によって、正当化されなければならないということである。この正当化理由として、例えば、あるリベラリストは人格的尊厳への万人の権利に訴えるだろう。いずれにせよ求められている理由は、大農園での牧歌的生活に、工場の林立する都市でのせちがらい生活よりも、はるかに多くの価値を見出す者でさえ、承認を拒否できない理由でなければならない。それは大農園主の生の設計だけではなく、産業資本家のそれにも制約として妥当する理由でなければならず、産業資本家がその「自由な労働者」に対して、大農園主がその奴隷に対してしたのと同じことをした場合――「自由な労働者」が比喩以上の意味において、「賃銀奴隷」になるのがいかなる場合かは、勿論コントロヴァーシャルな論題である――には、産業資本家の目的追求活動の規制をも正当化し得るような理由でなければならない。このような普遍主義的公平性をもたない理由は善き生の特定の構想に依存するものとして独立性の要請により排除される。

リベラリズムが奴隷所有者の政治的選好を斥けるのは、農園主の人生が工場主の人生よりも劣っているというような前提から独立した、一定の普遍主義的原理によって奴隷解放が正当化されるからだけではなく、解放を求める奴隷――奴隷は奴隷であることを望むという洞察は、一面の真理以上のものとして主張されるときは、イデオロギー的機能をもつことに注意したい――が追求する善き生の構想が、奴隷主のそれに比して取るに足らないものであるという前提に依存せずには、従って独立性の要請に抵触せずには、奴隷主の政治的選好が正当化できないからである。善き生の諸構想が相対立する政治的選好と結合しているという事態は、リベラルな中立性を不可能にするどころか、競合する政治的選好のいずれが支持可能かを査定するための一つのテストとして、リベラルな中立性が機能する場を与えるのである。

リベラルな中立性の可能性に対するもう一つの考えられる批判は、正義の諸原則による保護・分配の対象に関わる。この批判によれば、正義の諸原則の内容を確定するにはそれによって保護ないし分配さるべき利益・機会・権利等の一定のリストが必要であるが、このようなリストの選択は、決して善き生の異なった諸構想に対して中立であることはできない。この一般的批判の論点は、ロールズの正義論に対する常套的批判の一つによって補強されるように見える。ロールズは原初状態における正義原理の選択に対する公平な制約条件としての「無知のヴェイル」によって、各当事者固有の善の構想についての情報を排除しておきながら、正義原則による配分の対象となるべき「基本善（primary goods）」についての情報は排除していない。彼はその基本善のリスト——人身の自由、思想・良心の自由、参政権その他の基本的諸自由、機会と権能、所得と富、自尊の社会的基礎等——が何ら特定の善の構想にコミットするものではなく、あらゆる善の構想の追求に必要なものについての広く共有された想定を反映しているとし、これを「善の希薄理論（the thin theory of the good）」と呼んでいる。[34] これに対してロールズのこの善の希薄理論は現代の西側先進産業社会のブルジョア文化特有の善き生の構想に支配されており、決して中立公正ではないという批判がなされている。[35]

ロールズの善の希薄理論のブルジョア的偏向はそれほど明白ではない。例えば、それが悲劇を国費で観賞する権利を基本善に含めていないことを理由に、古代アテネ人の善の構想に対してそれが不公平であると主張するのは大人気がない批判である。所得はビールを飲みながらプロ野球を観戦することにも、ギリシア悲劇を円形劇場で観賞して、カタルシスや演劇的共同性を体験することにも、等しく使うことができる。[36] ロールズの格差原理が最も恵まれない層に割当てる所得は、悲劇観賞の余裕を保障するとは限らないという可能な反論は、もはやロールズの理論がリベラルな中立性を欠くという批判ではなく、むしろ特定の善の構想に狙いを定めてその実現の確実な保障を図ることをしない、この理論のあまりにリベラルな性格に対する不満の表明と見るべきである。所得や富という基本善が前提している貨幣経済は、人生観を物欲主義に一元化する傾向があると言えるかどうかは疑わしいが、いずれにせよバーター経済への回帰は、可能な生の設計に貨幣経済下におけるよりも大きな制約を課すであろう。

ロールズの善の希薄理論全体が資本主義経済体制にコミットしており、それ故にブルジョア的偏向を免れていないという批判はやや強引に過ぎる。この理論は生産手段に対する私的所有権を基本善に含めていないし、ロールズ自身、彼の正義論は資本主義だけでなく社会主義とも原理的には両立可能であり、いずれが一層適合的かは歴史的・社会的条件に依存すると明言している以上、[37] ロールズの理論と資本主義経済体制との必然的結合に関して、ドグマティックな断定を下す理由はない。またロールズの理論がたとえ資本主義と親和的であるとしても、幸か不幸か資本主義の下では誰もがブルジョア的に生きられるわけではない。ブルジョア文化なるものがもし語り得るとすれば、労働者文化や新中間層文化といったものも語ることができ、資本主義体制の下ではこれらが渾然と共存する。そもそもブルジョア的偏向が何を意味するのかが問題であるが、ロールズの善の希薄理論が仮にブルジョア的偏向を有しているとしても、それをリベラルな中立性と矛盾しないようにさらに希薄化・普遍化することが不可能で[38]あるというア・プリオリな断定には根拠が無い。

善の希薄理論の中立性に関して、その「濃度」自体は実は根本的な問題ではない。善の希薄理論がいかに濃いものであっても、それが正義原則の正当化の前提としてではなく、独立に正当化された正義原則による善の構想の制約の帰結として導入されるのであれば、リベラルな中立性は損われない。しかし、ロールズは正義の善に対する先行性あるいは優位を説きながら、正義原則の正当化の前提として、誰もが彼の挙げた基本善をより多く享受することを望むという善の希薄理論を導入したのである。ここに根本的な問題がある。なぜ彼はそうしなければならなかったのか。それは彼が正義の独立性の要請を、無知のヴェイルの下で自己の善の構想が何であるかを知らない合理的な利己的個人が行なう仮設的選択のモデルによって解釈したからである。自己の善の構想を知らないものが、いかにして自己の利益を合理的に追求する動機をもち得るのか、この問題に答えるために、どのような善の構想をもつかに関わりなく誰もがより多くそれを享受することを望むと考えられた基本善のリストが、無知のヴェイルを透過させられたのである。

しかし、このような仕掛けがそもそも必要であろうか。決定的なのは無知のヴェイル下での選択のモデルによる正義の独立性の解釈であるが、この解釈は決して唯一可能な解釈ではなく、且つ的確な解釈でもない。トーマス・スキャンロンは道徳原理の「公平性（impartiality）」の解釈として、どの人の立場に置かれても、筋の通った（reasonable な）仕方では拒絶できない原理を公平とする観念と、合理的に自己の利益を追求する個人が、自己の置かれている立場を知らないときに、選ぶであろう原理を公平とする観念を区別し、前者を後者によって説明しようとしている点で、ロールズは彼自身が批判しているハーサニ[39]のような功利主義者と同じ誤謬を犯しているという鋭い指摘を行なっている。スキャンロンによれば、無知のヴェイル下で、合理的に自己の利益を追求する個人が選ぶであろう原理は、合理的選択のルールが何であれ――ハーサニ流の期待効用最大化であれロールズ流のマクシミンであれ――、その原理の下で現実に不利益を負わされる人々によって、筋の通った仕方で拒否され得る場合があり、それ故、立場の相違を超えた受容可能性としての公平性の観念を、無知のヴェイルのモデルに還元することはできない[40]。

スキャンロンの「筋の通った拒絶（reasonable rejection）」の概念はなお解明が必要であるが[41]、情報制約下における合理的な自己利益追求を、どの立場の人も承認すべき理由があるという意味での公平性と混同することを戒めるその指摘は、傾聴に値する。無知のヴェイルはディケーの目隠しと同様、自己または自己が共鳴する立場の人々の利害得失を過大に評価し、他の人々のそれを過小に評価するという、我々の抜き難い心理を矯正するための補助表象としては一定の有効性をもつが、それ以上のものではない。無知のヴェイルを補助表象として使用する場合には、我々は自他の多様な善の諸構想を公平に尊重するためにそれらを一応無視してみるのであるが、このことはある決定が、自己の善き生の構想を知らない主体によってなされたから、公平であるとみなすこととは全く別である。無知のヴェイルを一定の正義原則の正当化のための論理的装置として使用するならば、スキャンロンの言うような公平ではない原則が導出される可能性があるだけではなく、本来正当化さるべき基本善のリストを、正当化の前提にしてしまうという誤謬に陥る。

ロールズの理論に関する以上の考察を踏まえれば、先の一般的批判に対して次のように応えることができる。正義原則による保護・配分の対象として何らかの基本善のリストが必要だとしても、このようなリストが当然に特定の善き生の構想にコミットするものであるとは言えない。仮にこのことが言えるとしても、かかるリストが独立性の要請を満たす議論によって正当化されるならば、リベラルな中立性は維持される。ロールズの情報制約モデルは、基本善のリストを正義原則の正当化の前提にしているが、独立性の要請はこのようなモデルに還元され得ず、基本善のリストも独立正当化の要求を免れない。

(2)　功利主義はリベラルか　　功利主義と反功利主義的リベラリズムとの現在の論争は、目的論（teleology）と義務論（deontology）との伝統的な対立の新たな形での復活という面をもつ。正義の基底性として捉えられた正義と善との区別は、この対立図式といかなる関係にあるか。特に目的論の現代における主要形態である功利主義は、この区別によって、リベラル・クラブ会員資格を剝奪されるのか。正義と善との区別によってリベラリズムを特色付ける論者のうちには、この区別が目的論一般、とりわけ功利主義と両立不可能と見る者が多い。サンデルは彼の言う正義の優位が、正義と衝突する善の要求を正義が覆すという「道徳的意味（moral sense）」における優位と、正義が善から独立に正当化可能であるという「基礎的意味（foundational sense）」における優位とから成るとし、功利主義も正義の道徳的優位はミルにおけるように承認し得るが、基礎的優位は承認し得ないとする。サンデルは基礎的優位をも包括する意味での正義の優位の主張が、カントに始まりロールズにおいても継承されている「義務論的リベラリズム（deontological liberalism）」を性格付けるものであるとし、功利主義その他の目的論はかかる正義の優位の観念と両立不可能とする。[42] ロールズも功利主義が正義を善に先行させるのではなく、逆に善を正義に先行させている点で正義と善とのリベラルな区別を否定しているとみなし、[43] さらに、アッカーマンは功利主義は最大限の快の享受が最善の生であるという特殊な善の構想にコミットしているが故に、正義判断の善の諸構想からの中立性の要請に抵触するとしている。[44] 彼らの見解がもし正しいとすれば、正義と善との区別は反功利主義的ないし義務論的リベラリズム特有のものであり、これを以て、一九世紀以来の自由主義的功利主義者をも包摂するリベラリズムの思想伝統全体を、総合的に性格付ける問題関心と見るのは、誤りであるということになりそうである。しかし、果たしてそうであろうか。

サンデルが正義の善に対する優位についての彼の定式化が功利主義を含む目的論一般を排除すると考えるのは、彼が正義から区別さるべき「善」の概念を「人間の目的（human purposes or ends）」一般と等置しているからである。[45] しかし、正義の基底性として、先に定式化された正義と善との区別において、正義がそれから独立し、且つそれを制約するものとして想定されている善とは、飽くまで善き生についての何らかの特殊な構想、即ち、「我々は人生をいかに生くべきか」、「完成した人間とは何か」、「生きるに値する人生とはどのようなものか」、「人生における成功とは何か」、「何のために生きるのか」等々の一連の諸問題に対する、何らかの特定の解答のことである。善き生についての自己の解釈に従って、自己の生を形成しようとする人々の多種多様な営みを、公平に尊重する社会的結合原理への問いに、リベラリズムの自同性を求めるならば、正義と善とのリベラルな区別をこれよりもさらに強く解釈する必要はない。善き生の特殊な諸構想との関係における独立性と制約性とに存する正義の基底性を是認するか否かは、目的論対義務論の対立とは論理的に次元を異にする。特定の善き生の範型の墨守を人々に画一的に強要し、しかも、その墨守がいかに悲惨で破壊的な帰結をもたらす場合でも、逸脱を許さないような義務論的倫理の立場も考えられるが、かかる立場は義務論的ではあっても、正義の基底性の要請に反する。逆に目的論的構造をもつ理論であっても、それが社会制度の正当化根拠として設定する目標が、善き生についての特殊な諸構想から独立したものであるならば、正義の基底性には反しない。

功利主義の特質は単にその目的論的構造にのみあるわけではなく、同時に、あるいはそれ以上に、究極目的を善き生についての様々な特殊構想に対して中立的に規定しているところにある。諸個人の幸福の総和ないし平均値として理解された社会的幸福度の査定のための功利主義的計算においては、諸個人の多様な選好はその内容の質的優劣を問われることなく、強度が等しければ同等の比重を付与される。他者に与える影響その他の帰結を無視できるならば、パチンコにふける人生も詩作にふける人生も、本人の満足度が等しければそれ自体としては等価なものとして社会的幸福計算に算入するのが功利主義の真骨頂である。さらに、アッカーマンの想定に反して、功利主義は最大の満足を味わうこと、自己の選好を最大限実現することが最善の生であるという見方にコミットしているわけではない。むしろ、それは自己の選好と同様に切実な他者の選好を、自己の選好と同様に尊重することを人々に要求し、中立的に規定された社会的幸福の最大化のために、きわめて大きな犠牲を個人に要求しさえする。生き甲斐についての多様な解釈を反映した諸個人の多様な選好に対する普遍主義的公平性は、功利主義の本質的特徴をなしているのである。(46) 功利主義は最大化された社会的幸福という集合善を社会制度の正当化根拠とする点で、善を正義に論理的に先行させているように見えるが、これは外見にすぎない。功利主義は何らかの特定の善き生の構想と結び付いた特定の選好を、内在的に優れたものとする前提に依存することなく、「何人も一人として、且つ一人としてのみ数えらるべし」という平等算入公準に表現されるような、独立の普遍主義的原理に基づいてこの集合善を規定している点で、むしろ、正義を善に先行させていると見るべきである。(47) 従って、功利主義も、正義の基底性を前提とするリベラリズムの問いを共有しており、リベラリズムの企てに参画していると言ってよい。

以上の議論は功利主義に対する皮相な理解に基づくものだ、という批判がなされるかもしれない。このような批判の一つとして考えられるのは、功利主義は本来通約不可能なはずの善の諸構想を通約するために、多様な善の諸構想を序列化する単一の合理的な善の観念を導入せざるを得ないとするロールズの議論(48)である。効用関数が個人によって異なるにも拘わらず、効用の異個人間比較が可能であることを示すために、功利主義が取る戦略は、効用関数の相違をもたらしている個人の主観的規定要因——善き生の構想もここに含まれる——自体を変数化し、これと財の分配など評価対象となる選択肢との二変数関数として再構成された効用関数の、間主観的相同性を主張することである。この戦略の下では、対象的選択肢が固定されるならば、主観的規定要因の変化に応じて効用関数の値が変わるから、与えられた客観的状況の下で、諸個人の多様な主観的規定要因、従ってまた様々な善き生の構想の間に、望ましさの統一的な順位付けが行なわれることになる。善き生の諸構想のこの統一的順位付けをロールズは「共有された高次選好（a shared highest-order preference）」と呼ぶ。彼は功利主義が、この統一的選好に表現される善についての単一の特殊観念を正義の規定根拠にしている点で、善を正義に先行させているとみなす。

しかし、共有された高次選好は善き生の諸構想のいずれが内在的に優れたものかについての評価を示すものではなく、単に与えられた対象的選択肢の下で、どの構想の充足度が相対的に高いかについての判断を示すにすぎない。対象的選択肢が変われば善き生の諸構想の序列が変わるのもそのためである。共有された高次選好の想定において、功利主義は何らかの特殊な善き生の構想に訴えて、何かを正当化しようとしているわけではなく、あらゆる善き生の構想に適用可能な、選好充足度評価の枠組を設定しているのである。例えば、衣食住に関して生存に必要な最低限の財しか存在しないような世界では、禁欲主義者の方が享楽主義者よりも不満度が低いことを、両者ともに自己の善き生の構想が相手のそれよりも優れているという確信を放棄することなく、承認し得るが、共有された高次選好が表現しているのはこのような共通の選好充足度評価であって、善き生の諸構想の内在的価値における統一的序列ではない。従って、共有された高次選好の導入を理由に、功利主義が正義の基底性に反していると言うことはできない。ロールズは、通約不可能な善の諸構想の多元性を承認するならば、共有された高次選好の存在を否定せざるを得ないとするが[49]、このとき彼は、善の諸構想の充足度の比較と内在的価値の比較とを混同しているのである。いずれにせよ、共有された高次選好の有無は、功利主義のプログラムの実現可能性の問題であり、このプログラムそのものが正義と善とのリベラルな区別を否定しているか否か、という問題とは別である。

　功利主義における共有された高次選好の想定に対する、ロールズの批判の最大の眼目は、この想定の下で社会的幸福の最大化を要請する功利主義は、個人の深い意味における「個性（individuality）」を否定してしまうという点にある。功利主義は、客観的状況の変更のコストの方が高い場合は、むしろ主観的規定要因の変更を要求する。功利主義は諸個人の善き生の構想を、財の分配のような外的状況と同様、人々の選好充足度を全般的に最大化するために、変更・調整さるべき世界の偶然的特徴の一つとしてしか見ず、善き生の構想が、個人の同一性の不可欠の構成要素をなしているという事態を無視する。功利主義が想定する個人とは、真の意味で自分がコミットしていると言える善き生の構想をもたない「単なる人（bare persons）」であり、自己の善き生の構想と結び付いた自己固有の観点をもった個人、特定の価値や目的に献身することによって、一定の性格を表現する生を生きる個人は消去されてしまう。[50] ロールズのこの批判は確かに功利主義の根底にある支持し難い人間学的前提、即ち、匿名の没個性的な効用受容器として人間を捉える発想を、鋭く剔抉するものであるが、功利主義が正義を単一の善の特殊構想に還元しているという結論を、正当化するものではない。それが示しているのはむしろ、功利主義が、多様な善の特殊構想に対する正義の普遍主義的公平性を追求するあまり、正義によって規律さるべき個人をも、特定の善き生の構想に本質的なコミットメントをもたない抽象的・「中立的」人格とみなしてしまったこと、即ち、正義の基底性が表現するリベラルな中立性を功利主義は、不当に拡張解釈したが故に、個人をも中性化ないし無性化するという、不必要且つ不適切な立場に陥ったということである。功利主義の誤謬は正義を善の特殊構想から区別しなかったことにではなく、逆に、ある意味でこの区別をしすぎたこと、善の特殊構想と個人の自同性との結合を捨象する程に、正義の普遍主義的観点を拡張したことにある。

功利主義をリベラリズムの企ての内側に置くことに対する、もう一つの考えられる批判は、ドゥオーキンが個人権をその補正として正当化するために指摘した功利主義の難点、即ち、外的選好を算入する功利主義的計算の、リベラリズムに背反的な帰結[51]に注目する。この批判によれば、同性愛者に対する偏見など、多数派の外的選好を算入するとき、功利主義は、特定の善き生の構想を、多数派の好悪に従って弾圧したり優遇する道徳主義的干渉を正当化するから、リベラルな中立性に根本的に対立する。功利主義にリベラル性を帰するのは、功利主義の実際の機能特性の無理解に基づく謬見である。この批判は興味深いものであるが、応答はやや退屈なものにならざるを得ない。功利主義の平等算入公準を、外的選好の排除を要求するものとして、また、その排除が事実上不可能な場合には、一群の基本的諸自由への権利のような、何らかの補正手段を要求するものとして解釈することは、この批判から功利主義のリベラル性を救う一つの方法であるが、このような解釈は功利主義の修正というよりも放棄の感を拭い難い。むしろ、ここで確認さるべき点は、外的選好を算入する功利主義的計算が、特定の善き生の構想の弾圧ないし優遇を正当化する場合でも、当の構想が、軽蔑さるべきもの、ないし賞賛さるべきものであることを理由にしているわけではなく、飽くまで、社会全般の選好充足の最大化を理由にしており、正義の独立性の要請には反していないということである。正義の基底性の諸条件は、リベラリズムの問いに対する、道徳的に支持可能な解答を同定する条件ではなく、ある解答の試みが、この問いに対する解答の試みであると言えるための制約条件を示していることを、ここで想起する必要がある。

功利主義と正義の基底性との関係に関する以上の考察は、功利主義がリベラリズムの企てに参画していることを示すと同時に、それがこの企ての不適格な実行であると言える理由にも、間接的に照明を当てている。功利主義をリベラリズムの思想伝統の中に位置付けることは、それがリベラリズムの貧しい、あるいは誤った形態であると主張することを妨げない。しかし、反功利主義的リベラリズムの勃興という現在の思想状況の下では、ややもすれば功利主義のリベラルな企図さえ否認されるが、これは功利主義に対して公平な評価とは言えない。功利主義もまた、善き生の諸構想の多元性という事実と両立する社会構成原理を模索する試みなのである。功利主義の失敗は、リベラリズムの問いを見落としたことにではなく、この問いに不適切な仕方で答えたことに、即ち、選好の無差別公平な充足にのみ関心を払い、選好主体たる個人の自同性（個別性）と自律性（独立性）を無視してしまったことにある。

(3)　自我・善・共同体——リベラリズムを超えて？——

サンデルは既に見たように、彼の言う正義の善に対する優位ないし先行性を、目的論一般を排除するような（リベラリズムの同定のためには強すぎる）意味に解釈し、これをカントやロールズに代表される義務論的（反功利主義的）リベラリズムの基礎とみなした。彼はこの基礎に重大な哲学的欠陥が宿されていると主張し、義務論的リベラリズムに根本的な批判を加えている。

サンデルによれば、義務論的リベラリズムは、我々が自己をそのように理解することは不可能であるという意味で不適格な、形而上学的自我理論と不可分一体の関係にある。義務論的リベラリズムが想定する自我は、純粋な目的選択意志であり、それが選択する目的から峻別される。それは自己の目的に先行して存在し、自己が選択するいかなる目的にもその同一性を負わない。この自我は自らが抱く目標・愛着・忠誠・コミットメント等によって定義され得ず、これらの諸属性からいつでも身を引離して、それらを吟味・評価・変更することができる。サンデルによれば、義務論的リベラリズムにおける正義の善に対する先行性――これは彼にとって、正義のあらゆる人間目的からの独立性を意味する――は、自我のその目的に対する先行性に依拠している。選択主体としての自我が、選択対象としての目的に先行するように、選択条件としての正義は、選択対象たる善に先行する。自己の同一性根拠としていかなる先在的目的ももたない、純粋選択主体の間の結合原理として正義を捉えるからこそ、正義の善に対する先行性、ないし目的独立性が要請されるのである。正義の善に対する先行性の要請と、自我のその目的に対する先行性の要請との結合の古典的例を、サンデルは、一切の経験的規定性に先行する超越論的主体として、あるいは感性界を超越した知性界の成員として自由な道徳的人格を捉えたカントに求める。しかし、彼はまた、カントの超越論的観念論の形而上学的背景から義務論を解放して、それを平明化・世俗化しようとしたロールズも、自己に関する特殊情報を剥奪された主体による仮設的選択状況としての原初状態のモデルの使用や、自己の才能に対する個人の道徳的請求権の否定において、自己の目的や経験的規定性に先行する「負荷なき自我（unencumbered self）」の観念に依存していることを、詳細なドキュメンテーションに基づいて主張している。サンデルにとって、目的先行的・無規定的な純粋選択意志主体としての自我の観念は、正義を善に先行させる義務論的リベラリズムの不可欠の前提であり、カントの形而上学を捨てて、義務論だけを取ろうとしたロールズの試みは、失敗を初めから宿命付けられていたのである。(52)

負荷なき自我は一見、一切を自己の選択により創造する主権的自由をもつように思われるが、サンデルによれば、逆にこの自我は極度に無力化されている。最深奥の価値やコミットメントでさえ、この自我にとっては、いつでも変更可能な選択の対象にすぎないから、自己の同一性を構成する価値や目的についての自己省察や自己知識は、この自我には不可能である。それは性格を欠いた、「精神的深み（moral depth）」のない自我であり、自己の選択の指針となるべき先行的自己理解をもたず、自分にふさわしい選択は何かを真の意味では知らない。この自我の選択は純粋恣意の発動であり、自律的であるどころか、移ろい易い気まぐれな感情に他律的に従属せざるを得ない。(53)

サンデルにとって、自我観念のこのような貧困化は、善や共同性の観念の貧困化をも意味する。負荷なき自我にとって善とは、自己省察を通じて探究され発見さるべき何かではなく、正義の抽象的・普遍的制約の枠内で、いかようにでも好きなように選択し得るものにすぎない。自我と善とのこの関係は、自我と共同体との関係にもあてはまる。この自我観の下では、「共同体の善（the good of community）」を、個人が自己の利益を実現する手段として選択するものとしてしか見ない「道具的（instrumental）」共同体観か、個人が自己の偶有する同胞愛の感情を充足するために選んだことを除けば、共同体の善と他の選択された善との間に原理的な相違を認めない「情緒的（sentimental）」共同体観――サンデルは「社会連合（social union）」として表現されるロールズの社会像を情緒的共同体観の一種と見る――しか成立し得ない。一定の善の観念を共有する共同体への帰属が、個人の単なる感情ではなく、個人が何者であるかを部分的に定義していること、即ち、共同体の善のために共同体の中で一定の役割を果たすことが、個人の同一性の不可欠の一部であることを承認する「構成的（constitutive）」な共同体観は、負荷なき自我の観念とは両立不可能である。サンデルは、社会的存在としての我々はこのような負荷なき自我として自己を理解することはできないと主張する。それだけでなく、彼によれば、義務論的リベラリズムの立場から提示される正義原則そのものが、このような自我観の下では基礎付けられ得ないのである。格差原理を提唱するロールズや、被差別少数派を逆差別的に優遇する「積極的是正措置（affirmative action）」を支持するドゥオーキンなど、再分配を是認する論者の議論は何らかの構成的共同体観に依存しているし、歴史的権原理論の見地から再分配を批判するノーズィックも、自己の才能や努力の産物に対する個人の道徳的請求権を承認する以上、一定の「値（desert）」の概念を必要とし、従ってまた負荷なき自我よりも厚い自同性を有する自我の観念に依存している(54)。

義務論的リベラリズムをこのように批判するサンデル自身の立場は、構成的共同体観を前面に出す「共同体論（communitarianism）」である。この立場が負荷なき自我に対置する自我は、自己の生活史が共同体の歴史の中に埋め込まれ、自己の同一性が共同体を特色付ける諸目的によって部分的に構成された「位置ある自我（situated self）」である。義務論的リベラリズムの「権利の政治（politics of rights）」に対して共同体論は「共通善の政治（politics of the common good）」を志向する。サンデルはその内容を全面的に展開せずに、示唆的コメントを与えているだけであるが、それによれば、権利の政治が人間の主体性を政治の前提をなす信仰箇条とするのに対し、共通善の政治はそれを絶えざる注意と配慮の対象として、政治の努力によって生み出される失われ易い成果として捉える。前者が個人の権利の拡張と国家による保障の強化に関心を集中させ、そのうちの自由尊重派は自由市場経済を、平等尊重派は福祉国家を擁護するのに対し、共通善の政治を志向する共同体論は、私企業体と官僚制国家双方における権力の集中と、個人と国家との間に介在する中間的な共同体の諸形態の衰退とを憂慮する。共同体論にとっては、このような中間的共同体においてこそ、「公民としての徳（civic virtue）」が陶冶され、「より活発な公共生活

(a more vital public life)」が維持されるのである。現代国民国家において共通善の政治を説くことは時代錯誤であり、偏見と不寛容に道を開き、全体主義へと導く危険性があるという、権利の政治の側からの可能な批判に対して、サンデルが共同体論の側から与えている応答は、不寛容や全体主義的衝動は共通善に同一化する位置ある自我の確信からよりも、共同体から根を断たれ、アトム的に孤立した個人の不安と挫折感から生じてくるというものである。[55]

以上のようなサンデルの批判は、人間目的一般に対する正義の先行性として解された、正義の優位の観念に向けられたものであるが、その趣旨は、善き生の特殊構想に対する先行性として解された、正義の基底性の観念にも適用されよう。正義の基底性の観念に立脚するリベラリズムの企てそのものが、善き生の構想を個人の自由な選択の対象として捉えている点で、善き生の構想に自同性を負わない負荷なき自我の観念に依存し、善き生の観念を主観化・相対化するとともに、共同体の観念を貧困化するという批判が、サンデルの観点からなされ得る。実際、功利主義については、先に、それが正義の基底性の要請に反しておらず、リベラリズムの企てに参画していることが確認されると同時に、いかなる善き生の構想にも本質的コミットメントをもたない、中性的・無規定的効用受容器としての「単なる人」の観念に、それが依存していることがロールズによる批判に即して指摘された。この「単なる人」は、負荷なき自我と同様に無規定的であるだけでなく、後者にはなお残されている自律性の痕跡さえ失っている点で、後者以上に「無力化」されている。功利主義における自我の貧困化に対する、ロールズの批判の本質的な部分は、彼自身にも送り返されるものなのだろうか。無規定的・無性格的な自我の観念は、功利主義固有のものではなく、功利主義も参画するリベラリズムの企てを特色付けるところの、正義の基底性の観念に内在するものであり、従ってまた、反功利主義的リベラリズムさえコミットしているものなのであろうか。

カントやロールズの自我論についての、サンデルの解釈の当否については、異論もあり得ることを指摘するにとどめ、ここでは立入らない。ここでは、仮にカントやロールズにおいて、リベラリズムが負荷なき自我の観念と結合しているとしても、これが単なる人的結合ではなく論理的結合であること、正義と善とのリベラルな区別そのものがかかる自我観に論理的にコミットしていることを、サンデルは示していないという点を強調しておきたい。実のところ、あらゆる善き生の特殊構想からの正義の独立性と、自己の善き生の構想からの自我の独立性との間には、一定の連想関係はあっても論理必然的結合関係はない。個人の善き生の構想をも、効用最大化のための調整・操作の対象とする功利主義が前提するような、性格なき効用受容器と、一切の価値的コミットメントから解放されて、軽やかに、しかし定めなく選びのダンスを舞う空虚な主体との二者択一に、リベラリズムの自我論の可能性が尽くされているわけではない。自己の善き生の構想が志向する価値を、己れの同一性の刻印として負い受けながら、その含意を自己の責任において解釈し追求する主体としての自我の観念に立脚するリベラリズムも可能である。それはこの厚い自同性をもつ自己解釈的存在としての自我の自律性を尊重するが故に、社会構成原理としての正義から、善き生についての公定解釈の墨守を個人に強要するような性格、即ち、自己解釈的存在としての身分を、自我から剝奪するような性格を排除する。この立場は、単にリベラリズムの可能な形態であるだけでなく、私見によれば一層支持し易い形態でもある。

この種のリベラリズムが正義の基底性を要請するのは、善き生の構想が自我にとって、その同一性と無関係な気ままな選択の対象にすぎないと考えるからではなく、逆に、それが自我にとって、自己解釈に忠実に追求されるのでなければ意味がないほど、その自同性に深く根差していることを承認するからである。このリベラリズムが、例えば、同性愛の脱犯罪化を支持するのは、性生活というような経験的規定性を剝ぎ取られた、受肉せざる純粋意志主体の選択の自由や尊厳を擁護するためではなく、むしろ、現実に存在する生身の同性愛者にとって、彼または彼女の性生活の形式が彼が彼自身であること、彼女が彼女自身であることの一部であることを承認するからである。「ノーマル」な性生活か、または性生活の断念を刑罰を以て同性愛者に強制することは、自分にふさわしい生、自分が同一化できる生き方を模索し、追求する自己解釈的存在としての地位を、同性愛者に否定することであり、そうであるからこそ許されないのである。

自己解釈的存在としての自我の観念に立脚するリベラリズムは、自己の生を意味付ける確固たる自同性の根をもたない「負荷なき自我」が、人間的主体性や政治的自律性を、真に担い得るものではないことを決して否定しない。必ずしも自由な意志的決断によって選択したのではない諸価値を、己れの自同性の証しとして背負うが故に、自分が何者であるかを既に知っている「位置ある自我」のみが、全体主義が大衆動員のために利用する「民族」その他の、強く逞しい集合的象徴への、自己肥大化的同一化の誘惑に抗し得ることを、このリベラリズムは積極的に承認する。しかし、それは同時に、同性愛の例にも示されるように、人々が自己を同一化する善き生の構想の多元性が、所与として承認されざるを得ないことに注意を促す。我々が位置ある自我であればあるほど、自他の異なりが深まる可能性があるという現実を直視せずに、「構成的共同体」へのノスタルジーに耽溺する態度をそれは拒否する。それは構成的共同体がもはや、人間的結合のいかなるレヴェルにおいても不要であるとか、様々な中間的共同体の衰微を座視していてよいとするものではなく、ただ現代の政治社会の全体モデルとしては、構成的共同体は限界があること、構成的共同体の同一性付与機能がその限界を超えて虚構され、共有されざる善き生の特殊構想が、「共通善」の名において異質分子を抑圧する政治的決定の口実にされるならば、自己解釈的な存在としての自我の自同性と自律性は、かえって腐蝕されるということに注意を喚起するのである。

サンデルも負荷なき自我を自己知識・自己省察の不可能な存在とする一方、位置ある自我を「自己解釈的存在（a self-interpreting being）」として捉え、自己解釈的存在としての我々は、自己の同一性を形成する自己の歴史に対して、一定の反省的な距離をとることができるが、反省の地点は反省される自己の歴史を超出できないとしている。(57) リベラリズムの観点からはこの主張自体を否定する必要はない。問題はこの主張と、同じ政治社会に属する人々の自同性解釈が同一の共同体の同一の物語に織込まれた同一の善の構想に収斂するという主張との間には、論理的懸隔が存在するということである。同じ政治社会に属しながらも、人々が自己を同一化する共同体は異なり得るし、同一の個人が異なった共同体に帰属することもある。何よりも重要なことは、我々が自己解釈的存在である以上、我々が自己の生活史を重ね合わせる共同体の歴史がどのようなものであるかは、多かれ少なかれ我々自身の解釈に依存しており、従ってまた、この共同体の性格を定義する善の構想も、それが何であるかについての我々自身の解釈を通じてのみ、我々の自同性に参与するということである。同一の共同体に属する者の間ではこのような解釈の予定調和的統一が存在すると主張することは、自我が自己解釈的存在であるという規定を殆ど放棄することに等しい。私が自己解釈的存在であるということは、私の自我とその自同性の基礎が私の解釈の対象であるということと同時に、あるいはそれ以前に、それを解釈するのが私でしかあり得ないということを意味している。私は自己解釈を他者に代行させることが原理上できない。私についての他者の解釈は私によって解釈されるしかないからである。私は免除不可能な自己解釈の責任を負わされている。サンデルは位置ある自我が自己知識の可能性だけでなく、自己知識を他者と共有する可能性も有するとし、単に互いの選択を尊重し援助し合うだけでなく、互いの自同性についての洞察をも共有し合うような友情を、リベラリズムを超えた共同性の一様態として描いている。(58) しかし、その際彼は、私が「私よりも友人の方が私自身を良く知ってくれている」と言うことがあるとしても、それを言えるのは私だけであって、友人ではないということを忘却している。自己解釈の責任主体は解釈されるその個人自身である以上、自己を同一化すべき共同体の歴史と、それに根差した善き生の観念とについての諸個人の解釈は、諸個人の異なりに応じて多かれ少なかれ異ならざるを得ない。共同体論は構成的共同体を政治社会のモデルとする以上、このような解釈の分化を、公定解釈への服従の強制により、抑圧・隠蔽する権力を共同体に与えることになる。[59]しかし、リベラリズムはこのような立場を、無規定的選択主体としての負荷なき自我の観念ではなく、まさに、共同体論がそれに媚びながらも実は裏切っている、自己解釈的存在としての位置ある自我の観念に依拠することによって、批判し得るのである。

リベラリズムは自我を空虚化・無力化する必要がないように、善を主観化・相対化する必要もない。自己解釈的存在としての自我の観念に依拠するリベラリズムは、善き生の構想が自我の同一性の基礎になり得ることを承認するという意味で善を「内面化」するが、これは善の主観化とは別のことである。自己解釈的存在としての自我にとって、善は恣意的選択の対象ではなく、まさに探究され、発見さるべきものであり、自己の善き生の構想も単なる好悪の感情の表現ではなく、反省的に吟味され、必要ならば修正さるべきものである。この自我は負荷なき自我のように、善を己れの恣意の産物とするような神的主権性を標榜しない。この自我にとって、自己の善き生の構想は、自己の恣意によって左右できない一定の価値についての自己の解釈であり、この価値への志向性に貫かれたものとして自己の生を彫琢し、作品化する営みが、この自我の同一性を形づくるのである。

このような自我観に立脚するリベラリズムが、善き生の特殊構想からの正義の独立性の要請を受容するのは、善き生の諸構想が、自我の思い込みに反して、原理上恣意的・主観的であるとする超越的・外在的観点に立つからではない。ある善き生の構想が他よりも優れたものであることや、ある生き方が俗悪・低劣なものであることを、このリベラリズムは承認する用意がある。それにも拘わらず、このリベラリズムがこのような判断を正義の問題に関する決定の理由にすることを拒否するのは、自己解釈的存在としての自我においては、自己の善き生の構想に従って生きることが自己の同一性と不可分の関係にある以上、他の異なった構想に従って善く生きることをこの自我に強制することが、概念矛盾的な不可能事であることを承認しているからである。この自我が服従を強要された善き生の構想が、たとえその自我の構想より優れたものであったとしても、それに従った生はもはやこの自我の生ではない。このような生においては、この自我が善く生きたことにはならないのである。自己解釈の責任主体である自我は善く生きることの責任主体でもある。(60) 正義の基底性を斥ける立場は、外的権力による生の善導が可能であることを前提しているが、このような前提は自己解釈的存在としての身分を自我から剝奪することなしには維持できない。

かかる観点から正義と善とを区別するリベラリズムは、道徳的価値の名に値するのは正義のみであって、善は主観的趣味の問題にすぎないという立場とは程遠い。むしろこのリベラリズムは、自己解釈的存在としての人間にとって、自ら善く生きることが最大の道徳的関心事であることを承認するが故に、自己を同一化できるような善き生を追求する人々の多様な営みを可能にする条件として、正義の基底性を受容するのである。そこでは、正義の善に対する論理的先行性は、善の正義に対する実践的先行性の帰結である。

以上において、リベラリズムにおける正義の基底性の想定は、負荷なき自我の観念や善の貧困化と必ずしも結び付かないこと、さらに、負荷なき自我に対置される位置ある自我が、自己解釈的存在として理解される限り、このような自我の観念は政治社会を構成的共同体として理解する共同体論を支持するものではなく、むしろ、構成的共同体を限界付け、正義と善とのリベラルな区別に一つの人間学的基礎を与えるものであることを見てきた。リベラリズムは共同体論の自我論的洞察を防衛的に拒否する必要はなく、むしろ、それを積極的に取り込んで、共同体論そのものを乗り越える足場にすることができる。しかし、乗り越えが単なる批判的限界付けに終わらないためには、リベラリズムは構成的共同体のモデルに代わるそれ自身の積極的な社会像を提示できなければならない。諸個人が無性格な「負荷なき自我」ではなく、自己解釈的存在として厚い自同性と自律性を有するが故に、構成的共同体の内に包みきれない質的相違と対立が彼らの間に存在するとしたら、かかる諸個人がその中で自己の個性を形成し、発展させ得る社会的結合様式はどのようなものなのか。そもそも可能なのか。この問いに対するリベラリズムの解答となる社会像は、サンデルが貧しい共同体観として構成的共同体観に対置した、道具的共同体観や情緒的共同体観、あるいは両者の組合わせに帰着するのか。それとも、これらの共同体観のいずれとも異なる社会像、即ち、利害計算や同胞愛というような移ろい易い要因ではなく、もっと定常的な紐帯、しかも、構成的共同体が要求するような成員間の強い同質性にも依存しない紐帯に立脚する社会像を、リベラリズムは提示できるのか。ここで問われているのはまた、正義の基底性の要請を満たすような社会構成原理は、いかにして具体的に構想され得るのかという問題でもある。最終節ではこれらの問題に多少照明を当てたい。

三　社交体と会話

——リベラリズムの社会像——

1　統一体と社交体

リベラリズムは、言うまでもなく、近代ヨーロッパ政治思想の伝統を母胎としている。従って、リベラリズムの積極的な社会像を描こうとする場合、近代以降のヨーロッパの国家および国家論の歴史、さらには前史を辿り、そこに秘められた、未だ尽くされざる可能性をもつモチーフを発掘する作業を先ず行なうのが、「まともな学究の道」というものであろう。残念ながら、ここではその余裕がないし、現在の私にはその能力もない。しかし、この点に関しては、一つの重要な手掛かりをマイケル・オークショットに求めることができる。(61)

オークショットによれば、近代国家に関するヨーロッパの意識は、近代国家成立以来現在に至るまで、常に両義的であり、人間の結合様式に関する二つの対立・競合するモデルの支配下にある。現実の諸国家は両方のモデルを多かれ少なかれ体現してきており、思想上もいずれか一方が完全な優位に立ったことはない。緊張関係にあるこの二つのモデルとは「統一体（universitas）」と「社交体（societas）」である。統一体は特定の共通の目的によって結ばれた「実体的連合（substantive union）」であり、そこではすべての成員と資源を共通目的の実現のために動員する「目的支配（teleocracy）」が貫徹される。これに対して、社交体とは、実体的目的から独立した抽象的・形式的準則、即ち、いかなる目的を（何を）追求すべきかではなく、それをいかなる仕方で（いかに）追求すべきかに関わる「品行の規範（norms of civil conduct）」を共有することによって結ばれた、「形式的連合（formal union）」である。そこでは、所与の共通目的の実現のために人々の行動が統制されるのではなく、共通の品行規範の制約の下で、諸個人が自己の目的を自由に選択し追求することを可能にする「法則支配（nomocracy）」が貫徹される。

統一体においては、統治権力の主体は、支配下にある人と土地を、統一体の目的のために利用さるべき資産として領有する「領主（lord）」の性格をもつ。その統治は経済成長・富国強兵・最大幸福等々の共通利益の実現のために、人的・物的資源を最も効率的に動員・組織化・活用しようとする「管理的（managerial）」形態をとることもあれば、特定の宗教的・世界観的理想の実現に向けて成員を教化・煽動する「訓導的（tutorial）」形態をとることもあり、また自己疎外・不安等からの人々の魂の救済を図る「治療的（therapeutic）」形態をとることもある。勿論、これらの諸形態は網羅的でも相互排除的でもない。いずれにせよ、そこでの統治者と被治者との関係は、設計者と設計に従って加工される素材、あるいは組立て工と組み立てられる部品との関係に比論可能である。これに対し、社交体においては、統治者は共通の品行規範を体現する「法（lex）」の維持・発展を図ることを任務としており、人々の実体的目的をなす欲求や利益の保護者ではなく、共通の「準則（rule）」の保護者であるという意味において、「為政者（ruler）」である。為政者は社交体の構成員たち（socii）に「善く生きること（bene vivere）」とは何かを教示し、実行を監督する責任も権限ももたない。彼は言わば、多様な生の物語が語り出される宴の主宰者である。「彼の関心は会食者たち（convives〔即ち、共に生きる者たち〕）の作法（manners）にあり、彼の役目は会話を続けさせることであって、何が話されるかを決めることではない。」[62]（角括弧内は井上。）

領主的統治（lordship）と為政者的統治（rulership）との区別は、統治機関の権威ないし正統性の条件をなすその「構成（constitution）」に関する区別ではなく、飽くまでその「職務（office）」に関する区別である。統治機関が領主的か為政者的かは、その任にあるのが誰であり、どのようにして選ばれたかには関わりがなく、それがなし得、且つなすべきことの限界がどこにあるか、あるいは――統一体における領主的権力については限界が意味をもたないとするならば――かかる限界がそもそも存在するか否かに依存している。従って、為政者的世襲君主が存在し得るように、領主的民主政体も存在し得る。現代民主国家の政府が、絶対王政の君主よりもはるかに領主的性格が強いとしても、何ら驚くにはあたらない。また、この区別は統治機関の権威の強さにも依存していない。統治者の権威が、彼の決定が他の何者によっても覆し得ないという意味で絶対的であっても、彼が決定し得る事柄が、社交体を成立させる品行規範を法として定立し、執行することに限られているのであれば、彼は依然為政者である。逆に、権力の分立と相互抑制のシステムが存在していても、統治機構全体の職務が何らかの統一体的目的追求、例えば、欲求充足の総和の最大化のために、支配下にある人的・物的資源を総動員することにあるならば、この統治システムはやはり領主的である。

オークショットは、このような統一体と社交体のモデルを単に抽象的に記述するだけではなく、その該博な歴史的・思想史的学識を駆使して、それらに対応する国家観の豊富な具体的例証を呈示することにより、両モデルを厚く肉付けている。統一体的国家観の例として挙げられているものは、フランシス・ベーコンから始まって百科全書派、啓蒙専制君主、フォン・ユスティその他のカメラリスト、コント、所謂空想的社会主義者たち、さらにはシドニー・ウェッブやレーニンなどきわめて多岐に亘る。社交体的国家観の例としては、ボダン、ホッブズ、スピノザ、カント、フィヒテ、ヘーゲルなど哲学的立場を異にする多様な思想家が論及されている。

一見非常に異なって見える立場を結びつけるこの例証の仕方は、統一体と社交体の区別の独自性と深さを示すものである。特に、この区別はテンニエス流のゲマインシャフトとゲゼルシャフトとの区別から峻別されなければならない。ゲマインシャフトとゲゼルシャフトは、自然的愛着に基礎を置く共通の情緒的欲求の充足をめざすか、意志的・理性的な選択に基礎を置く共通利益の実現をめざすかの違いはあっても、いずれも一定の共通目的の追求を結合原理とする統一体としての性格をもつ。ゲゼルシャフトは成員の選択意志に基礎を置いている点で一見、社交体に似ているように思われるかもしれないが、これは誤解である。ゲゼルシャフトの典型である株式会社は同時に統一体の典型でもある。(63) 社交体の紐帯たる品行規範は、契約関係や取引関係とは次元を異にするものであり、何らかの利益の実現のために選択・合意されるものではなく、むしろかかる選択・合意を制約する条件をなす。ゲマインシャフト的国家が訓導的・治療的統一体の性格をもつとすれば、ゲゼルシャフト的国家は管理的統一体の性格をもつであろう。同様に、サンデルによる道具的・情緒的・構成的な三つの共同体観の区別も、統一体から区別された社交体を把握し得るものではない。自己利益や同胞愛のために選択されたにせよ、自我の同一化対象であるにせよ、何らかの特定の共通善の追求を結合原理としている点で、三者とも統一体モデルを超えていない。

統一体と社交体との区別の哲学的重要性は何よりも先ず、それが、人間は目的を共有することによってしか結合できないとする根強い想定を否定している点にある。この想定は人間の行為を、そこにおいて企図されている目的によってのみ性格付け、理解しようとする狭隘な行為観と結合している。この行為観が狭隘なのはそれが無目的的行為なるものを無視しているからではない。むしろ、目的志向的行為そのものが、企図された目的のみによっては理解できないことを、それが見落としているからである。我々は行為の目的を知っただけでは、その行為をなし得ない。このことを言うのは、手段も知っていなければならないという皮相な意味においてではない。手段的行為もそれ自体の目的が他の目的の手段であるというだけで、目的志向的行為であることに変わりはない。目的と手段を知っただけでは、我々は手段となる目的的行為をなし得ず、第一次的な目的も達成できない。このことは自転車の乗り方の指図書きを読んで理解しただけで、初心者が自転車に乗れるわけではないことを考えれば明らかである。実際に自転車に乗れるようになるためには、人が乗るのを見せてもらい、自分でも乗ってみて、何度か試行錯誤を重ね、「コツ」をつかまなければならない。自転車に乗るという行為を理解するということは、その目的と手段の連関を知ることに尽きるものではなく、まさにこの「コツ」を、既にそれを把握している他者との接触を通じて学ぶことを本質的要因として含む。人類が自転車とその乗り方の説明書を残して滅亡した後、地球にやってきた宇宙人が、自転車のメカニズムを理解し、説明書を解読したとしても、それだけでは彼らは自転車に乗るという行為を理解したとは言えない。この行為の理解は目的手段連関の単なる観照的考察によってではなく、人から人へとその

「コツ」が伝えられて行く「自転車乗りの伝統」に、即ち、一つの人間的「実践（practice）」に自ら参与することによってのみ、得られるのである。ギルバート-ライルに従ってこのような「コツ」を「実践知（knowing how）」と呼びたい。[64] マイケル・ポランニーはかかる実践知を「暗黙知（tacit knowledge）」または「身体化された知識（personal knowledge）」と呼んで、一層透徹した考察を加え、それが高度に理論的な科学をも含む人間的知識一般の可能根拠をなしていることを解明している。[65] 行為の文脈においては、実践知は行為の可能根拠であると同時に行為理解の条件をなす。

ここで強調しておきたいのはこの実践知の「形式的」な性格である。それは文字通り「ノウハウ」であって、何をするか、あるいは何のために何をするかではなく、かかる「何」または「何のための何」を、いかにするかに関わっている。それは我々がしたいことをすることを可能にするが、我々が何をしたいのかを決定するものではない。自転車乗りの実践知は、それ自体では自転車をどの方向へどれだけの速度で走行させるかを決定しない。それは我々が、どこへどれだけの時間で行きたいと欲するか、に依存している。同じ伝統に参与することによって学ばれた共通の実践知に依拠しながら、我々は互いに他者とは異なるスタイルの自転車行を楽しむことができ、別の自転車と衝突しそうになったとき、それをうまくかわすこともできる。実践知は勿論あらゆることを可能にするものではなく、できることの限界をわきまえている——自転車で空は飛べない——が、この制約の中でいかなる目的を追求するかは、我々自身の選択に委ねられ、実践知は選択された目的の実現を、ある仕方の下で可能にするのである。実践知のこの形式性・目的独立性は、実践知が完全な明示化の不可能なほど複雑な一般的適用可能性をもつルールを使用する能力であることを示している。即ち、何をするかではなく、いかにするかに関わる共通の形式的ルールに従って多様な目的を追求するということを可能にするような構造を、実際に我々の行為は有しているのである。

このことが特に明らかになるのは我々の言語使用の実践知[66]においてである。そこでは同じ形式的ルールに従いながら、まさにそのことによって実に多様な言説を生み出すことが可能である。

オークショットは人間の行為を、何らかの特定の目的の追求という観点から見るとき、これを「行動（action）」と呼び、何らかの実践知の体現という観点から見るときこれを「営為（conduct）」と呼んで区別している[67]。人間行為が行動としてのみ見られるとき、人間の結合体たる社会も、特定の共通目的の下に人々を結集させた一大行動計画として見られ、統一体モデルに導かれることになる。しかし、人間行為の営為としての性格に着目するとき、個々の目的行動から独立してそれらが、いかに遂行さるべきかを示し、そのことによって多様な目的行動を可能にするような形式的ルールの共有による人間の結合の可能性が、従ってまた社交体の可能性が初めて承認される。オークショットにおいて社交体の絆とされる品行規範（norms of civil conduct）はまさにある特徴的な営為、即ち「公民的営為（civil conduct）」を構成する規範である。他者との異なりを恐れずに我が道を歩む者たちの共生を可能にする、ある作法の実践知がこの営為を支えている。社交体としての国家の法は、この実践知の常に不完全な定式化であり、この実践知の伝統から切離されれば、もはや力をもち得ないものである。

ここに描かれた社交体に、求めらるべきリベラリズムの社会像の真髄がある。そこでは人々は自己の善き生の構想に従って、自己の生を形成し得る自律的存在として扱われる。人々を結合させているのは公認された善き生の構想（「期待される人間像」）や全体的行動計画（アクション・プログラム）（「国家の大計」）ではなく、多様な生が物語られる宴としての「共生（conviviality）」を可能にする共通の作法である。社交体の観念はリベラリズムの問題に対する功利主義的解答を統一体に導くものとして斥けるだけでなく、テレオクラシー（実体目的の専制）一般を斥ける点で、義務論的リベラリズムの一解釈であると言える。しかし、社交体はサンデルが義務論的リベラリズムの戯画として否定的に描いたような、人間的規定性を剝奪された純粋選択意志主体の集まりではない。社交体の観念によって示唆されているのはむしろ、道徳的人格から成るカントの法則支配的（ノモクラティック）な「目的の王国」――彼は「目的なき王国」と言うべきであった――が決して彼岸への憧憬ではなく、人間の現実的な生の形式に、ある特徴的な人間的営為の実践に、足場をもち得るということである。

社交体において個人は自己の目的を自ら選択し追求する自律的な主体として扱われるが、この個人は決して「負荷なき自我」ではない。社交体の形式的統合を支え且つそれによって支えられている自我は、厚い個性を備えた「実体的人格（a substantive personality）」である。[68] それは、社交体を基礎付ける公民的営為の伝統の中で、自律的目的追求の能力だけでなく作法をも習得した「陶冶された自我（the cultivated self）」であり、自己理解に従って、自己の資質を凝集させ発展させ得るが故に自律的な存在である。この自我は自己の自律性を、自己の選択を超えた一切の価値の妥当を否認する神的主権性と混同したりはしない。「その自己理解の半分は己れの限界を知ることである。[69]」それは自分が何者であるかを知るが故に、確たる自信と卑下なき謙虚さを併せもつことができ、自分より優れた他者の卓越性を楽しむゆとりと、「己れのつまらなさの貴族的な承認」をなす勇気をも奪われてはいない。この自我はまた、自律性に耐えられず統一体を渇望する「個人になりそこねた者（the individual *manqué*）」のように、自他の異質性に恐怖や憎悪の念を抱くこともない。[70] この自我にとって、自同性とは、自己を他者と異ならしめるその厚い個性のことであって、自己疎外なるものを癒すという目的のために異質性を圧殺する共同体、即ち、「治療的統一体（a therapeutic corporation）」への帰属欲求の別名ではない。社交体における自我は負荷なき自我ではなくまさに「位置ある自我」であるが、自己の「位置」を構成的共同体の「共通善」や、その他諸々の訓導的・治療的テロスの下にではなく、公民的営為を培う作法の伝統の内にもつのである。

社交体にリベラリズムの社会像を求めることについて、ここで若干の注意書きを付け加えておきたい。第一に、オークショットは、社交体の観念を歴史的説明の道具概念としてだけではなく、自己の政治哲学的立場を表明するものとして展開しているが、彼は通常、伝統的な保守主義者の一人とみなされている。現代の党派政治の文脈における「リベラル」という言葉の使い方に慣れた耳には、彼の立場をリベラルと呼ぶことは奇異に響くかもしれない。しかし、リベラリズムの企ての性格に関する前節の議論はこの違和感を大部分解消させるはずである。ところで、オークショットが保守主義者とみなされるのは、彼が啓蒙主義的合理主義を批判し、伝統の重要性を強調しているからであるが、サンデルはこの点に注目して、オークショットを、彼と同様の共同体論的な立場からのリベラリズム批判者として位置付けている。(72) しかし、既に見たように、オークショットにとっての伝統は、サンデルにおけるような、実体日的としての共通善を体現する共同体の歴史などではなく、形式性・目的独立性を本質とする実践知の伝統である。そもそも目的の伝統なるものは、オークショットにとっては一種の範疇錯誤、あるいは概念矛盾である。固有の意味における伝統に立脚する社交体は目的支配に対置された法則支配を特色とする。この社交体の観念はカントの義務論の「自然化」された、あるいは「人間化された」形態とも言うべきものであり、カント的リベラリズムを論敵とするサンデルの、目的支配的な構成的共同体の観念と相容れるものではない。(73)

第二に、社交体はレッセ・フェール経済体制と混同されてはならない。社交体の観念に基づいて私的所有権と経済的自由主義が正当化され得るとしても、それは、富の最大化・生産性向上といった目的によってではなく、自律的存在としての人間の営為を尊重するという観点からである。(74) 従って、この同じ観点から、例えば私的独占の法的規制が要請されるし、(75) 困窮者への積極的援助の必要も承認され得る。(76) 生の宴の主宰者としての為政者が一部の会食者が飲食物を独占して他の者が飢えと渇きを強いられることのないように配慮すること、一部の者のみが大声で喋り続け他の者が沈黙を強いられることのないように配慮することは、決して社交体の性格に反するものではなく、むしろ社交体における為政者の当然の「役目（office）」である。他方、レッセ・フェール経済体制自体は経済的・軍事的大国たることを国家の大計とするような、管理的統一体においても手段として採用され得るのである。（従って、例えば、レーガン大統領が自由主義経済の活性化と小さな政府を唱道する一方、軍拡に励み、「道徳的多数派（Moral Majority）」のような宗教的ファンダメンタリズムに共鳴的な態度をとったとしても、何ら驚くにあたらない。これらはすべて、「偉大なるアメリカ」の実現に向けて国民を総動員するという彼の統一体的国家観の内に見事に整合的に組込まれているのである。サッチャー女史や我が中曽根首相についても多かれ少なかれ同じことが言えよう。いずれにせよ、オークショットが彼らを「現代の領主（modern lords）」に数え入れることは確かである。）

第三に、社交体においてはいかに民主的に構成されたものであっても領主的な統治権力は排除されるが、このことは社交体が反民主主義的であるということを意味しない。ある形態の民主制がある条件の下では社交体における為政者的統治に最も適合的な政体であることが示される可能性は残されている。社交体が領主的権力を民主的であるか否かに関わりなく排除するのは、統治権力がいかに構成されるかという問題以前に、それが何をするのかという問題の方が諸個人の自律性にとって基本的な重要性をもつという前提に立つからである。

2　会話としての正義

社交体を可能にする品行規範、公民的営為の規範とは具体的にはいかなるものか。即ち、社交体に自己の社会像を求めるリベラリズムの固有の価値としての正義は、どのような具体相を有しているのか。公民的営為の規範たる正義が、ある実践知の伝統に根差すものであるとするならば、それはいかなる実践知なのか。この問題に対する解答を私は人間的生の一つの基底的な形式の内に求めたい。会話がそれである。

会話は「対面社会（the face to face society）」、即ち、蓄積された共通体験に基づく濃密な共通了解に依存した小共同体に特有のカテゴリーの一つであり、かかる共通了解をもたない「見知らぬ者」同士を包摂する現代国民国家のような、大規模な「領域社会（the territorial society）」の構成原理の考察にそれを持ち込むことは的外れであるという見解がときに示される。(77) この見解そのものが現代国家における暗黙の共通了解の一つであるという皮肉な言い方もできるかもしれない。しかし、この見解は会話についての皮相な理解に、従ってその可能性の過小評価に基づいている。この見解が前提しているのは、会話とは共通了解を求める行為であり、まさにそれ故に、先行的共通了解の下でのみ可能な行為であるという見方である。言い換えれば、それは人と人との会話的関係をコミューニケイション共同体として捉えている。

しかし、会話はコミューニケイションではない。確かに会話はコミューニケイションが遂行される典型的な場である。しかし、第一に、会話はコミューニケイションを伴わなくても会話であり得る。例えば、「おや、どちらまで」／「ちょっとそこまで」／「では気をつけて」という会話においては、情報交換や意思疎通が行なわれているわけではない。またこの会話は何ら感情的交流を伴うことなく「儀礼的」に営まれ得る。この会話をコミューニケイションと呼ぶことは後者の概念を無意味化するほど拡張しない限り不可能であろう。第二に、コミューニケイションは会話を必ずしも伴う必要はない。見つめあっただけですべてが分かる幸福な時間を過ごす恋人たちや、咳払い一つで意思疎通を実効的に遂行できる「腹芸」の達人もいる。情報をインプットし合う二台のコンピューターの間にはきわめて効率的なコミューニケイションが存在するが、会話は存在しない。第三に、最も重要な点であるが、会話においてコミューニケイションが遂行される場合でも、会話はコミューニケイションに還元されるわけではない。

癌を宣告された男が病院からの帰途、旧友と邂逅したとしよう。「久し振りだね、元気かい」と声をかける友に、彼は「ああ、元気だよ」と応える。ここでは偽りのコミューニケイションが遂行されているが偽りの会話が営まれているわけではない。コミューニケイションにきずはあっても、会話にきずはない。むしろ、コミューニケイションを不透明化させる男の自制心が、逆にこの会話に清澄な気品を与えている。

コミューニケイションと会話との根本的な相違は次の点にある。即ち、コミューニケイションは遂行されるが、会話は遂行され得ない。会話は営まれるのである。コミューニケイションの成就はあっても、会話の成就はあり得ない。会話はただ終わるのみである。即ち、コミューニケイションは達成さるべき一定の目的――情報伝達・意志決定・合意・コンセンサス・相互理解・了解・和解・宥和・融和・交感・交霊・合一・洗脳（?）等々――をもつが、会話はそのようなものをもたない。強いて会話の目的なるものを挙げるとすれば、会話自体を続けることである。従って、効率的か否かはコミューニケイションを評価する重要な基準であるが、会話の効率なるものは範疇錯誤である。また、コミューニケイションは予定された本来の目的に反する目的のために利用されるという意味で「歪曲」され得る。例えば、情報量と権威における圧倒的優位を背景に医師が患者またはその家族から取り付ける「情報提供を受けた承諾（informed consent）」の場合に時折（しばしば?）見られるように、自由な合意のためのコミューニケイションが強制ないし半強制の手段に歪曲されることがある。しかし、この意味での歪曲は会話には不可能である。会話の唯一の目的が会話を続けることにあるとするならば、会話の歪曲とは例えば、返答を拒否し続けたり、相手に話す機会を与えなかったり、相手の話と無関係に話し続けたりすることであるが、このような場合、会話は歪曲されたのではなく消失したのである。演説、説教、講義等々は会話ではない。一方的会話や非対称的会話なるものは形容矛盾である。歪曲されたコミューニケイションもなおコミューニケイションであり、しかも逸脱目的を実現するためのきわめて効率的な（エレガントな）手段であり得るが、会話は会話であることをやめることなしには歪曲され得ない。コミューニケイションと会話とのこの相違は前述のオークショットの用語法に従うならば次のように要約できる。即ち、コミューニケイションは「行動　(action)」であるのに対し、会話は「営為(conduct)」である。

非言語的コミューニケイションは存在しても非言語的会話は存在しないからといって、単なる言語の使用を以て会話の本質的特徴とするのは誤りである。同じく言語を使用するものでも、所謂「言語行為（speech act）」[78]は会話ではない。言語行為は約束や命令のような「発語内行為（illocutionary act）」であれ、説得や威嚇のような「発語媒介行為（perlocutionary act）」であれ、習律的または因果的に遂行可能・成就可能な「行動」であるのに対し、会話は様々な言語行為を包含しながらも、それらの遂行によっては遂行され得ない「営為」であり、これを特別の種類の言語行為とみなすことはできない。言語行為はその目的をなす習律的効果や因果的帰結の発生により完結する[79]が、会話には完結というものがない。会話は常に「次号に続く」で終わる永遠に未完の連載小説である。また言語行為の失敗は必ずしも会話の失敗を意味しない。会話における不適切な言語行為の遂行が、それ自体興味深い話題となって会話をはずませることもある。先に会話は「儀礼的」に営まれ得ると言ったが、何らかの習律的儀式の共同遂行が会話の内在的目的をなしているわけではない。

コミューニケイションや言語行為が行動であるのに対し、会話が営為であるということは会話の形式性・目的独立性を示す。しかし、このことは会話が無力であることを意味しない。逆である。コミューニケイションや言語行為を媒介とする人間の結合体、即ち、コミューニケイション共同体や、言語ゲーム[80]——その最も単純な、しかし完成した形態は親方が「石！」と言えば徒弟が石を運んでくるゲームである——という名の儀式共同体は、共通了解の達成やゲームの遂行など一定の共通目的によって統合されている以上、その実現に必要な条件、即ち、体験の共有による先行的共通了解の蓄積や、種々の言語ゲームを可能にしているローカルな習律的諸規則の共有を前提にして成立している。それらは文字通り共同体であって、成員の高度の同質性を前提しており、身内と余所者を分かつ論理によって貫徹されている。その濃密な了解的・習律的諸前提を共有しない者や、共有していても、期待されているコミューニケイション行動や言語ゲーム的儀式行動を効率的に遂行し得る能力のない者は排除される。「変わり者であることへの自由（freedom to eccentricity）」、即ち、共同体の綿密な行動期待のネットワークからはみ出る自由は事実としてはともかく、権利として承認される余地はない。勿論、かかる共同体もときに「同一性危機」に見舞われ、異質な諸要素を内部に取り込んで自己の了解構造・習律構造を再組織化することがあるが[81]、これは文字通り「危機」であり例外的非常事態にすぎない。「平時」においてはかかる共同体にとって自己の了解的・習律的前提は批判を超越した「岩盤」[82]であり、それを脅かす危機は「黒船」や「勤皇派」のようにやむなく対応さるべき歓迎されざる事件である。

コミューニケイション的共同性や言語ゲーム的共同性がこのような閉鎖性を免れないのに対し、会話は形式的・目的独立的であるというまさにそのことによって、開放的である。我々は旅の車中で偶然隣りに座った見知らぬ他者と会話を楽しむことができる。我々は相手の言葉の意味をその前提になっている彼の生活史や文化的背景、文脈等々を知らないためによく理解できないかもしれない。相手も同様であろう。しかし、このことは我々が彼と会話を楽しめないということを意味していない。むしろ、相手の言葉の不可思議さ、意味の不透明性、同じ言葉の解釈のずれ、言葉の端々にほの見える異質な観点の影、こういったコミューニケイションの円滑な成就を阻むすべてのものとの出逢いが旅の会話を魅力的なものにしている。このような会話においては、まなざしの客体として相手を扱うに終わっていたかもしれない二人の人間が、互いに相手を忖度し難い精神の奥行きをもつ人格として発見し合うのである。この二人の見知らぬ個人は相互理解に成功したか否か、有意味な情報を交換し得たか否か、何らかの合意や了解に到達し得たか否か、さらには挨拶の言語ゲームを上手に演じられたか否か等々には関わりなく、会話を営むというまさにそのことによって、互いに相手を観察さるべき客体としてではなく、話しかけられ、聞かれ、答え返さるべき人格として承認し合う社会的結合を享受する。

会話とは異質な諸個人が異質性を保持しながら結合する基本的な形式である。利害・関心・趣味・愛着・感性・信念・信仰・人生観・世界観等々を共有することなく我々は他者と会話できる。かのエゴとディケーの対話[83]におけるように、相手の存在理由を根本的に否定するほど鋭い対立緊張関係にある主体の間でも会話は可能であり、議論がすれ違いに終わったとしても、会話的営為そのものによって対立する主体の共生が実現されている。会話が異質者の結合を可能にするのは、それがコミューニケイションや言語ゲームとは異なり、共通の目的のための共通の行動計画の共同遂行ではないからである。会話は会話者に何かを分からせたり、何かを承諾させたり、何かへの感動を共有させたり、何か特定の役割を演じさせたりすること等々を本質的な目的としていない。一つの目的に人間行動を収斂させるという「暴力性」はコミューニケイション——「歪曲」されていると否とを問わず——や言語ゲームが免れ得ないものであるが、会話にはそれがない。会話は「分からず屋」を排除しない。「この分からず屋め!」と怒鳴り合っていつも喧嘩分かれする二人の頑固親父が、終生会話的連帯のうちにあるというほほえましいパラドックスを会話は可能にする。また、期待を裏切る言動は言語ゲームの敵ではあっても会話の敵ではない。それを契機に意外な方向へ発展してゆくところに、人間の生の営みとしての会話の深みがある。定められた手続きに従うだけの会話は死せる会話である。(因に、「原初状態」における当事者が全員一致の結論に到達することを証明するために、ロールズが当事者の知識や性向に加えている「調整」操作、即ち、当事者を異なった個人たらしめる特殊情報を剝奪する一方で、同一の特殊な心的傾向性——一種の最悪事態観——を画一的に当事者に帰している有様[84]は、コミューニケイションの暴力性の一例証をなすであろう。）要するに、会話とは行動を共にする人間の結合ではなく、行動を異にしながら同じ共生の営為を営み続ける人間の結合である。

会話のこのような性格を理解するとき、会話が社交体のパラダイムであること、しかも、単なる言葉の連想以上の意味においてそうであることが承認される。これに対してコミューニケイションや言語ゲームは、もしそれらが会話の制約の下に置かれないならば、見事な統一体のパラダイムを提供する。恐らく、理想的なコミューニケイション国家とは次のようなものである。そこでは個人の内面をも透視・解読する双方向的な「テレスクリーン」の網の目が特定の統治者と人民との間にではなく、全人民相互の間に隈無く張りめぐらされている。各人のすべての情報（彼の知識・思考・感情・欲求・選好・意図・行動等々）が他のすべての者に共有される。すべての者がすべての者にとって完全に透明であり、全情報が完全に平等に共有されている。欺罔・誘導・駆け引き・根回し等々、コミューニケイションの一切の「歪曲」は不可能である。この完全情報の下ですべての者がすべての者についてのすべての問題について理性的な判断に基づく意志決定を行ない、それが理想的な「正義の関数」をインプットされた中央のコンピューターによって集計され、全体的行動計画についての集合的意志決定が下される。この集合的意志決定は直ちにすべての者に同時に伝えられ、すべての者の相互監視の下に確実に実行される。（ここで私見を述べることが許されるなら、この理想的コミューニケイション国家の「正義の関数」がいかに理想的なものであっても、私はそこに住むくらいなら、「一九八四年のオセアニア」でウィンストン・スミスとともに、恐怖と無力感にうちひかれながら、「真理省（the Ministry of Truth）」によるコミューニケイション歪曲の国家的事業に加担する方を迷わず選ぶ。）また、最も単純且つ完全な言語ゲームに対応する国家は次のようなものであろう。そこでは統治者が「金！」と言えば収税吏が全国土に散らばって一定の税金を徴収し、「血！」と言えば人民が銃を担ぎ隊列をなして出征する。中間に人民投票を介在させる「民主的」ヴァリエーションなど、これよりもっと複雑な、あるいはこれとは異なる種類の言語ゲームをモデルにした国家も、共通の行動計画を共同遂行することによって結合された統一体国家、言わば「合同演習国家」としての性格を免れるとは思われない[85]。

会話が社交体のパラダイムであるとするならば、社交体を可能にする公民的営為の規範は、会話という営為を可能にしている我々の実践知に体現されている規範を反省的に析出することにより解明され得るだろう。この規範を「会話の作法（decorum of conversation）[86]」と呼びたい。会話が言語ゲームではないように、会話の作法は種々の言語ゲームが前提している種々の習律的諸規則には還元され得ない。それはもっと根源的な人間的共生の作法である。会話の作法は我々の実践知に根差すものである以上、自然言語の文法の完全記述が不可能であるのと同様、それを完全に明示的に定式化することは不可能であるが、その基本的な骨格は反省的に呈示できる。

会話の作法が鮮明になるのはその侵犯において、即ち、会話の破綻においてである。会話的結合が互いに相手を客体としてではなく、語りかけられ、聞かれ、答え返さるべき人格として承認し合うことにある以上、それは次の二つの場合において決定的に解消される。第一に、会話が相互性を喪失するとき、第二、会話の相手の独立性が否認されるときである。

会話が相互性を失うのは、一方が喋り続けて他方に沈黙を強いるか、逆に一方が語る責任を放棄することにより、聞き役と話し役の分業が生じる場合である。このとき営為としての会話は消失し、代わって行動としての演説・講演・説教等々が現出する。従って、相互性の要請は会話の作法の主たる構成要素の一つである。しかし、この要請を聞き役と話し役という二つの役割の交換原理として解釈するのは誤りである。役割とは共通の行動計画の中での分業的機能のことであり、遂行可能なものである。それは本来行動の文脈に属する概念であり、コミューニケイションや言語ゲームにはふさわしいが、会話にこの概念を適用するのは範疇錯誤である。[87] 会話は配役を変えて行なわれる同じ芝居の連続上演ではない。会話における語りと聞きは一つの筋書きの中の異なった役割ではなく、筋書きのない持続的営為の異なった断面である。相互性の要請は役割の交換よりもむしろ役割の「止揚」を要求しており、一つの筋書きの支配から解放されて会話が完結することなく持続し得るための条件をなしている。即ち、その内容は「君が私に話したいとき私は君の話を聞くのだから、私が君に話したいとき君も私の話を聞くべきである」、あるいは「君が私の話を聞きたいとき私は君に話すのだから、私が君の話を聞きたいとき君も私に話すべきである」という公平の要請である。これは「等しきものは等しく扱うべし」という正義の普遍主義的要請と、この要請が適用さるべき対等の道徳的人格たる地位の相互承認とを基礎にしている。

会話の相手の独立性を我々が否認するのは、例えば、我々が既に関心を有している事柄やよく理解できる事柄、さらには同意できる事柄を相手が話すときだけ耳を傾け、それ以外のことを相手が話すときは、いつもそれを無視したり、それと無関係な話題に転じたり、再反論の余裕を与えぬ激しい反論の連発で相手の口を封じたりなど、強引な舵取りで会話を自分の望む方向にのみ発展させる場合である。このような場合我々は相手を我々自身の関心を追求するための単なる手段（「情報源」）として、あるいは彼の意見ではなく我々自身の意見を述べてくれる便利なもう一枚の舌（「マウスピース」、「イエスマン」、「相槌ロボット」、「有識者」（?・））として扱っている。相手はもはや自己の思考と情意をもった人格、自己の関心をもちそれを追求し得る自律的存在、容易に了解し得ぬ深みを湛えた一個の独立せる精神としては承認されていない。そこにはもはや二つの異なる人格の間の営為としての会話はなく、あるのはただ情報採取・同意調達といった行動のみである。かかる行動においては、自己の目的を逸脱した相手の「イレレヴァント」な発言につき合う必要はないし、目的達成を遅延させる相手の発言は抑止すべきであるし、目的を達成すればもはや相手と話し続ける必要はない。会話者双方がこのような態度で言葉を相互に交わすとき、一見会話が営まれているように見える。しかし、そこに存在するのは情報をインプットし合う二台のコンピューターであり、互いにマイクを突き付け合う二人の「テレビ・レポーター」であり、背中合わせのまま互いに反対側の鏡に向かって名演説を繰り広げ、そこに写る自己の雄姿に魅了されている二人のナルシスである。人間の会話はここには存在しない。二つの異質な人格の出逢いと共生の作法としての会話は無残に絞殺されている。蘇生さるべきは「自己の目的と関心を追求する独立せる人格として互いに相手を尊敬し配慮すべし」という規範である。

「等しきものは等しく」に並ぶ正義のもう一つの古典的定式、「正義とは各人に彼の権利を帰さんとする不断にして恒常的な意志なり」という命題は、会話におけるこの尊敬と配慮の原理に照らして解釈（あるいは再解釈）することができる。「各人に彼の権利を帰すこと（jus suum cuique tribuere）」とは単なる山分けの原理ではなく、尊敬と配慮に値する独立した人格としての地位を各人に承認することである。「不断にして恒常的なる意志（constans et perpetua voluntas）」とはまさに、かかる相互承認が営まれる場としての会話が、完結可能・達成可能な何らかの行動計画ではなく、それから独立し、常に未完なるが故に永続さるべき人間的営為であること、従って、かかる相互承認は何らかの行動計画の効率的達成のために撤回されたり、その達成とともに解消されたりすべきものではなく、かかる行動計画の遂行を制約する条件として永続的に更新し続けらるべきものであることを意味している。

会話の作法の骨格をなす相互性（公平性）原理と尊敬と配慮の原理、およびこれらと正義の古典的諸定式との連関に若干の照明を当ててみた。所謂「平等な尊敬と配慮への権利（the right to equal respect and concern）」[(88)]なるものは、以上のような会話の作法に具体化される正義の諸原則を包括する観念として解釈ないし再解釈し得るだろう。会話の作法をなす規範を基礎付け、あるいはそこに具現しているような正義の諸原則に我々は社交体を可能にする公民的営為の規範を求めることができる。勿論、ここでの簡単な示唆によってかかる原則が尽くされているという愚かな標榜はなされていない。しかし、リベラリズムにとって、ここで重要なのは何らかの正義の一般的諸定式を提示することそれ自体ではなく、会話的営為を可能にする我々の実践知の省察を媒介にしてそれらを社交体という一つの社会像の内に統合し、これを自己の指導的・批判的理念とすることである。さらにこの社会像の具体的含意を示すための様々な理論構成においても会話のパラダイムを常に指針とすることである。このような構想ないしプログラムを「会話としての正義」と呼ぶことにする。この構想の意義につき若干の註釈を加えて本論を締め括りたい。

第一に、先に社交体の観念を「自然化された、あるいは人間化された義務論」として性格付けたが、この性格付けの意味は会話としての正義において一層明確にされよう。目的支配に対置された法則支配や、個人を単なる手段としてのみではなく目的それ自体として扱うことというような義務論的リベラリズムの理想は、彼岸的世界に住まう超越論的主体にのみ許された理想ではなく、会話という具体的な人間的営為のうちに現実的基礎をもつのである。このことを人々に忘却させるのは人間の対他的行為を行動としてしか見ない狭隘な行為観である。この行為観の下では自己と他者の関係は三通りしかあり得ない。即ち、一方が他方の目的の単なる手段であるか、同じ目的を共有するパートナーであるか、全く無関係に孤立しているか、である。このような行為観を超えて会話を営為として見つめ直すとき、自己と他者が異なった目的を追求しながら、互いに他者を単なる手段として扱うことなく社会的に結合する可能性がそこに開示される。なお、会話としての正義は義務論的リベラリズムの一解釈であるが、何らかの個別的・具体的諸権利、例えば、契約の自由や私的所有権を、絶対不可侵のものとしてア・プリオリに措定するような立場に必ずしもコミットしていない。個別的・具体的諸権利は会話をパラダイムとするような異なった自律的人格の共生を可能にする条件として導出され、かかる共生を破壊しない限りでのみ承認される。

第二に、正義の普遍主義的要請の根拠と限界の問題[89]に対する会話としての正義の暫定的解答は次のようになろう。既に示唆されたように、会話の作法に含まれる相互性の要請は正義の普遍主義的要請の具体化である。従って、我我は他者と会話を営み続ける限り、その他者との関係では普遍主義的要請の妥当を承認しており、且つそうせざるを得ない。エゴとディケーの対話が決着を見ないまま永遠に続いたとしても、このことはディケーにとって自己の存在理由の危機の慢性化を意味しない。逆に、二人が永遠に未完の会話を営み続けるというまさにそのことによって、エゴはディケーの理念を生きてしまっているのである[90]。このパラドックスは言わばディケーのエゴに対する「超越論的[91]」優位を示している。普遍主義的要請は論理的矛盾を犯すことなく拒否され得るが、この拒否を会話の作法によって制約された他者との議論によって正当化する試みは、一種の実践的自家撞着を犯すことになる。このような観点に立つならば、会話の限界が同時に普遍主義的要請の限界である[92]。先にこの要請と衝突し得る価値の例として慈悲を挙げたが、慈悲の主体と客体との間には会話的対称性はない。本来、慈悲とは神という隔絶した超越者が人間に施すものである。特赦という制度は近代主権国家が神に成り代わっていることを示す。特赦の実行は恐らく社交体の為政者の固有の職務を超えるが、会話としての正義が果たしてこの点について譲歩し得るか否か、今は確答できない。なお、会話的関係の人的限界がコミューニケイションや言語ゲームよりも広いことは既に述べられた。後二者においては個人はその了解可能な透明性や、役割期待に効果的に応え得る能力によって「仲間」とされるのに対し、会話においては個人はその了解し尽くし難い不透明性と役割期待をときに裏切るその意外性において、独立した人格として（社交体の公民として）承認される。しかし、まさにそうであるが故に、個人の自己理解・自己解釈は会話を超えた独白の領域である。他者との会話が個人の自己理解・自己解釈に様々な影響を与えるとしても、その影響を認知するのは彼の独白である。従って会話としての正義はこの領域を「善」に委ね、正義の普遍主義的管轄から外された自己決定の領域とする。この権限委譲によって正義と自由との原理的な対立可能性[93]が解消される。

第三に、会話としての正義がコミューニケイション的共同性への志向に内在する「話せば分かる」という楽観主義や、その裏返しとしての「分かる者とだけ話そう」という排除の論理、さらには「分かればもう話す必要はない」という効率主義にコミットするものでないことは既に明らかであろう。それはまた「話し合ったのだから文句を言うな」という手続的正義[94]とも発想を異にする。会話としての正義の発想を標語的に表現するならば、「話し続けよう」である。それは会話を正義の問題の決定手続とするのではなく、むしろ会話という営為をパラダイムとする人間的共生の形式そのものを擁護さるべきものとし、その持続を可能にする条件として正義を構想するのである。従って、それはアッカーマンの「会話的制約（conversational constraint）[95]」によってリベラリズムを性格付ける理論[95]とも狙いを異にする。彼の言う「会話」とは力の行使の正当性の問題に関する決定手続としての議論にすぎず、それに課せられる「中立性（neutrality）」等の条件は「会話」に内在するもの、あるいは「会話」を可能にするものとして導入されるのではなく、むしろ「会話」を打切るための外在的制約として「会話」とは独立に設定される。即ち、相手の議論が中立性に反することを示すことによって相手を沈黙に追いやれば勝ちというゲーム――彼はこれを「強いられた沈黙の方法（the method of constrained silence）」と呼ぶ――が彼の言う「会話」である。この「会話」概念は会話としての正義における営為としての会話の概念とは根本的に対立するだけでなく、後者においての会話の概念が有しているような本質的な重要性を彼の理論の中ではもっていない。それは統制された説得行動としての議論の別名にすぎず、ドゥオーキンの評言を借りれば、「政治理論におけるごくありきたりの議論形式のための御飾り（window-dressing）」にすぎない。[96] 会話としての正義は勿論、議論の重要性を否定せず、会話の中で議論が行なわれることも否定しない。しかし、それは会話を説得行動としての議論に還元する見方を斥け、議論をも含めた人間の対他的行動一般を制約する正義原則を会話に内在するものとして導出し解釈する。

最後に、会話としての正義が依存する伝統の性格について多少触れておきたい。この正義の構想がリベラリズムの社会像とする社交体は、オークショットが近代ヨーロッパ国家を説明し評価するための二つの対立・競合するモデルの一つとして呈示したものである。しかし、社交体モデルは記述的にも規範的にも特殊ヨーロッパ（西欧）的伝統の内部でしか妥当性をもたないというわけではない。それは独立自営農民と心中する必要はない。会話としての正義が社交体のパラダイムを会話に求めたのは、社交体が普遍的な人間の伝統に属する一つの基底的な生の形式に基礎を置き得ることを示すためである。（オークショット自身、社交体と統一体が人間性一般に内在する二つの相反する性向に根差すことを示唆している。[97] 社交体に対応するのは、あてにならない充足よりも欲求を、不確実な成果よりも冒険を、宿よりも道中を、目的を達成するための手段についての熟慮よりも歩きながらの会話を、目的地への着き方についての指図よりは道路規則を選好するような性向である。統一体にはこれと逆の選好への性向が対応する。）勿論、会話の作法の具体的態様には歴史的・文化的差異が存在するであろうが、このことは共通構造の存在を否定するものではない。

会話としての正義がこのような会話の作法という人間の実践知の伝統に正義を結び付けていることは、正義を価値理念とみなすことと矛盾しない。伝統とは言語ゲームの習律的規則がそうであると考えられているような「岩盤」ではない。もっと危ういものである。一つの伝統は常にそれを侵蝕する他の伝統（あるいは反伝統）との競合の内にあり、それが体現する価値を積極的に擁護する者によって伝えられ、承継されない限り、たやすく失われてしまう。現在、コミューニケイションや情報社会の問題に熱い関心が注がれているのとは裏腹に、会話の伝統には衰退の症候が見えている。人々が寡黙になったと言っているのではない。逆に、現代人はどんどんお喋りになり、早口になり、自己主張・自己宣伝も上手くなってきている。しかし、現代人が「内向型」から「行動型」へと変化するにつれて、会話も日々「行動化」する。人と人との共生の営為としての会話は後退し、代わって情報採取・承諾調達などの手段としてのコミューニケイションが幅を利かす。説得や勧誘などの職業的話術が見事に洗練されている一方、家族との会話さえできない人々が増えている。伝統的コンセンサス社会の基盤の上に先進情報産業社会としての新たな顔を得た偉大なるコミューニケイション国家日本の学校において、「ニブイ子」や「トロイ子」は集団的いじめの最初の犠牲者であり、しかも、かかる加害行為が加担者の間では「ムカツク」の一言で実に説得的・効果的に正当化されてしまう。(これほど頻繁に集団的いじめが発生し、しかも一群の定型化されたキー・ワードが存在する以上、いくつかの「いじめの言語ゲーム」なるものが既にコンヴェンションとして成立しているのではないかと、真剣に疑ってみる価値がある。)会話の伝統の衰退は、言葉を話せる者が当然に会話もできるわけではないこと、会話はそれ自体訓練により学習さるべき人間的文化の一形式であることを我々に教えている。会話としての正義は個と個の関係と社会の在り方に関する一つの守らるべき重要な価値がこの形式に依存していることを主張する。衰微した会話の伝統の再生への訴えをこの主張が含むことは言うまでもない。

(1) Cf. A. Arblaster, *The Rise and Decline of Western Liberalism*, Basil Blackwell, 1984, p. 6.

(2) これについては次節で述べる。参照、本書、二〇九―二一二頁。

（3） Cf. G. Harrison, 'Relativism and Tolerance', in P. Laslett and J. Fishkin (eds.), *Philosophy, Politics and Society*, 5th Series, Basil Blackwell, 1979, p. 288.

（4） 参照、本書第二章、第三章。

（5） 参照、加藤新平『法哲学概論』、有斐閣、一九七六年、五二〇—五二三頁。

（6） Cf. J. S. Mill, *On Liberty*, ed. by G. Himmelfarb, Penguin Books, 1974, pp. 77—96. ミルは可謬主義を寛容および思想・言論の自由を正当化するための一つの議論として呈示しているが、彼の議論はそのまま可謬性の自覚によって寛容へと動機付けられる人間の自己省察のモデルとして理解することができる。

（7） 参照、本書第三章、一三八頁註（3）。

（8） Cf. I. Lakatos *et al* (eds.), *Criticism and the Growth of Knowledge*, Cambridge U. P., 1970〔森博監訳『批判と知識の成長』、木鐸社、一九八六年〕.

（9） 碧海純一は自由主義・民主主義の可謬主義的基礎付けと価値相対主義との両立可能性を主張している。参照、碧海純一「経験主義・民主主義・自由主義」、同『合理主義の復権——反時代的考察——』、増補版、木鐸社、一九七六年、一〇七—一四八頁。その理由は次のようなものである。「実際政治の場において、究極価値の選択が問題となる場合には、価値相対主義の主張がほぼ全面的に妥当する。しかし、すでに（暫定的に）設定された究極価値の達成のためにどんな手段の系列が相対的によりすぐれているかが問題になるばあい——そして政治上の争いの大部分はこのようなケースだと考えられる——には、経験主義〔可謬主義的修正主義〕が民主主義の最も重要な弁護論を提供すると見てよいであろう。」（前掲書、一四三—一四四頁。強調点は碧海、角括弧内は井上。）しかし、この「実際政治」観が充分実際的であるとは思えない。例えば、日本国憲法下での政治的論争においては、仮に改憲派と護憲派の論争を無視したとしても、憲法の諸価値を実現するためにいかなる手段の系列が相対的によりすぐれているかについての技術的論争ではなく、まさに憲法が体現する諸価値が何であり、それらの対立・衝突がいかに調整さるべきかをめぐる価値の論争が中心になっている。一般的に言って、究極的価値が選択されさえすれば、あとの問題は目的手段連関についての経験科学的・技術合理的判断に任せられるという考え方は幻想にすぎない。究極的価値の具体化においては、かかる技術判断に還元されない新たな実質的価値判断（従って、きわめてコントロヴァーシャルな価値判断）が導入されざるを得ない。政治的論争は頭の先から尻尾まで価値に満ちているのである。従って、実質的価値判断そのものについて可謬主義を適用することなしには、即ち、価値相対主義を放棄することなしには、政治的論争のための自由主義的・民主主義的枠組の可謬主義的基礎付けは不可能である。

(10) Cf. J. Rawls, *A Theory of Justice*, Harvard U. P., 1971, pp. 126—130 ; 'Kantian Constructivism in Moral Theory', in 77 *Journal of Philosophy* (1980), pp. 540—542.

(11) J. Rawls, 'Justice as Fairness : Political not Metaphysical', in 14 *Philosophy and Public Affairs* (1985), p. 249.

(12) E. g. cf. R. Nozick, *Anarchy, State and Utopia*, Basic Books, 1974, pp. 33f. *et passim.* 嶋津格訳『アナーキー・国家・ユートピア（上）』、木鐸社、一九八五年では 'libertarian' は 'liberal' から区別されて、「自由尊重主義的」と訳されている。また、佐々木毅『現代アメリカの保守主義』、岩波書店、一九八四年、三〇頁は 'libertarianism' を「完全自由主義」と訳す。

(13) 自由党没落前におけるこの傾向の顕著な例外はT・H・グリーン、L・T・ホッブハウス、アーノルド・トインビー、ハーバート・サミュエル、チャールズ・マスターマンなど、一八八〇年代から一九一〇年代にかけて、個人の自己実現の社会的条件確保のために国家が経済に積極的に介入し社会改革を行なうことを、リベラリズムの内在的帰結として要請した英国の「新自由主義（New Liberalism）」の論客たちである。Cf. A. Arblaster, *op. cit.*, pp. 284—295/L. T. Hobhouse, *Liberalism*, ed. by A. P. Grimes, Oxford U. P., 1964 (first published in 1911). 但し、アーブラスターは「新自由主義」の古典的リベラリズムとの連続性を強調し、前者は通常評価されているほどには「新味」がなかったとしている（Arblaster, *op. cit.*, 290f.）。

(14) Cf. I. Berlin, 'Two Concepts of Liberty', in *Four Essays on Liberty*, Oxford U. P., pp. 118—172〔生松敬三訳「二つの自由概念」、小川晃一・他訳『自由論』、みすず書房、一九七一年、二九七—三九〇頁所収〕.

(15) Cf. F. A. Hayek, 'Liberalism', in *New Studies in Philosophy, Politics, Economics and the History of Ideas*, Routledge and Kegan Paul, 1978, pp. 119—151 ; *Law, Legislation and Liberty*, Vol. I : *Rules and Order*, The University of Chicago Press, 1973.

(16) Cf. L. Siedentop, 'Two Liberal Traditions', in A. Ryan (ed.), *The Idea of Freedom : Essays in Honour of Isaiah Berlin*. Oxford U. P., 1979, pp. 153—174.

(17) 近年米国で出版されたリベラリズムの見直しのための一論集においても、関心はこれらの問題に集中しており、編者によって寄稿者たちの立場が四つに分類されている。即ち、(1)両側面は両立可能であり、しかも一方から他方が導出できるとする統合論、(2)両側面の間に論理的結合関係はないが、それでかまわないとする独立両立論、(3)両側面は両立不可能であり、福祉国家的諸施策が個人的自由のために縮減されなければならないとする自由尊重論、(4)両側面は両立不可能であり、個人的諸自由への傾倒は一層平等主義的な社会観によって取って代わらるべきであるとする社会主義接近論、である。Cf. D. MacLean and C. Mills, 'Introduction', in *do.* (eds.), *Liberalism Reconsidered*, Rowman and Allanheld, 1983, pp. ixff.

(18) 参照、本書第三章、一二五—一二六頁。

(19) Cf. F. A. Hayek, *Law, Legislation and Liberty*, Vol. II : *The Mirage of Social Justice*, 1976.

(20) 参照、本書第三章、一三〇—一三三頁。

(21) 参照、本書第三章、一三三—一三七頁。

(22) Cf. R. Dworkin, *Taking Rights Seriously*, 2nd impression, 1978, pp. 223—239, 266—278〔木下・小林・野坂訳『権利論』、木鐸社、一九八六年、二九九—三三三頁〕; *A Matter of Principle*, Harvard U. P., 1985, pp. 181—213 ; 'What Is Equality ? Part 1 : Equality of Welfare', in 10 *Philosophy and Public Affairs* (1981), pp. 185—246 ; 'What Is Equality ? Part 2 : Equality of Resources', in *op. cit.*, pp. 283—345. さらに、ドゥオーキンの権利導出手続の的確な要約として、参照、小林公「訳者あとがき」、木下・他訳・前掲書、三四六—三五〇頁。

(23) Cf. B. Ackerman, *Social Justice in the Liberal State*, Yale U. P., 1980.

(24) Cf. Arblaster, *op. cit.*, pp. 10, 347.

(25) 自己満足の気味を少し示しているリベラリストにおいてさえ、その原因はリベラリズムの無批判的信奉にではなく、むしろ「敵のだらしなさ」への不満にあることが少なくない。例えば、cf. J. Plamenatz, 'Liberalism', in P. P. Wiener (ed.), *Dictionary of the History of Ideas*, Vol. III, Charles Scribner's Sons, 1973, pp. 36—61.

(26) 現代リベラリズムの正義論争に対するネオ・マルクシズムの批判的関心の例として、cf. M. Kaplan, *Justice, Human Nature, and Political Obligation*, The Free Press, 1976/A. E. Buchanan, *Marx and Justice : The Radical Critique of Liberalism*, Methuen, 1982 ; *Ethics, Efficiency, and the Market*, Rowman and Allanheld, 1985/J. Elster, *Sour Grapes : Studies in the Subversion of Rationality*, Cambridge U. P., 1983. 共同体論の代表的論客として、cf. M. Sandel, *Liberalism and the Limits of Justice*, Cambridge U. P., 1982/A.

MacIntyre, *After Virtue*, Notre Dame U. P., 1981/C. Taylor, *Philosophical Papers*, 2 vols.（Vol. I : *Human Agency and Language* ; Vol. II : *Philosophy and the Human Sciences*), Cambridge U. P., 1985/M. Walzer, *Spheres of Justice*, Basic Books, 1983/B. Barber, *Strong Democracy : Participatory Politics for a New Age*, University of California Press, 1984. 共同体論に対する批判的展望として，cf. A. Gutmann, 'Communitarian Critics of Liberalism', in 14 *Philosophy and Public Affairs*（1985), pp. 308—322.

（27） リベラリズムの再同定の必要を示すためにかかる懐疑に論及するものとして，cf. R. Dworkin, 'Liberalism', in *A Matter of Principle*, 1985（reprinted in a revised form from S. Hampshire（ed.), *Public and Private Morality*, Cambridge U. P., 1978, pp. 113—143), p. 183.

（28） ドゥオーキンはまさにこのやり方を採用している。Cf. R. Dworkin, 'Liberalism', p. 187.

（29） 最近，ドゥオーキンは善き生の問題に対する権力の中立性の要請と，平等な尊敬と配慮への権利を個人に帰する平等原理との，いずれがリベラリズムの根本的価値であるかという問題を提起し，中立性原理を基礎に据えるアッカーマンの見解を批判して，平等原理がリベラリズムの根本的価値であることを示そうと試みている。Cf. R. Dworkin, 'What Liberalism Isn't', in *The New York Review of Books*, January 20, 1983, pp. 47—50 ; 'Why Liberals Should Believe in Equality', in *do.*, February 3, 1983, pp. 32—34（reprinted under the title 'Why Liberals Should Care about Equality', in *A Matter of Principle*, pp. 205—213). しかし，ドゥオーキンも以前は平等原理を中立性原理として解釈することを以て，リベラリズムを保守主義から区別するテストとしていた（cf. Dworkin, 'Liberalism', pp. 191ff.）し，立場の修正後も，平等原理が中立性原理を基礎付け得ること——その逆は否定するが——を承認している（cf. Dworkin, 'Why Liberals Should Care about Equality', pp. 205f.)。従って，善き生の構想から区別された社会構成原理としての正義を探究するリベラリズムの企てに，依然彼はコミットしていると言える。リベラリズムの概念規定におけるドゥオーキンと私の見解の違いは，一つの思想伝統としてのリベラリズムの同定の問題と，この伝統に属する諸思想の比較評価の問題とを私が一応区別しているのに対し，ドゥオーキンはこの区別を否定している，あるいは前者の問題に関心をもっていないという点にある。ドゥオーキンにとっては最善のリベラリズム（と彼が考えるもの）でないものはリベラリズムではない。しかし，貧しいリベラリズムも，なぜ他でもなく*リベラリズムの*貧しい形態であると言えるのかを問うことは，意味のあることであろう。なお，本章第三節において，リベラリズムの望ましい形態についての私の理解を示す。

（30） Cf. J. Rawls, *A Theory of Justice*, pp. 3—6, 31f., 449f., 560—567, 586f. *et passim*.

（31） Cf. M. Sandel, *op. cit.*（参照，註（26)。)

（32） Cf. B. Ackerman, *op. cit.*, pp. 3—12, 327—378.（参照、註（23）、（29）。）

（33） ある生の設計が善き生の構想として妥当か否か以前に、そもそも善き生についての構想と言えるか否かについて、善の概念に内在する制約が存在しないか、即ち、善き生についての「誤解（misconception）」ではあっても「概念錯誤（misconcept）」ではないと言えるための条件が存在しないか否かは考察に値する問題である。これは善の理論の課題であるが、かかる制約条件が存在する可能性を承認することはリベラリズムと矛盾しない。

（34） Cf. J. Rawls, *A Theory of Justice*, pp. 395—404.

（35） E. g. cf. A. Schwartz, 'Moral Neutrality and the Theory of Primary Goods', 83 *Ethics*（1973）, p 294/M. Teitleman, 'The Limits of Individualism', in 69 *Journal of Philosophy*（1972）, pp. 545f./A. Buchanan, *op. cit.*, p. 142—145/M. Sandel, *op. cit.*, p. 27.

（36） 配分的正義の対象としての金銭所得と個人の自律性との結合関係について、cf. C. Fried, *Right and Wrong*, Harvard U. P., 1978, pp. 124ff.

（37） Cf. J. Rawls, *A Theory of Justice*, pp. 265—274.

（38） A・ゲワースの「類的善（generic goods）」あるいは「必須善（necessary goods）」の理論は、このような試みの一種として解釈できる。Cf. A. Gewirth, *Reason and Morality*, The University of Chicago Press, 1978, pp. 52—63. 参照、本書第二章、七八—八二頁、九七頁註（38）。

（39） 参照、本書第二章、九八頁註（43）、第三章、一三六頁。

（40） Cf. T. M. Scanlon, 'Contractualism and Utilitarianism', in A. Sen and B. Williams (eds.), *Utilitarianism and Beyond*, Cambridge U. P., 1982, pp. 120—125. 但し、スキャンロンはこの誤謬を避け得るような議論の筋もロールズの中に見出している。Cf. Scanlon, *op. cit.*, pp. 125—128.

（41） スキャンロンはこの概念を被分析項としてではなく分析項として扱っている。Cf. Scanlon, *op. cit.*, p. 122.

（42） Cf. M. Sandel, *op. cit.*, pp. 1—7.

（43） Cf. J. Rawls, *A Theory of Justice*, pp. 24f., 30—33, 563—566 et passim.

（44） Cf. B. Ackerman, *op. cit.*, pp. 45—49.

（45）　Cf. M. Sandel, *op. cit.*, p. 3.

（46）　功利主義の普遍主義的公平性をもっとも強く主張している現代の論客はR・M・ヘアーである。Cf. R. M. Hare, *Moral Thinking : Its Levels, Method and Point*, Oxford U. P., 1981. また、ドゥオーキンは中立性原理が功利主義を排除できないことを、アッカーマンに対する批判の一つの論拠にしている。Cf. R. Dworkin, 'What Liberalism Isn't', p. 48.

（47）　参照、本書第三章、一二〇―一二一、一二九頁。

（48）　Cf. J. Rawls, 'Social Unity and Primary Goods', in A. Sen and B. Williams (eds.), *Utilitarianism and Beyond*, pp. 173―183.

（49）　Cf. *ibid.*, 179f.

（50）　Cf. *ibid.*, pp. 180f.

（51）　参照、本書第三章、一二五―一二六頁。

（52）　Cf. M. Sandel, *op. cit.*, pp. 1―65.

（53）　Cf. *ibid.*, pp. 164f.

（54）　Cf. *ibid.*, pp. 66―103, 133―174.

（55）　Cf. *ibid.*, pp. 179―183 ; M. Sandel, 'Morality and the Liberal Ideal', in *The New Republic*, May 7, 1984, p. 17.

（56）　カントの徳論の客観主義的性格を指摘するものとして、cf. C. Fried, 'Liberalism, Community, and the Objectivity of Values', in 96 *Harvard Law Review* (1983), p. 968. ロールズ自身による「罪状否認」として、cf. J. Rawls, 'Justice as Fairness : Political not Metaphysical', p. 239n.

（57）　Cf. M. Sandel, *Liberalism and the Limits of Justice*, p. 179.

（58）　Cf. *ibid.*, p. 181.

（59）　サンデルは共同体論が、共同体の生活様式とそれを支える価値に抵触するという理由でポルノグラフィーを禁圧する権力を、共同体に承認する用意があることを示唆している。Cf. M. Sandel, 'Morality and the Liberal Ideal', p. 17.

（60）　善に対する個人的責任を強調する観点から、義務論的リベラリズムと善の客観主義との両立可能性を主張するものとして、cf. C. Fried, *Right and Wrong*, pp. 7―29, 167―176 ; 'Liberalism, Community, and the Objectivity of Values', pp. 967f.

(61) Cf. M. Oakeshott, *On Human Conduct*, Oxford U. P., 1975, esp. ch. 3.

(62) *ibid*., p. 202f.

(63) 社交体と統一体の区別は、オークショットの著書の第三章「近代ヨーロッパ国家の性格について（On the Character of a Modern European State）」（*op. cit*., pp. 185—326）において、歴史分析上のモデルとして展開されているものであるが、同じ区別が第二章「公民状態について（On the Civil Condition）」（*op. cit*., pp. 108—184）においては、より抽象的・理論的に、「公民体（civil association）」と「企業体（enterprise association）」との区別として展開されている。ここからも明らかなように、統一体のパラダイムの一つとして株式会社を挙げるのは、オークショットの意に適う。

(64) Cf. G. Ryle, 'Knowing How and Knowing That', in 46 *The Proceedings of the Aristotelian Society* (1945/46), pp. 1—16. 実は、オークショット自身、この 'knowing how' にあたるものを 'practical knowledge' と呼んでいる。cf. M. Oakeshott, *Rationalism in Politics*, Methuen, 1962, p. 8.

(65) Cf. M. Polanyi, *Personal Knowledge : Towards a Post-Critical Philosophy*, The University of Chicago Press, 1958.

(66) 参照、嶋津格『自生的秩序——ハイエクの法理論とその基礎——』、木鐸社、一九八五年、一一一一二、四八—五七頁。

(67) Cf. M. Oakeshott, *op. cit*., pp. 1—107.

(68) Cf. *ibid*., pp. 236—238.

(69) *Ibid*., p. 237.

(70) Cf. *ibid*., pp. 275—279.

(71) Cf. M. Oakeshott, *Rationalism in Politics*, esp. pp. 1—36, 80—136, 168—196.

(72) Cf. M. Sandel, 'Introduction', in M. Sandel (ed.), *Liberalism and Its Critics*, Basil Blackwell, 1984, pp. 7, 10f.

(73) オークショットの社交体に「リベラルな秩序（the Liberal order）」の範型を見出し、カントの「目的の王国」を社交体の理念化とみなすものとして、cf. M. Williams, 'Liberalism and Two Conceptions of the State', in D. MacLean and C. Mills (eds.), *Liberalism Reconsidered*, pp. 117—129 (esp. pp. 122f.).

サンデルがオークショットを同盟者とみなすのが不適切であることは、サンデルが批判さるべきリベラリズムの思想家の一人として数えているハイエクと、オークショットとの思想的近縁性によっても示される。オークショットの合理主義批判と、ハイエクの構成主義批判との相同性は明らかであり、また「目的支配（teleocracy）」と「法則支配（nomocracy）」の概念をハイエクはオークショットから承継している。目的支配と法則支配の対置図式がハイエクの社会理論において占める位置について、参照、嶋津格・前掲書（註（66））、特に第四章。ハイエクとオークショットとの相違については、ここで立ち入って検討することはできないが、一点だけ挙げれば、前者が自由市場経済システムを分散情報利用効率という経済的見地から評価するとともに、このシステムの政治的作為から独立した進化論的合理性・合目的性を示すことに関心をもつのに対し、後者は社交体という人間の結合形式を保護することを政治的課題とし、これを達成する手段としてのみ自由市場経済に信を置いている（従って、政治の経済に対する優位を強調する）ことにある。Cf. M. Oakeshott, *Rationalism in Politics*, p. 58.

（74）Cf. M. Oakeshott, *Rationalism in Politics*, pp. 37—58.

（75）Cf. *ibid.*, pp. 56f.

（76）社交体理論のこの含意については、cf. M. Williams, *op. cit.*, p. 126.

（77）Cf. P. Laslett, 'The Face to Face Society', in P. Laslett (ed.), *Philosophy, Politics and Society*, 1st series, Basil Blackwell, 1975 (first published in 1956), pp. 157—184.

（78）Cf. J. L. Austin, *How to Do Things with Words*, Oxford U. P., 1962.

（79）野家啓一は言語行為に他者志向性を加味したP・リクールの「発話相互行為（interlocutionary act）」という概念が、未だ言語行為の意味を発話者の意図の中に閉じ込めているとしてこれを批判し、他者による可能な読解に対して開かれた一個の「テクスト」として言語行為を捉え直すことを提案している。この提案は言語行為論の視野が対話の次元まで拡大することを可能にするが、野家の「対話」概念は、言語ゲームやコミューニケイションのモデルになお囚われた側面と、「会話」の側面――「終わりなき対話」の提唱――とを併有するように思われる。参照、野家啓一「言語と実践」、大森荘蔵・他編『経験・言語・認識』、新岩波講座哲学　二、岩波書店、一九八五年、一四〇―一七一頁。

（80）Cf. L. Wittgenstein, *Philosophische Untersuchungen*, Oxford U. P., 1953, §7. 参照、野家啓一・前掲論文一五〇―一五八頁。

（81）参照、野家啓一・前掲論文、一六一―一六九頁。

(82) 参照、同、一五四頁。
(83) 参照、本書第二章、六三—八八頁。
(84) Cf. J. Rawls, *A Theory of Justice*, pp. 150—157.
(85) 子供たちの間でのゲームに習熟することを、子供が社会化し、道徳的判断、特に相互的尊敬と平等とから成る正義の理念を学習する過程の中核とみるピアジェの見解（cf. J. Piaget, *The Moral Judgement in the Child*, 1932）に、私が全面的な同意をためらう一つの理由はこの「合同演習国家」のイメージにある。ゲームへの習熟によって得られるのは、多様な行動計画の下での多様な役割期待を迅速且つ効果的に遂行し得る能力である。このような能力だけを身につけた子供が抱くルール観は、ルールとは行動計画としてのゲームが目的としている共通の満足を実現するための手段にすぎないという見方である。ピアジェはこのような道具主義的ルール観への到達を、むしろ子供の道徳的成熟として歓迎している（cf. *op. cit.*, pp. 76—103.）が、これは人間の社会関係を一方的支配と共通目的のための相互協力との二者択一として捉える彼の狭い社会観念を反映している。共通の満足を求めているのではない者との共生の作法への習熟が、道徳性の陶冶の重要な部分をなしているが、ゲーム共同体はそれを養う場ではない。
(86) 参照、井上達夫 'Justice, Society and Conversation' 東京大学教養学部社会科学科編『社会科学紀要』、第三二輯、一五五—一六七頁。
(87) 私は嘗て会話的相互性を 'narrative roles' の交換原理として定式化したが、これは不適切であった。参照、井上達夫 'Justice, Society and Conversation' 一五九頁。
(88) 参照、本章註（22）。
(89) 参照、本書第二章、五九—八八、第三章、一一五—一一九頁。
(90) 参照、井上達夫、'Justice, Society and Conversation' 一七九—一八〇頁。
(91) この性格付けは田島正樹氏の私信に負う。
(92) 参照、本書第三章、一一七頁。
(93) 参照、本書第三章、一一七—一一八頁。
(94) 参照、田中成明『現代法理論』、有斐閣、一九八四年、一八九—一九四、二七四—二八二頁。但し、田中の「対話的合理性」論は「内容の正当性の問題を全面的に手続の充足に転換するものではな」い（同書、一九四頁）。従って、実質的正当性の問題を放棄するルーマンの「手続による正統化」の観念から「対話的合理性」論は峻別される（同書、二七五―二七六頁）。しかし、実質的正当性の問題を手続的正当性に還元することを真に拒否するならば、判断の真偽ないし正誤そのものと、その決定可能性とを区別し、規制的理念としての「正解」の概念を留保する必要があろう。従って、このような「正解」理念――「正解」の決定可能性ではない――にコミットしているドゥオーキンの立場を田中が「ウルトラ合理主義」として斥けていること（同書、二七七頁）は、田中の立場の内的不整合性を示すと思われる。

（95） Cf. B. Ackerman, *op. cit.*, pp. 3―30.

（96） Cf. R. Dworkin, 'What Liberalism Isn't', p. 50.

（97） Cf. M. Oakeshott, *On Human Conduct*, pp. 324f.

［増補］三五年後の「共生の作法」

——私の法哲学的原点へ

一　反時代的精神の挑戦

一九八六年に創文社から刊行した拙著『共生の作法——会話としての正義』が、創文社の解散後、このたび勁草書房により増補新装版として再刊されることになった。本書創文社版は単著としては私が最初に上梓した作品で、我々の世代に馴染みの言葉で言えば「処女作」である。

いまこの言葉を使うのは、いわゆる「政治的適切性（political correctness）」を欠くとして、お叱りを受けるかもしれない。しかし、初めて「自分の本」を世に問う著者が抱く意気込みと、緊張・不安が入り混じった気持ちを、よりうまく伝える言葉が他に思い浮かばないのでご海容願いたい。

当時、三二歳になる直前の私は、まさに「青年客気」の気負いで本書を上梓したが、思想界・学界、さらには一般社会からどう評価されるかは見当がつかなかった。というよりむしろ、ポストモダン全盛の当時、「正義」を真面目に論じるなんて「ダサい」とか、「時代錯誤」と嘲笑されるのが落ちではないかという悲観の方が、正直言って強かった。

しかし、豈図らんや、刊行したその年にサントリー学芸賞（思想・歴史部門）を受賞し、その後も、三〇年にわたって増刷を重ねることができた。二〇一七年に創文社から出た最後の増刷は第一〇刷である。もちろんベストセラーの類ではないが、ロングセラー書籍の一隅、その最後列あたりには置いてもらえそうである。学術書が売れないと言われてきたなかで、こんな「硬い本」がこれだけ長く読み継がれる幸運を得たとは、私にとって喜びであると同時に、驚きである。

第一刷刊行時について「ポストモダン全盛の当時」と言ったが、実際、「真理（Truth）」・「理性（Reason）」・「人間性（Humanity）」など、大文字の頭文字で書かれた理念が次々と「脱構築」という名の哲学的偶像破壊運動により信用失墜させられていた。とりわけ「正義」は独断的絶対主義や、権力の自己合理化イデオロギーを象徴する理念として攻撃された（もっとも、一九九〇年代になると、脱構築運動の指導者たるジャック・デリダが、脱構築の暴走に危機感を抱いたのか、「正義の脱構築不能性」を語り始めるが、それが中途半端で皮相的なものであることについては、拙著『普遍の再生——リベラリズムの現代世界論』岩波現代文庫、二〇一九年、xviii頁、二九七頁注3参照）。

現在に至るまでの自己の学問的・思想的姿勢を私は「反時代的精神」として総括している（参照、拙著『生ける世界の法と哲学——ある反時代的精神の履歴書』信山社、二〇二〇年）。この姿勢は処女作たる本書においてすでに鮮明にされていた。しかし、本書がその反時代性にもかかわらず、「細々と、しかし長く」読み継がれてきたのは、本書の主張に共鳴する人々、あるいは共鳴しないまでもその問題提起を真剣に受け止める人々が、少数ながら常に存在していたことを示すように思う。

この「常在する少数者」たちの関心を本書が集め得たのは、少なくとも次の二つの理由によると私は考えている。

第一に、本書は独断的絶対主義や権力に対する無批判的追従を斥けて、対立競合する利益や価値観を追求する人々が自由かつ対等に共生しうる社会の枠組を探究している。「常在する少数者」の方々は、このような「共生」

の社会的枠組の探究に共鳴されていると考えて間違いはないだろう。

「異なる他者との共生」など当たり前ではないかと思う人もいるかもしれない。しかし、残念ながら、利益や価値観を共有する者同士で結託し、対立する「他者」を排除しようとする欲動は、右翼や保守派だけでなく、「戦後民主主義」の擁護者を標榜する勢力や「自称リベラル派」においても支配的であったし、いまなおそうである（自称リベラルの似非リベラル性、自称民主主義者たちの反民主性、「護憲派」による憲法破壊等の批判を通じて、この点を明らかにするものとして、前掲拙著『生ける世界の法と哲学』第一章・第二章、拙著『立憲主義という企て』東京大学出版会、二〇一九年、第四章など参照）。

本書の共生理念とその実践的含意を真摯に受け止める人々は、戦前のみならず戦後以降の現代日本においても――実は現代世界においても――常に少数者でしかない。しかし、かかる少数者が常在することは救いである。

第二に、より重要と思われる理由だが、本書はかかる「他者との共生」を可能にする社会的枠組の規範的指針を「正義（justice）」という価値理念に求め、正義を「共生の作法」として捉えている。これは「哲学的問題発言」である。既述のように、正義は自己の価値観を他者に押し付けて他者を支配しようとする独断的絶対主義や権力欲の象徴であり、「異質な他者との共生」とは根本的に対立する観念だとする偏見が根強いからである。

この偏見はポストモダン的心性により強化されたが、それ以前から、「正義は西洋の一神教的イデオロギーの一部であり、八百万（やおよろず）の神々が信奉される日本には合わない」といった類の言説などとも結合して、日本社会に根深く広く浸透していた。

それだけに、「正義は共生の作法である」という本書の基本命題は、多くの人々には「あからさまな自己矛盾」、あるいは「倒錯的見解」と響いたであろう。しかし、この命題が「反直観的」な響きをもつからこそ、そこには重要な「逆説的真理」が隠されているのではないか、正義という理念に関する固定観念を覆す洞察が含意されているのではないか、そう思って本書に関心を寄せてくれた人たちが少数ながら常在したのだろう。「正義は共生の作法である」という命題が逆説的に響こうとも真理であると、なぜ私は主張するのか。それを十分理解していただくためには、本書を読んでいただくしかない。しかし、いま本書新装版を手にとって、この「三五年後の『共生の作法』」と題した私の新稿から先に読み、買うかどうか、読むかどうかを決めようとしている方々もいるだろう。その人たちを「常在する少数者」クラブに勧誘するために、この基本命題を擁護する本書の論拠の一端をここで素描しておく。

二　価値相対主義の倒錯を正す

本書が第一章でまずとりあげ、最終章でもさらに深く考察しているのは、価値相対主義の問題である。正義理念が「異なる他者との共生」と相容れないとする偏見の根底にある哲学は価値相対主義だからである。

ポストモダン的脱構築や「八百万の神々」的多神教の心性が、日本ではこの偏見と結合していると言ったが、この結合は論理必然的ではない。この結合が生まれるのは、それらが価値相対主義の「意匠替え」ないし「土着化」として受容される場合である。個人の主観的願望や意欲を超えて妥当し、これらを規範的に統制する客観的価値としての正義の理念を語ることは、価値相対主義者にとっては、主観的選好の一つにすぎない自己の価値観を「唯一正しきもの」として絶対化して他者に押し付ける独断的絶対主義に導き、ひいては、「異なる他者との共生」と相容れない不寛容かつ専制的な体制の護教論となるのである。

本書は、この価値相対主義が、自ら否定する独断的絶対主義と認識論的にも実践的にも同根であるがゆえに自壊的であることを明らかにしている。認識論的には、価値相対主義は「確証不可能な判断は真でありえない」という確証可能性テーゼ、今様に言えば「基礎付け主義（foundationalism）」に依拠している。これは独断的絶対主義と同じ認識論的前提である。両者の違いは、独断的絶対主義が「自己の価値判断は確証可能なるがゆえに真なり」と主張するのに対し、価値相対主義は「価値判断は確証不可能なるがゆえに真たり得ず」と主張する点にあるにすぎず、真理性を確証可能性に還元する点で同じ穴のムジナである。すなわち、カール・ポパーの言葉を借りれば、相対主義者は「失望した絶対主義者（disappointed absolutists）」である。しかし、確証可能性テーゼ自体が、自ら要求する仕方で確証することが不可能な哲学的独断にすぎず、それ自身の主張するところに従い真ではあり得ない。すなわち、それは自己論駁的（self-refuting）である。

さらに、「失望した絶対主義者」としての相対主義者は、その認識論的失望を補償するために、実践的意欲において独断的絶対主義者に再転化する。価値相対主義者は「あなたの価値判断はあなたにとって正しく、私の価値判断は私にとって正しい」と、「相対主義的寛容」を示すかに見えるが、この寛容は偽物にすぎない。それはまず、あなたの価値判断が誤っていると私は言わない代わりに、あなたが私の価値判断を誤っていると批判することも許さないという、「自閉的独断の蛸壺」に人々を閉じ込める。

「不合理なるもにあらずして、不合理なるがゆえにわれ信ず」という紀元二世紀のキリスト教神学者テルトゥリアヌスに帰せられた命題——彼の言葉そのものではなく、その思想の要約として伝えられた命題——は、自閉的独断という点での絶対主義と相対主義の相同性を端的に示している。不合理である、すなわちその正しさを合理的には示せないにもかかわらず信じるというより、むしろ、そうであるからこそ信じるのだという信仰の構えを、価値相対主義に立つドイツの法哲学者グスターフ・ラートブルッフは「認識（Erkenntnis）」と対比して、「帰依（Bekenntnis）」と呼び、価値相対主義者が自己の価値観にコミットする仕方を「帰依」として性格づけた。

テルトゥリアヌスは、人間の理解を超える不合理性こそ神的真理の証だとする倒錯的論法により、「帰依」に「認識」の仮面を被せようとしたが、ラートブルッフのような価値相対主義者はこの仮面を剥ぎ取り、独断への開き直り、不条理への跳躍としての「帰依」という信仰の実相を暴露した。しかし、重要なのは、ラートブルッフが独断的絶対主義の不条理性を暴いただけでなく、「帰依」に終結する点において、価値相対主義は独断的絶対主義と変わらないのを承認したことである。

「自閉的独断の蛸壺」と言ったが、蛸壺的棲み分けすら実は困難である。資源の分配や信仰・イデオロギーの支配領域の分割をめぐる対立抗争（住みよき蛸壺の争奪）は不可避である。かかる場合には、「不合理なるがゆえにわれ信ず」と己の信条に「帰依」する人々による、マックス・ヴェーバーの言うところの「神々の闘争」が、すなわち相互批判的議論に代わる「実存闘争（existential strife）」が価値相対主義の承認する帰結である（「平和的共存」や「話し合い」を個人的に好む価値相対主義者もいるだろうが、彼らは自己の好みがまさに主観的選好にすぎないこと、「武闘派」が彼らの選好に従い実力闘争に突き進むのを批判できないことを承認せざるを得ない）。

要するに、価値相対主義者は、自己の主観的信念を超えた客観的価値としての真理や正義の存在を否定することにより、自己の主観的信念を真理や正義の「最終審級法廷」として絶対化してしまうのである。独断的絶対主義者はこの最終審を「認識」の名で呼び、価値相対主義者は「帰依」あるいは「実存的決断」の名で呼ぶという命名の違いがあるだけで、己の主観的信念を批判不可能・審問不可能な「最終根拠」の地位に祭り上げる点では何ら変わりない。

価値の客観性想定は特定の価値観の絶対化とは全く異なる。逆に、いかなる主体のいかなる主観的信念も可謬性・有限性を免れ得ないことを自覚するために、すなわち我々の主観的信念を相対化するためにこそ、我々の信念を超えた価値の存在を想定する必要がある。真理や正義を我々の主観的信念に相対化することは、我々の主観的信念を価値の最終根拠として絶対化することに他ならない。「自己の信念を相対化すること」と「自己の信念に相対化すること」とは、たった助詞一つの違いだが、その間には深い哲学的断絶がある。この断絶を自覚しないところに価値相対主義の根本的誤謬がある。

三　正義概念の批判的再編
——自己の恣意と欺瞞を裁く理念としての正義

以上、価値一般に懐疑的な価値相対主義の倒錯を正す本書の議論に触れた。しかし、価値相対主義とは別に、特に正義という価値に向けられた根強い誤解がある。本書第二章冒頭で、筒井康隆の「正義」と題した笑い話を紹介している。ある正義漢が死後めでたく天国に行ったものの、そこには善人しかおらず誰も糾弾できなかったので、彼は地獄の苦しみを味わったという。正義とは他者を断罪することにより自己の優越性を証示したいという自己神聖化欲求、他者支配欲求が生み出す妄執の別名であるというイメージがここに表出されている。筒井の笑い話が「笑いを取れる」のは、それだけこの正義のイメージが広く流通していることを示す。

本書は、このような「正義嫌い」の偏見を払拭するために、正義概念の規範的内実をエゴイズムとの対比により解明している。「正義概念（*the concept* of justice)」とは、対立競合する「正義の諸構想（*conceptions* of justice)」

――功利主義・リバタリアニズム・平等基底的権利論等々、個々の政策や制度の正義適合性を判定する具体的基準を提唱し正当化する諸理論――の一つではなく、それらに通底する共通の制約原理である。正義概念は、正義の諸構想が「愛」や「慈悲」や「幸福」等々ではなく、まさに「正義」の構想であると言えるために満たすべき条件を示し、ある正義構想が最善の構想か否かではなく、そもそも正義の一構想と言えるか否か、換言すれば「正義のレース」の勝者か否かではなく、このレースへの適格な参加資格をもつか否かを識別するテストを課す。

この正義概念の規範的核心を本書は「普遍主義的要請」、現在の私の用語で言えば普遍化要請に求めている。これは自己と他者との普遍化不可能な差別の排除の要請である。普遍化不可能な差別とは、自己と他者との個体的同一性における差異に究極的に訴えることなしには正当化不可能な差別である。異なった正義の諸構想は正義の具体的判定基準において対立していても、自己と他者との普遍化不可能な差別を是認するエゴイズムを排除することには共通にコミットする。「等しき事例は等しく扱え（Treat like cases alike）」という古典的定式により正義概念はしばしば表現されるが、正義の普遍化要請は、この古典的定式が通常等置されるような単なる類型化要請や規則的処理要請ではなく、普遍化不可能な差別に依拠した類型化や規則を排除する強い規範的意味をもつ。

このような正義の普遍化要請は、自己神聖化欲求や他者支配欲求の妄執とは真逆で、これらの妄執の自己批判的統制を要求する。それは対他的行動や政治的決定の是非をめぐって自己と他者が対立し論争する場合に、自己の視点を自己の視点だからとして他者の視点に優越させる態度を普遍化不可能な差別として排除する。「正義概念は非合理な独断的態度を助長するどころか、むしろそれを禁じ、正義をめぐる論議の理性的遂行を要求する」のである（本書一一四頁）。

ジョン・ロールズ以降の正義論の焦点は、対立競合する正義の諸構想の優劣をめぐる論争に置かれ、通底する正義概念の規範的制約を無視ないし軽視する傾向がある。本書とその後の一連の拙著——『法という企て』（東京大学出版会、二〇〇三年）、『世界正義論』（筑摩書房、二〇一二年）、『立憲主義という企て』（前掲）など——に貫通する私の正義論の独自性は、正義の諸構想に対する正義概念の制約の基底的重要性を強調し、その観点から、現代の欧米のリベラルな思想家たちも陥っている正義構想論の独断化・自己中心的偏狭化の批判的克服を試みている点にある。

この点で特に問題なのは、正義論復活の立役者とみなされているロールズ自身である。彼は後期において『政治的リベラリズム（political liberalism）』に転向し、ありもしない「重合的合意（overlapping consensus）」を捏造して、その仮面の下に自己の独断的直観を隠す欺瞞に陥った（拙著『立憲主義という企て』一四五―一五一頁参照）。さらに国際正義論において「穏健な（節度ある）階層的権威主義体制（decent hierarchies）」の国際的正統性を承認しただけでなく、富裕先進諸国の既得権を固守する「分配的正義グローバル化否定論」に走った（拙著『世界正義論』一三六―一五〇、一七七―一九三頁参照）。こうした後期ロールズの変容を、普遍主義的正義理念を裏切る思想的頽落として私は厳しく批判している。

このように、正義を論じる者たちの欺瞞をも正義理念自体の貫徹により批判するのが私の立場である。その基礎をなす普遍主義的な正義概念論を掘り下げている本書は、私の正義論の哲学的原点である。正義の普遍化要請がもつ自己の視点の脱特権化という強い規範的含意を、その後の著作では「反転可能性（reversibility）」の要請として再定式している。

これは、「自己の他者に対する行動や要求が、地位・役割・境遇などにおける他者の位置（position）だけでなく他者の視点（perspective）に自己が立ったとしても——その他者もまた同じ自他反転テストを自己に課す限りで

――拒絶できない理由によって正当化可能か否かを批判的に吟味せよ」という要請である。前期ロールズの「無知のヴェール（the veil of ignorance）」のモデルは、位置の反転可能性要請を反映しているかに見えるが、視点の反転可能性要請は貫徹されておらず、例えば、その条件下での合理的選択ルールとされるマクシミン・ルールは最もリスク回避的な人生観をもつ者の視点に特化している。さらに、政治的リベラリズムへの転向後の彼は、国内体制・国際体制の正統性をその体制下で不利に扱われる人々や被差別集団の視点から批判的に吟味するという、位置と視点の反転可能性要請を傲然と無視している。

正義が含意する反転可能性要請は、他者を断罪する快楽に溺れるサディズムや自己神聖化・他者支配への欲動とは反対に、「他者の身になって」批判的自己吟味を行う責務を我々に課す。正義は、我々を恣意的に迫害・弾圧する他者を裁くことを我々に求めるが、しかしそれと同時に、他者を裁く我々自身の恣意と専断を裁くことも要請するのである。しかも、我々にだけでなく、我々の他者である彼らに対しても、彼らの他者である我々を配慮した批判的自己吟味を求める。

共生とは我々の共生ではない。我々と彼らの共生である。我々とは利害と価値観において先鋭に対立する他者としての彼らと我々が、いかにして共に生きることができるかが問題なのである。外交用語に由来する「暫定協定（*modus vivendi*）」、すなわち戦略的妥協としての共存は解答にならない。戦略的妥協の前提となる勢力バランスが少しでも傾けば、あるいは当事者の一方が自己に有利な方向に傾いたと誤信しただけでも、暫定協定は容易に崩壊する。我々と彼らとの持続可能（sustainable）な共生を可能にするのは、我々にとっても彼らにとっても公正として支持しうる、あるいは不公正として拒否できない政治道徳的権威をもった統治枠組である。正義はこのような共生のための統治枠組を形成発展させる上で必要不可欠な、そして最も基本的な規範的指針である。

本書では、かかる統治枠組の構成原理として、善き生の特殊構想に対する正義の独立正当化可能性と制約性を要請するリベラルな反卓越主義を提示し、その観点から、保守主義者とみなされてきたマイケル・オークショットが「統一体（*universitas*）」に対置して擁護した「社交体（*societas*）」という社会モデルのリベラルな再解釈を試みている。後の拙著で明確化したように、この反卓越主義原理は特殊な正義構想というより、善き生の諸構想が分裂する多元的社会において正義概念の反転可能性要請がもつ規範的含意である（『増補新装版 他者への自由——公共性の哲学としてのリベラリズム』勁草書房、二〇二一年、二二三頁参照）。

共生のための統治枠組については、本書が課題として残した重要な問題がある。善き生の諸構想だけでなく正義の諸構想をめぐっても先鋭な対立が存在し、これについては反対者をも拘束する政治的決定によって裁断せざるを得ない。「政治の情況（the circumstances of politics）」と呼ばれるこの条件下で、人々が自己の正義構想に基づいて「正当」とみなす政治的決定のみに従うという態度をとるなら、無政府状態に回帰することになる。それを回避するためには、政治的競争の敗者が政治的決定に対し、その「正当性（rightness）」を否認しつつも、自己の政治社会の公共的決定として尊重すべき「正統性（legitimacy）」を承認することを可能にするような規範的条件を解明しなければならない。これは法哲学で遵法義務問題や政治的責務問題とも言われてきた難問である。

私は『法という企て』や『立憲主義という企て』など本書の後に刊行した法概念論的著作において、「正義への企てとしての法」という法概念規定や「統治的フェアネス論」に基づいて法の支配や立憲主義原理を再定位することにより、この問題に答えている。異なる他者との共生は「政敵との共生」でもある。そのために必要なのは、正義構想を異にする人々の間の公正な政治的競争のルールとしての法の支配であり、それを憲法に具現して保障する立憲主義である。前掲の法概念論的著作は、かかる公正な政治的競争のルールを形成するための規範的指針になるのが、対立競合する正義の諸構想に通底する正義概念であることを明らかにしている。その意味で、本書の正義概念論は、私の正義論だけでなく法概念論の哲学的原点をなすものでもある。

四　民主国家を破壊する狂気の暴走
――いまこそ「共生の作法」としての正義へ

本書の第一刷刊行後三五年を経て、この増補新装版を刊行するいま、本書が提唱する「共生の作法としての正義」を嘲笑うかのような、政治権力の暴走の現実が我々に突き付けられている。米国前大統領ドナルド・トランプがもたらした米国社会の深層亀裂とその民主的政治体制の基盤侵食である。トランプは最初の大統領選中のみならず大統領就任後もＳＮＳを駆使したあからさまなデマゴギーにより、自己の信奉者を移民差別・人種差別・自国至上主義等に扇動して狂信化させ、トランプ批判者たちとの間の理性的対話を不可能にするような米国社会の分断を産み出した。Black Lives Matter のような左派の運動の一部にも過激化した勢力はいたが、トランプ支持者たちの政治的狂熱と暴走は比較にならないほど深刻で、米国政治学では「非対称的過激化（asymmetrical radicalization）」という言葉で状況が記述されている。

さらに驚くべきことに、トランプは二期目の大統領選で民主党大統領候補ジョゼフ・バイデンに明白に敗れたにもかかわらず、選挙不正のデマを飛ばし、多数の法廷闘争で次々と裁判所にその主張を無根拠として斥けられても「選挙が盗まれた」という妄言に固執し続けた。新旧大統領の間の平和な政権交代に不可欠な諸々の事前の引継ぎ手続と慣行も拒否し、挙句の果てに、熱狂的支持者たちを扇動して選挙結果の承認手続を進めている最中の国会議事堂を襲撃させた。悪あがきのフィナーレとして、二〇二一年一月二〇日の新大統領バイデンの就任式を欠席し、自分のための退任式を勝手に行った。まさに前代未聞の蛮行である。

トランプ現象はブラジルなど他の国々にも拡散して「ミニ・トランプ」的デマゴーグの台頭を促す一方、中国をはじめとする権威主義国家に民主国家を嘲笑する口実を与えている。米国内においても、トランプに対する下院の弾劾決議はなされたが、共和党が依然拒否権を握る上院での弾劾裁判の成り行きは、バイデン政権発足直後の現時点では全く不透明である〔補注　結局、二〇二一年二月一三日に米国上院は弾劾裁判で無罪評決を出した。全上院議員一〇〇人のうち、共和党議員七人を含む五七人が有罪票を投じたが、有罪評決に必要な三分の二（六七人）には届かなかった〕。しかも、大統領選で敗れたとはいえ七千四百万票も獲得したトランプの支持勢力は依然根強い。この勢力をあてにしてトランプの後釜を狙う野心的政治家もいる。「共生の作法としての正義」とそれを制度的に保障する立憲民主主義体制は、いま深刻な危機に瀕している。

本書の思想と真正面から衝突するこのトランプ現象について、ここで立ち入ることはできない。ただ、次の一点だけは言わなければならない。思想はそれを裏切る現実によって無効にされるのではなく、むしろ、その現実の醜悪性と暴虐性によって、その価値を立証され、再確認されるのである。

あらゆる反証を無視して「鰯の頭も信心から」とばかりトランプの巨大な嘘を信じ続ける狂信的トランピストたちにとって、「真理」など実はどうでもいい。彼らはトランプの妄言を「真だから信じている」のではなく、「信じているから真だ」とみなすのであり、なぜ彼の言葉を信じるかといえば「彼を崇拝しているから、彼が好きだから」にすぎない。自己の主観的信念を真理の最終審にする点で彼らは認識論的には見事な相対主義者であり、そうであるからこそ、他者からの一切の批判を拒絶し、あらゆる反証を無視して、狂信的に行動できるのである。真理の客観性を否定する相対主義が独断的絶対主義と認識論的にも実践的にも同根であるという本書の主張を、彼らは醜悪だが鮮明な仕方で例証している。

彼らはまた、他者の視点からの批判的自己吟味を求める正義の反転可能性要請がいまこそ緊要であることを、この要請を蹂躙する彼らの行動の破壊的帰結によって逆に実証している。左派と同じことをやっているだけだという反論は彼らにはできない。他者の不正によって自己の不正を正当化できないのは言うまでもないが、それだけでなく、他者の立場や視点を無視する驕慢において、トランプとその支持勢力の非は比較を絶するほど大きい。二〇一七年の自己の大統領就任に際しては退任するオバマから丁重な処遇を受けながら、自らが退任する際には国会襲撃扇動・引継ぎ妨害・就任式欠席という蛮行をしたトランプと対照的に、バイデン新大統領は就任演説で国民の分断の克服を求め、自分を支持した人々だけでなく支持しなかった人たちのためにも全力を尽くすと約束した。

さらに重要なことだが、このときバイデンは分断克服の条件を〝If〟で列挙し、最後に「ほんの一瞬でも他者の身になってみる意思をもつならば（If we're willing to stand in the other person's shoes just for a moment）」という、まさに正義の反転可能性要請の精髄を示す条件節を加えたのである。三五年前に刊行された本書が提示する「共生の作法としての正義」の理念がいまなお重要性をもつこと、あるいはいまこそ、その真価を発揮することが、バイデンのこの言葉により示されていると思う。バイデン自身がこの言葉を裏切らないことを切に願う。

いまこそ真価を発揮すると言ったが、本書は創文社解散により書籍市場から消えることになっていたかもしれない。本書に「第一の生」を生きる機会を与えてくださった編集者鈴木クニエさんと勁草書房に、この場を借りて厚く御礼を申し上げたい。私自身も昨春大学を退職し、研究者として第二の人生を始めたいま、本書が読書界においてこれからどんな第二の生を享受してゆくのか、大いに楽しみにしている。

二〇二一年一月　悪疫も愚政もよそに咲く蠟梅薫りさやけし吉祥ならずやも

井上達夫

〈追記〉本書は創文社版の本体に、この「三五年後の自著再訪」と言うべき小論を付した増補新装版である。私の思考の軌跡を記録として残すために旧版本体は改変していない。ただ、一点だけ、かなり前に気付いていたにもかかわらず、創文社からの増刷の際に、論旨と無関係なので——また、気付く人がいるか試そうという悪戯心も手伝って——放置しておいた誤記をここで訂正しておきたい。

本書五六頁一行目に「天才的戦争屋を指して『私は人間を見た』と言った大詩人に至っては」という記述がある。慧眼の士はおわかりだろうが、「天才的戦争屋」とはナポレオンを指し、「大詩人」とはゲーテを指す。二人の出会いに関する有名な逸話においては、実は、ゲーテの愛読者だったナポレオンがゲーテを指して「私は人間を見た」と言ったことになっている。ニーチェが彼の著作のどれかで両者の出会いについて語っているのを読んだ記憶からこの例を使ったが、私の記憶の中で人物の配置が「反転」してしまったらしい。この部分「天才的戦争屋」と「大詩人」を置換して読んでいただきたい。既述のように、この置換は論旨に何ら影響を与えない。

人名索引

Ackerman, B. A.　190,211,217,225-226,261,267,268
碧海純一　98,264-265
Arblaster, A.　211,263,265
Aristoteles　89-90,92-93,108,110-111,140,212
Austin, J. L.　21,25,271

Bacon, F.　243
Baier, K.　91
Barber, B.　267
Bentham, J.　121,123-124,141,146,149
Berlin, I.　189,207
Bodin, J.　243
Brunton, J. A.　97
Buchanan, A. E.　266,268
Burke, E.　208

Callicles　25
Cicero　5-6
Comte, I.　243
Constant, B.　208

Dworkin, R. M.　89-90,125-126,139,143,146,148,165-166,211,262,266-267,269

Elster, J.　266
江守五夫　138

Fichte, J. G.　243
Fried, C.　268-269
深田三徳　143

Gauthier, D. P.　187
Gellner, E. A.　97
Gewirth, A.　96-98,143,268
Green, T. H.　265
Guizot, F.　208
Gutmann, A.　267

Hare, R. M.　22,26,96-97,99,144,269
Harrison, G.　264
Harsanyi, J. C.　90,98-99,141,144,223
Hart, H. L. A.　24,92,96,135,142-144
Hayek, F. A.　124,139,141-143,147,149-150,208,210,271
Hegel, G. W. F.　212,243
Hobbes, T.　94,96,159,161,163,171,243
Hobhouse, L. T.　265
Holmes, R. J.　188,191
Hume, D.　25,159,188-189

稲垣良典　89

Justi, J. G. von　243
Justinianus　34

Kant, I.　97,127,225,230-235,243,246,269,270
Kaplan, M. A.　98-99,140,266
加藤新平　25,140,197
川本隆史　142,144,155
Kelsen, H.　17,92
Keynes, J. M.　151

小林　公　141,266
小谷野勝巳　142
Krausz, M.　26
Kuhn, T.　26

Laslett, P.　271
Lenin, V. I.　243
Locke, J.　130,132,159,161,168,170-171,187,207
Lucas, J. R.　25,89,98

MacIntyre, A.　97,267
MacLean, D.　266
Malinowski, B. K.　138
Malthus, T. R.　211
Marx, K.　4,151
Masterman, C.　265
Meiland, J. W.　26
Mill, J. S.　122,129,133,198,208,264
Mills, C.　266
宮沢俊義　145-148
Montesquieu, C. L. de S.　208
Moore, G. E.　18,141
Morgenstern, O.　123
森際康友　26

長尾龍一　4,25,34,89
Nagel, T.　99
Neumann, J. von　123
野家啓一　271
Nozick, R.　60,90,98,128,130-133,142,144,146-147,151-155,159,168-170,176-178,182-185,187-188,190-191,210-211

Oakeshott, M.　241-249,252,262,270-271
尾高朝雄　146

Paul, E. F.　188-189
Paul, J.　188,191
Perelman, Ch.　89,91-92,98,139
Piaget, J.　272
Pitkin, H.　189
Plamenatz, J.　266
Platon　187
Polanyi, M.　245
Popper, K. R.　25,92,98,139,199

Ramsey, F. P.　123
Rawls, J.　25,90,94-96,98-99,104,121,134-137,144,150-154,158-159,177-181,184,190,205,211,217,221,225,227,230-235,255,269
Ricœur, P.　271
Ross, A.　111,114
Rousseau, J.-J.　113,159,161,171,178,207
Ryle, G.　245

Samuel, H.　265
Sandel, M. J.　190,217,224-225,230-240,248,266,268,269,270
佐々木毅　265
Scanlon, T. M.　143,155,223,268
Schumpeter, J.　151
Schwartz, A.　268
Sen, A. K.　149-150,155,171
嶋津　格　25,139,188,270
塩野谷祐一　144,150-155
Sidgwick, H.　150,152
Siedentop, L.　208
Singer, P.　140
Smart, J. J. C.　141
Spinoza, B. de　243
Sterba, J. P.　96-97
Stirner, M.　93-94
鈴村興太郎　154

田島正樹　272

田中成明　143,272-273
Taylor, C.　267
Teitleman, M.　268
Thrasymachos　4,25
Tocqueville, A. de　208
Tönnies, F.　243
Toynbee, A.　265
筒井康隆　28

Ullmann-Margalit, E.　187,189

Walker, J. L.　93-94
Walzer, M.　267
Webb, S.　243
Weber, M.　17
Williams, B.　188,191
Williams, M.　270-271
Wittgenstein, L. von　139,271
Wolff, R. P.　188

事 項 索 引

ア 行

愛　48,53,92-93,117
アナキスト　64
アナキズム　60,70
安全　129
暗黙の同意　170
異個人間比較　123-124,227
意志　175
為政者　242,248-249
為政者的統治　242,249
一般意志　113,178
イデオロギーの終焉　212
営為　246,252
エゴイスト　49,108-109,115
エゴイズム　43-88,93-97,115-119
　合理主義的——　56,93
　個の——　56-59
　実存主義的——　56,94
　集団的——　57-58,70-71
　種と類の——　54-59,82-88
　人類——　83-87
　正の——　50-54,61
　負の——　50-54,61

カ 行

階級利害還元論　7-9
快苦　123
会話　249-263
　——の作法　256-259
　営為としての——　250-251
会話としての正義　256-263
格差原理　90,134-136,153,177,211,221
確証可能性テーゼ　14-17
仮設的合意　174,180-181,189
仮想史　183-185,191
型志向的（原理）　90,131
可謬主義　264-265
可謬性の自覚　198-203
カメラリスト　243
変わり者であることへの自由　253
完全自由主義　265
寛容　195-203
帰依　200
企業体　270
帰結主義　127,143,150-151
基準　139
基数効用　124
期待効用最大化原理　136
規範経済学　150
規範的正義論　22,104-105,137
規範倫理学　151-153
基本的諸自由　134-135
義務論　224-226
客観的真理　199
共感　197-198
狂信者　54-55
共生　242,246,254,256,258,260-261
共通善の政治　233
共通了解　250
共同体
　構成的——（観）　232,236-240
　情緒的——観　232
　中間的——　233-234,236
　道具的——観　232
共同体論（者）　212,233,240,266-267
拒否権　35,127,146,165-167

切り符　146
空虚公式　41
偶然的価値　79
形式的正義理念　108-115,139
契約の自由　209,259
契約モデル　164-176
ゲーム理論　67,69-70,124,161,178,189
ゲゼルシャフト　243
決定理論　178
ゲマインシャフト　243
権原　90,131
権原理論　131
言語ゲーム　252-256,262
言語行為　252
言語行為論　21
原始契約　172-173
原初状態　98-99,134,136,153,177-182,254
権利　34-37,70,89-90,126-133,175
権利功利主義　128,147,176,182-183
権利志向的正義観　126-133
権利主張　79-80,97-98
権利のインフレ政策　133
権利の政治　233
権利の「強さ」　130
賢慮　39,164,174
行為　78-80
合意　170,178
合意モデル　177-186
公共の福祉　145-148
公正　133,136-137
公正としての正義　133-137,190
行動　245,252
公平（性）　133,147,223-224
衡平　51,92,140
公民体　270
公民的営為　246,249,256
効用主義　151
功利　129,175
功利主義　35-36,120-126,128,143,146-147,150-151,159,165-166,175,177,179,208,210-211,224-230
　快楽説的——　123
　規則——　140
　行為——　140
　全体的——　35,140,144
　平均的——　35,98,136,140,179
合理性　74-75,77
合理的主体　67
合理的選択　66-68,136,223
個人権理論　146-147,183-185
個人主義　146
個人的権利（個人権）　35-36,90,127-133,146-147,150
個人的選択原理　179
個人になりそこねた者　247
個人の別個独立性　126-128,177,179
個性　228
個体的同一性　47,62,109,118
国家　64,70-71,94,113,118,157-191
　拡大——　131-132,184-185
　合同演習——　256
　最小限——　64,130,168-169,182-185
　社会——　147
　自由——　147
　超最小限——　182-183
　福祉——　103,131,209-211
　夜警——　64,130-131
固定観念　55-56
個の自由　77
個の尊厳　146,150
コミューニケイション　250-263
　——共同体　250,252-253
　——的共同性　261
　——の暴力性　254-255
　行動としての——　250-251

サ　行

最小限の再分配機能　176,182
最大幸福の原理　120-121
才能プーリング　153-154
再分配　132,142,148,151
作品　93
自我
　位置ある――　233-240,247
　自己解釈的存在としての――　235-239
　陶冶された――　247
　負荷なき――　231-240,247
自己享受　56
自己決定の自由　117-118
自己論駁性　16-17,20,106
市場経済　209
自生的秩序　143
自然権　64,132,160-169,190
自然主義的誤謬　122
自然状態なき社会契約説　178
自然状態モデル　159-164,189
　――の規範記述　160-164
　――の超越的問題　175-182
　――の内在的問題　175-177,181-185
　――の問題記述　161-164
自然的義務　180
自然法論　102
実証可能性テーゼ　138
実践知　243-246,256
実践的推論　32,75
実体的人格　247
私的所有権　209,211,248,259
自同性　235-240
慈悲　117,260
資本主義　222
社会契約説　70,94,157-191
社会契約なき自然状態論　169,178
社会権　132,147
社会主義　207,222
社会民主主義　207
社会連合　153-154,232
社交体　241-249,255,259
自由　79-80,97-98,117-118,124,134-135,139,148,209,215,261
自由権　132,147
集合的資産としての才能　90,136
集合的目標　127
自由主義　149,152-154,209-211
自由主義的権利主張　149,171
囚人のディレンマ　161
自由尊重主義　265
主体（性）　78-80,97-98,236
順境　79-80,97-98
純理派　208
消極的自由　207
職務　242
所得　221,268
所有権　176,187
自力救済権　176,183
自律（性）　186,232,236,247,249,268
人格　254,257-258,260
人格権　211
人格の尊厳　89
人権　145-148
新厚生経済学　123
新自由主義　265
真知　199-200
新貧民法　211,213
新保守派　210
筋の通った拒絶　223
正義
　――概念　31,62,108
　――観　31,139
　――感覚　33,125,202
　――嫌い　194
　――と善との区別　157-158,203-206,214-240

——の意味　31,108
——の基準　31,108,110,115,128
——の基底性　216-240
——の客観的情況　205
——の主観的情況　205,214
の情況　8,178,205
——の優位　217,224-225
——要求　101-102
匡正的——　37-41,103,110,131
交換的——　110
世代間——　103
配分的——　37,103,110
ブルジョア的——　8
生存権　132
生の宴　242,246,248
生の設計　205
制約性の要請　216-217
積極的自由　207
積極的是正措置　233
絶望した絶対主義者　16
善　157-158,203-206,225-226,232,238,261,267
——の希薄理論　221-222
——の構想　205
基本——　134-135,221-223
共通——　234,236
必須——　268
類的——　268
全員一致の原理　170-171
選好　123
外的——　125-126,229-230
共有された高次——　227-228
個人的——　125-126
政治的——　219-220
反社会的——　90
相互性の原理　257-258
相互性の要請　260
想像力　86,124
相対主義　10-22,106,194-203
——的妥協　200-202
概念的——　26
価値——　13-14,17-22,116,264-265
規範的——　12-14
経験的——　12-14
遡行的正当化理論　19

タ　行

第一原理（最大限の平等な自由の原理）134-135,177,211
対面社会　250
卓越性　89
多数決原理　170,201
他律　186,232
単なる人　228,234
知識の限界　124-125
秩序ある社会　153
中立性　211,217-224,267
通約不可能（性）　26,198,228
憑かれし者　54-55
諦観的平和主義　4-7
定言命法　97
手続的正義　6,261
完全な——　179
純粋な——　179-181,184-185,190
不完全な——　179
伝統　244-245,248,262-263
当為言明（当為判断）　73,75-78,81,96-97
統一体　241-249
管理的——　241,243
訓導的——　241,243
治療的——　241,243,247
等確率想定　136
道徳規範　39-41
道徳主義　4,24-25,203-204
道徳性　164,174
道徳的英雄　51-53,75-76
道徳的境界　160-164

道徳的均衡　38,40
道徳的人格　153
独断的絶対主義　15-16,202-203
独立人　169,176,183
独立性の要請　216-217,220,222,224,230
奴隷制　125,219-220

ナ　行

内在的制約説　145-148
二重基準論　147
二段階説　143
人間化された義務論　246-248,259
人間性　55-56
ニュー・ディール　210,213-214
ネオ・マルクシズム　212,266
ネオ・リベラル　210,214
ノーマル・サイエンス　152

ハ　行

排他的利他主義　49-50
恥ずことなきミニマム　153
パレート原理　149,151,171
パレート最適　123
反証可能性理論　199
反省的均衡　134,181-182
反直証主義　19
非合理性　77
必然的価値　79-80
非認識説　20-22
非普遍主義　12-14
平等　148,215
平等算入公準　120-121,124,129,143,227,229
平等主義　151,210-211
平等な尊敬と配慮への権利　143,148,166,211,257-258,267
品行規範　241,246,249
父権的干渉主義　24-25
不正　28-30,102,116
不正な人　108
普遍化可能性　71-82,96-98
普遍主義　48
普遍主義的公平性　220,226
普遍主義的要請　62,109-119,128-129,140,196,257,260
普遍的理由　72,74,76
ブルジョア的偏向　221-222
ブルジョア倫理　30
平和の絆　7
ベトナム戦争　213
弁証法　85
ホイッグ　208
法　101-103,118,138-139,242
法実証主義　5,102,139
法則支配　241,271
法の一般性　36,111-113
方法二元論　17-20
保護協会　168-169,182
保守主義　206-208,247
補償原理　169,183
本質　54-56,59,83-84
本質主義　82-88,98
　実践的——　82-84,98
　存在論的——　82,98
　認識論的——　82,98

マ　行

マクシミン・ルール　134-136
マッカーシズム　211,213
マルクシスト　8,209
マルクス主義　4
見えざる手説明　169-170,182-184
民主制　201-202,242,249
無知のヴェイル　95,134,136,178-179,190,221-224
無内容説　34,41-43,105,107-108,111

-114
命法　73,75,78,96
メタユートピア　154
メタ倫理学　21,151-152
黙示的合意　172-173,180
目的　78
目的支配　241,271
目的の王国　246,270
目的論　126-128,151,179,224-226
目標　89-90
モラル・サイエンス　151

ヤ　行

友情　237
善き生　203-205
善き生の構想　218-220,227-229
横からの制約　90,127,146
余分の勤め　29

ラ　行

利害調整　70
利己主義　49,58,61,67-68,95-96
　拡張された――　49,115,117
　普遍的――　96-97
利他主義　61,67-68
　極限的（純粋な）――　50,58,61,75-76,93,116
　個別化された排他的――　49,58
　全体化された排他的――　49,57,58
　属性化された排他的――　58
理念　24
リベラリズム　136-137,158,193-273
　――の企て　214-216
　――の同一性危機　209-213
　英国型――　209
　義務論的――　225,231-235,259
　現代――　207,209-212,215
　構成主義的――　208
　古典的――　206-209
　進化論的――　208
　反功利主義的――　210-211
　フランス型――　209
リベラル好き　194
リベラル・パラドックス　149,154,171
領域社会　250
領主　241
領主的統治　242
類型化　109-111
類的権利　98
類的整合性の原理　97-98,143
歴史的権原理論　184-185
レッセ・フェール　248-249
論理的コミットメント　76-77

著者略歴

1954年、大阪生まれ。東京大学法学部卒業後、東京大学助手、千葉大学助教授を経て、1991年東京大学大学院法学政治学研究科助教授、1995年より2020年3月まで同教授。現在、東京大学名誉教授。本書以外の主な著作に、『法という企て』(東京大学出版会、2003年、和辻哲郎文化賞受賞)、『現代の貧困——リベラリズムの日本社会論』(岩波現代文庫、2011年)、『世界正義論』(筑摩選書、2012年)、『自由の秩序——リベラリズムの法哲学講義』(岩波現代文庫、2017年)、『立憲主義という企て』(東京大学出版会、2019年)、『普遍の再生——リベラリズムの現代世界論』(岩波現代文庫、2019年)、『生ける世界の法と哲学——ある反時代的精神の履歴書』(信山社、2020年)、『増補新装版 他者への自由——公共性の哲学としてのリベラリズム』(勁草書房、2021年)など。

増補新装版 共生の作法

会話としての正義

2021年4月20日　第1版第1刷発行
2024年5月20日　第1版第2刷発行

著者　井上達夫(いのうえ たつお)

発行者　井村寿人

発行所　株式会社 勁草書房(けいそう しょぼう)

112-0005　東京都文京区水道2-1-1　振替 00150-2-175253
(編集)電話 03-3815-5277／FAX 03-3814-6968
(営業)電話 03-3814-6861／FAX 03-3814-6854
理想社・松岳社

©INOUE Tatsuo　2021

ISBN978-4-326-40390-5　Printed in Japan

JCOPY <出版者著作権管理機構 委託出版物>

本書の無断複製は著作権法上での例外を除き禁じられています。
複製される場合は、そのつど事前に、出版者著作権管理機構
(電話 03-5244-5088、FAX 03-5244-5089、e-mail: info@jcopy.or.jp)
の許諾を得てください。

＊落丁本・乱丁本はお取替いたします。
ご感想・お問い合わせは小社ホームページから
お願いいたします。

https://www.keisoshobo.co.jp

井上達夫　増補新装版　他者への自由　公共の哲学としてのリベラリズム　A5判　三三〇〇円

瀧川裕英　責任の意味と制度　負担から応答へ　A5判　三八五〇円

大屋雄裕　法解釈の言語哲学　クリプキから根元的規約主義へ　A5判　三八五〇円

安藤　馨　統治と功利　功利主義リベラリズムの擁護　A5判　四四〇〇円

野崎綾子　新版　正義・家族・法の構造変換　リベラル・フェミニズムの再定位　四六判　三八五〇円

那須耕介　法の支配と遵法責務　A5判　六〇五〇円

＊表示価格は二〇二四年五月現在。消費税10％が含まれております。

勁草書房刊